新时代高校
“三全育人”理论研究
与实践创新丛书

XIN SHIDAI
GAOXIAO
SAN-QUAN YUREN
LILUN YANJIU
YU SHIJIAN CHUANGXIN
CONGSHU

新时代高校“三全育人”理论研究与实践创新丛书

编审委员会

新时代高校资助育人

理论与实践

主　编　张　芬　杨道建
副主编　范一蓉　徐一然　张　怡
陈　宇　薛　梅

江苏大学出版社
JIANGSU UNIVERSITY PRESS
镇　江

图书在版编目(CIP)数据

新时代高校资助育人理论与实践 / 张芬，杨道建主编. — 镇江 : 江苏大学出版社，2021.4
(新时代高校“三全育人”理论研究与实践创新 / 李洪波主编)
ISBN 978-7-5684-1603-0

Ⅰ. ①新… Ⅱ. ①张… ②杨… Ⅲ. ①高等学校—助学金—学校管理—研究—中国 Ⅳ. ①G649.20

中国版本图书馆 CIP 数据核字(2021)第 061562 号

新时代高校资助育人理论与实践
Xin Shidai Gaoxiao Zizhu Yuren Lilun yu Shijian

主　　编/张　芬　杨道建
责任编辑/吴小娟
出版发行/江苏大学出版社
地　　址/江苏省镇江市梦溪园巷 30 号(邮编：212003)
电　　话/0511-84446464(传真)
网　　址/http://press.ujs.edu.cn
排　　版/镇江市江东印刷有限责任公司
印　　刷/江苏凤凰数码印务有限公司
开　　本/710 mm×1 000 mm　1/16
印　　张/19
字　　数/325 千字
版　　次/2021 年 4 月第 1 版
印　　次/2021 年 4 月第 1 次印刷
书　　号/ISBN 978-7-5684-1603-0
定　　价/82.00 元

如有印装质量问题请与本社营销部联系(电话:0511-84440882)

总 序

习近平总书记强调，高校立身之本在于立德树人。党的十八大以来，习近平总书记对教育事业特别是培养社会主义建设者和接班人工作高度重视，多次强调“要坚持把立德树人作为中心环节，把思想政治工作贯穿教育教学全过程，实现全程育人、全方位育人，努力开创我国高等教育事业发展新局面”“要把立德树人的成效作为检验学校一切工作的根本标准”“要把立德树人内化到大学建设和管理各领域、各方面、各环节，做到以树人为核心，以立德为根本”等等。习近平总书记的重要论述为进一步开创新时代高校思想政治工作新局面指明了方向。2017 年 12 月，教育部印发《高校思想政治工作质量提升工程实施纲要》，强调要充分发挥课程、科研、实践、文化、网络、心理、管理、服务、资助、组织方面工作的育人能力，构建“十大”育人体系，大力提升高校思想政治工作质量。2020 年 4 月，教育部等八部门联合印发《关于加快构建高校思想政治工作体系的意见》，强调要健全立德树人体制机制，加快构建目标明确、内容完善、标准健全、运行科学、保障有力、成效显著的高校思想政治工作体系。

江苏大学历来重视思想政治工作，紧扣立德树人根本任务，按照“贴近实际、贴近学生、贴近生活”的要求，逐步构建形成了“全员化参与、全过程教育、全方位引导、全媒体跟进”的“四全”学生成长成才服务引导体系。学校多次荣获“江苏省高校思想政治工作先进集体”，学校思想政治工作经验入选教育部《高校德育成果文库》，教育部《加强和改进大学生思想政治教育工作简报》6 次刊发学校经验做法，2016 年 12 月 8 日全国高校思政工作会议结束当天，专题刊发《江苏大学以实施思想政治教育质量提升工程为抓手加强大学生思想政治教育》。2019 年 1 月，学校获批为教育部“三全育人”综合改革试点高校。

以试点建设为契机，江苏大学认真贯彻落实党中央的决策部署和江苏省委、教育部的工作要求，以立德树人为根本，以强农兴农为己任，积极推进“三全育人”综合改革，健全“三全育人”体制机制。以“十大”育人体系为载体和依托，充分整合全校育人力量，着力构建育人机制“大协同”、思政教育“全贯通”、育人要素“强融合”的“大思政”格局，一体化构建内容完善、标准先进、运行科学、保障有力、成效显著的“三全育人”工作体系，打造“知农爱农、工中有农、以工支农、强农兴农”育人特色，形成了育人的江苏大学模式和经验。

为总结“三全育人”综合改革的经验，江苏大学组织编写了“新时代高校‘三全育人’理论研究与实践创新”系列丛书。本套丛书共 11 本，包括 1 本“三全育人”总论和 10 本“十大”育人专题论著，主要介绍了“三全育人”及课程育人、科研育人、实践育人、文化育人、网络育人、心理育人、管理育人、服务育人、资助育人、组织育人的基本理论和江苏大学的具体实践。总论以高校“三全育人”及其实践探索为对象，围绕如何在新时代开展“三全育人”工作，践行立德树人的根本使命展开论述，从理论和实践两个层面全面阐述了“三全育人”的理论逻辑与实践路径。10 本专题论著分别围绕“十大”育人体系的理论与实践展开论述，力图呈现江苏大学在习近平新时代中国特色社会主义思想指导下，大力推进“三全育人”工作，全面落实立德树人根本任务方面的理论依据、实践探索和方案启示。

沐浴新的阳光，播种新的希望。随着中国特色社会主义进入新时代，我国高等教育也进入新的发展阶段。新时代高等教育面临着新形势、新任务，那就是要适应建设高等教育强国需要，适应高校思想政治工作质量提升需要，着力健全和完善全员全过程全方位育人格局，大力培养能够担当民族复兴大任的时代新人。发展没有终点，改革永无止境，实践不会终结。站在新的起点上，我们要始终坚持以习近平新时代中国特色社会主义思想为指导，增强“四个意识”，坚定“四个自信”，做到“两个维护”，坚定不移地全面贯彻党的教育方针，始终坚持社会主义办学方向，坚守为党育人、为国育才的初心，改革创新，奋发进取，以坚如磐石的信心、只争朝夕的干劲、坚忍不拔的毅力，立足新发展阶段，贯彻新发展理念，服务构建新发展格局，推动“三全育人”综合改革不断走向深入，在育人工作中创造出无愧于新时代的新业绩，努力创造“三全育人”的江苏大学实践、江苏大学经验。

期望本套丛书能为我国高等教育深化“三全育人”改革、落实立德树人根本任务、推进高质量发展贡献绵薄之力，为兄弟院校提供些许借鉴，不胜欣慰。

袁寿其

2021.4.19

前　言

中华人民共和国成立以来，党和政府始终高度重视教育事业发展及教育与脱贫的问题，不断加大对家庭经济困难学生的资助力度，为家庭经济困难学生成人成才提供坚实保障。扶贫先扶智，治贫先治愚，历经 70 余年的发展，我国走出了一条具有中国特色、符合中国国情的学生资助之路，“不让一个学生因家庭经济困难而失学”的目标已经实现。学生资助工作有力地促进了教育公平，推动了教育事业的快速发展和我国高质量人力资源的不断发展，为扶贫工作做出了重要贡献。《中共中央国务院关于打赢脱贫攻坚战的决定》强调着力加强教育脱贫，要求加快实施教育扶贫工程，让经济困难家庭子女都能接受公平有质量的教育，阻断贫困代际传递。高校是扶贫战役中的重要战场，在脱贫攻坚战中，教育扶贫直指贫穷落后的根源，是顺利实现脱贫攻坚的重要保障，高校力量则为教育扶贫进程按下了加速键。

本书是江苏大学“三全育人”系列丛书中的一本，针对高校资助育人工作的开展要求，结合家庭经济困难学生的成人成才实际需求编写。本书旨在帮助高校更好地开展资助育人工作，在发展理念上明晰资助育人工作“育什么人、如何育人、为谁育人”的问题，在实践层面上落实高校立德树人根本任务，构建物质帮助、道德浸润、能力拓展、精神激励有效融合的资助育人长效机制，激励受助学生奋发自强、立志成才、感恩奉献，不断提升高校资助育人工作的精准性和实效性，为全面建成小康社会、实现中华民族伟大复兴做出新的更大的贡献。

为了进一步深化本书在高校资助育人工作实践中的指导作用，凸显可读性和实践性，本书在内容上有所创新，主要表现为：全面回顾中华人民共和国成立以来我国资助育人的发展脉络，明确高校资助育人工作发展历史；结合经典理论与习近平教育扶贫观，多角度分析家庭经济困难学生成人成才的客观条件与主观需求，保障以生为本，立足学生发展，具有较强的现实指导意义；深入分析高校资助育人工作的各个环节，明确育人职能，强化主体担当；结合实际工作，探索资助育人未来的发展，提出资助育人工作未来发展的设想与建议；列举江苏大学资助育人工作实践与成效，以典型案例来增加读者的感性认识，启迪思维。在语言表述上力求深入浅出，娓娓道来，尽可能避免深奥晦涩。这些创新尝试增强了本书的内容张力和对高校资助育人工作的指导意义。本书由张芬、杨道建策划、定稿，张芬、徐一然、陈宇统稿，范一蓉负责出版社联络工作。编者的主要分工是：张芬、杨道建撰写前言和结语，张芬、褚亚伦撰写第一章，薛梅撰写第二章，薛梅、褚亚伦、张芬撰写第三章，徐一然撰写第四和第七章，陈宇撰写第五和第六章，张怡、张芬、曾天成撰写第八章。

本书的出版得益于李洪波副书记的大力支持和无私奉献，也得到了江苏大学学生工作处的大力支持。本书也汇聚了广大研究者的劳动成果，是众多研究成果给我们以启发，也为我们提供了素材。出版社的编辑们花费了较多的精力与心思，在此，一并表示衷心的感谢。

本书可以作为高校资助育人工作的指导用书，也可以作为研究资助育人工作参考用书，同时也可作为高校家庭经济困难学生的自学辅导用书，帮助他们理解资助育人工作，更好地成人成才。

由于编者学识水平和研究能力有限，书中存在的不当之处，恳请广大读者批评、指正。

编　者

2021 年 3 月

目　录

第一章　高校资助工作的演变历程 …… 1

第一节　高校资助政策的发展脉络 …… 1

一、中华人民共和国成立初期的学生资助 …… 1

二、“文革”前后的学生资助 …… 3

三、改革开放初期的学生资助 …… 4

四、经济转型时期的学生资助 …… 6

五、新资助政策体系建立以来的学生资助 …… 9

第二节　高校资助工作的要素转变 …… 13

一、高校资助工作的特征转变 …… 14

二、高校资助工作的理念转变 …… 15

第二章　高校资助育人的基本范畴 …… 17

第一节　资助的内容与形式 …… 17

一、资助的概念 …… 17

二、资助的主客体 …… 18

三、资助的形式 …… 19

第二节　育人的逻辑与遵循 …… 20

一、育人的概念 …… 21

二、育人的内在逻辑 …… 21

三、育人的根本遵循 …… 25

第三节　高校资助育人的内涵与外延 …………………………………… 33
一、高校资助育人的概念 ………………………………………………… 34
二、高校资助与育人的内在关系 ………………………………………… 34
三、“三全育人”理念下高校“资助育人”的范畴……………………… 38
四、高校资助育人的外延 ………………………………………………… 44

第三章　高校资助育人的理论基础 …………………………………………… 51

第一节　马斯洛需求层次理论 …………………………………………… 51
一、马斯洛需求层次理论的内涵 ………………………………………… 51
二、马斯洛需求层次理论对高校资助育人的启示 ……………………… 54
三、基于马斯洛需求层次理论的高校资助育人工作 …………………… 56
第二节　教育公平理论 …………………………………………………… 60
一、教育公平理论的内涵 ………………………………………………… 60
二、教育公平应遵循的基本原则 ………………………………………… 62
三、教育公平理论对高校资助育人的启示 ……………………………… 64
四、基于教育公平理论的高校资助育人工作 …………………………… 66
第三节　人的全面发展理论 ……………………………………………… 69
一、人的全面发展理论的内涵 …………………………………………… 70
二、人的全面发展理论对高校资助育人的启示 ………………………… 73
三、基于人的全面发展理论的高校发展型资助育人工作 ……………… 76
第四节　习近平教育扶贫观 ……………………………………………… 77
一、习近平关于教育扶贫的重要论述 …………………………………… 78
二、习近平教育扶贫观的重大意义 ……………………………………… 81
三、习近平教育扶贫观对高校资助育人的启示 ………………………… 83
四、基于习近平教育扶贫观的高校资助育人工作 ……………………… 85

第四章　高校资助育人的基本思路 …………………………………………… 89

第一节　高校资助育人的特点 …………………………………………… 89
一、资助育人对象的特殊性 ……………………………………………… 90

二、资助育人形式的多样性 …… 92
三、资助育人任务的艰巨性 …… 95
第二节　高校资助育人的目标 …… 97
一、育人对象的培育目标 …… 98
二、育人主体的工作目标 …… 100
第三节　高校资助育人的原则 …… 103
一、尊重自愿原则 …… 103
二、公平正义原则 …… 103
三、全面覆盖原则 …… 104
四、奖助结合原则 …… 104
五、应助尽助原则 …… 105
六、内外共扶原则 …… 105
第四节　高校资助育人的方法 …… 106
一、优化工作机制 …… 106
二、细化分类指导 …… 107
三、推动多元发展 …… 108
四、理论融入实践 …… 110
五、朋辈互促共进 …… 111
六、发展有案可考 …… 112
第五节　高校资助育人的要点 …… 112
一、强化受助学生隐私保护 …… 113
二、浓郁感恩诚信教育氛围 …… 114
三、深化资助育人内涵建设 …… 115
四、凸显资助育人实践成效 …… 117

第五章　高校资助育人的组织实施 …… 119

第一节　高校资助育人的内容概述 …… 119
一、高校资助育人工作的内容 …… 120
二、高校资助育人工作的意义 …… 122

三、高校资助育人工作的路径 …… 124
第二节 高校资助育人的实施现状 …… 125
一、高校资助育人“经济资助＋成长扶助”模式 …… 126
二、高校资助育人“三位一体”三维资助体系 …… 127
三、“三全育人”视域下高校资助育人模式 …… 129
四、当前高校资助育人典型案例 …… 130
第三节 高校资助育人的制约因素 …… 144
一、育人合力尚未形成 …… 144
二、育人对象界定困难 …… 146
三、育人队伍建设不够有力 …… 147
四、育人工作制度亟待完善 …… 147
五、育人理念导向不明 …… 148
六、育人成效检验困难 …… 149
第四节 高校资助育人的实施路径 …… 150
一、精准型资助育人 …… 150
二、发展型资助育人 …… 158
第五节 高校资助育人的保障机制 …… 164
一、资助育人组织保障 …… 165
二、资助育人制度保障 …… 165
三、资助育人人员保障 …… 167
四、资助育人物质保障 …… 168

第六章 高校资助育人的评价方案 …… 170

第一节 高校资助育人评价概述 …… 170
一、高校资助育人评价的内涵 …… 171
二、高校资助育人评价的特点 …… 172
三、高校资助育人评价的意义 …… 177
第二节 高校资助育人评价现状 …… 180
一、江苏省高校资助育人评价现状 …… 181

二、广东省高校资助育人评价现状 …… 184
三、安徽省高校资助育人评价现状 …… 185
第三节 高校资助育人评价制约因素 …… 187
一、评价主体与客体的全面性 …… 187
二、评价标准与方式的科学性 …… 188
三、评价结果反馈的充分性 …… 189
第四节 高校资助育人科学评价体系建设 …… 190
一、高校资助育人评价体系的构建原则 …… 190
二、高校资助育人评价体系的优化方向 …… 192
三、高校资助育人评价体系的主要构成 …… 193
四、高校资助育人评价的体系指标 …… 194
第五节 高校资助育人评价反馈 …… 203
一、评价反馈的意义 …… 204
二、资助育人评价反馈的原则 …… 205
三、评价反馈的方法 …… 206

第七章 高校资助育人的发展趋势 …… 209

第一节 新时代资助育人的发展形势 …… 209
一、新时代资助育人的发展动因 …… 210
二、新时代资助育人的发展形势 …… 212
第二节 新时代资助育人的使命担当 …… 224
一、新时代教育脱贫攻坚工程 …… 225
二、新时代教育公平典范工程 …… 226
三、新时代高校人才使命工程 …… 226
四、新时代高素质人才培育工程 …… 227
第三节 新时代资助育人的领域拓展 …… 228
一、推进资助育人机制与内涵建设 …… 229
二、规范资助育人管理与目标建设 …… 230
三、创新资助育人内容与形式建设 …… 230

第八章　江苏大学资助育人实践与成效 …… 232

第一节　江苏大学资助育人实践探索 …… 232

一、江苏大学资助政策体系建设情况 …… 233

二、江苏大学资助育人工作基本概况 …… 236

三、江苏大学资助育人工作总体设计 …… 237

四、江苏大学资助育人工作主要做法 …… 241

第二节　江苏大学资助育人成效 …… 247

一、江苏大学资助育人优秀案例 …… 247

二、江苏大学资助育人榜样宣传 …… 258

三、江苏大学资助育人回馈典型 …… 268

结语 …… 278

参考文献 …… 280

第一章　高校资助工作的演变历程

中华人民共和国成立以来，高校资助工作一直备受党和政府的重视。随着国家对学生资助政策的不断完善，我国已建立起以政府为主导、学校和社会积极参与的覆盖学前教育到研究生教育的多元化混合学生资助政策体系，特别是高等教育阶段实现了“三不愁”，即入学前不用愁、入学时不用愁、入学后不用愁①，高校资助政策体系的建立和不断完善，为家庭经济困难大学生接受教育提供了强有力的政策机制，又为莘莘学子成长为社会主义事业的建设者和高水平人才提供了必要的保障，更为高校资助工作的发展带来了机遇和挑战。

第一节　高校资助政策的发展脉络

在科教兴国战略背景下，为保障家庭经济困难大学生顺利完成学业、成长成才，国家在宏观层面制定了一系列资助举措，并在实践中不断深化和完善。历经70余年，我国的高校资助政策已逐步形成了以国家宏观调控为主、高校与社会为辅，以“奖、助、贷、勤、补、减、免”等为核心的资助育人工作政策。

一、中华人民共和国成立初期的学生资助②

1949年10月1日，中华人民共和国宣告成立。国家建立初期，百废待兴，为了促进教育快速发展，我国开始探索实行一系列与社会主义社会相适应的新型学生资助政策。总体上看，1949—1965年，我国学生资助政策以学生供给

① 教育部：《农村义务教育学生营养改善计划让3700万名农村学生受益》，新华网，2018年12月28日，http：//www. xinhuanet. com/politics/2018 - 12/28/c_ 1123921353. htm.

② 《中国学生资助70年》，《人民日报》，2019年9月23日。

制、人民助学金、学杂费减免等为主。

1. 学生供给制

中华人民共和国成立初期，我国资助政策以学生供给制为主。资助对象主要包括军政干部学校学生、干部子弟学校学生、少数民族学生和烈士子女学生。这部分学生不收学费，同时提供免费住宿、伙食和服装，并发放一定额度的津贴，用于购买洗漱等基本生活用品。

1952 年 7 月，政务院印发《关于调整全国高等学校及中等学校学生人民助学金的通知》，取消了针对少数民族学生的供给制待遇，改为发放助学金。1955 年 7 月，财政部、教育部、国务院人事局联合印发《关于取消中小学、幼儿园学生供给制待遇的通知》，取消干部子弟学生的供给制。1955 年 8 月，教育部、内务部联合印发通知，取消烈士子女学生供给制，改发助学金。

在此期间，我国军政干部学校也进行调整，一部分转为正规军事院校，对学生继续实行供给制；另一部分则组建或并入各类普通高校，取消供给制，改发助学金。至此，除正规军事院校的学生外，供给制或全公费政策均先后取消。

2. 人民助学金

中华人民共和国成立前，我国部分地区已开始实施助学金制度，但在不同区域、不同学校之间资助标准存在较大差异。中华人民共和国成立后，国家逐步对人民助学金制度进行了统一和规范。

1952 年 7 月，政务院印发《关于调整全国高等学校及中等学校学生人民助学金的通知》。随后，教育部印发《关于调整各级各类学校教职工工资及学生人民助学金标准的通知》，对政务院的决定加以细化，统一规定了全国各级各类学校学生助学金的基本发放标准。具体为：高等学校学生全部发放人民助学金，其中非师范院校学生每人每月 12 万元（当时人民币币值为旧制单位，1955 年 3 月实施币制改革，以 1 万元旧币折合新币 1 元），师范院校本科生每人每月 14 万元，专科生每人每月 16 万元，升入高等学校的在职干部每人每月 32 万元；普通高级中学按总学生数的 30% 确定发放比例，每人每月 9.5 万元，初级中学按总学生数的 20% 确定发放比例，每人每月 8.5 万元；中等专业学校（高中程度）、初级中等专业学校（初中程度）学生全部发放，每人每月分别为 10 万元、9 万元；工农速成中学、工农速成小学的学生全部发放，每人每月均为30万元。

人民助学金政策自1952年统一设置后，其政策体系还经历过一些调整与完善，除资助标准外，资助对象从普惠制逐渐转变为面向经济困难学生。1955年8月，高等教育部发出《关于执行全国高等学校（不包括高等师范学校）一般学生人民助学金实施办法的指示》，将本、专科学生发放对象由“全体发给”改为“部分发给”。根据不同的家庭经济条件确定是否发放及发放数额：家庭富裕能自费者，不发给助学金；能自费半数或1/3伙食费者，发给所缺部分；完全无力负担者，发给全部伙食费。1955年本专科学生助学金资助比例为70%，1964年提高到75%。

二、“文革”前后的学生资助①

1966—1977年，这一时期的学生资助工作整体延续了之前17年逐步改革发展起来的学生资助政策，人民助学金制度仍然是学生资助的主要形式。受高教部、教育部相继撤销和高等教育停招、职业教育停办等的影响，学生资助工作也体现出一些与之前不同的特点，烙上了深刻的时代印迹。

对于“文革”开始以后仍在校学习的高等学校本、专科在校生和研究生，依然按照之前实施的人民助学金发放办法发给人民助学金。

1970年，我国大学恢复招生，改变了以往通行的高考招生办法，直接从工农兵中选拔、推荐优秀对象免试入学。国家调整了工农兵学员的人民助学金发放办法，由“文革”前的按一定比例资助改为全面资助（即所有工农兵学员均享受生活费资助）。来自工厂的学生学习期间每人每月由学校发给伙食费和津贴费（各地标准略有差异，如北京、上海每人每月19.5元，武汉每人每月17.5元），其中10年以上工龄的老工人工资由原单位照发，但要扣除学校发放部分；来自农村的学生由学校发放；解放军学员由部队负责发放。

1973年4月，国务院批转《国务院科教组关于高等学校1973年招生工作的意见》，入学时满5年工龄和入一年左右进修班的国家职工，工资由原单位照发，学校不再发伙食费和津贴费。其他学生（解放军学员除外）发放伙食费与津贴费。其中，伙食费普遍发放；津贴费用于学生在校期间学习和生活上的

① 《中国学生资助70年》，《人民日报》，2019年9月23日。

困难补助，分定期补助和临时补助两种，由学校根据学生家庭经济情况评定，对家庭经济条件较好的学生，可以不发给津贴费；学生家庭生活有困难的，仍由原单位给予适当补助。

1973 年 7 月，国务院批准的《国家计委、国务院科教组关于中等专业学校、技工学校办学几个问题的意见》中指出，中等专业学校、技工学校的学生入学时满 5 年工龄的国家职工，在校期间的工资由原单位照发；工龄未满 5 年的国家职工（包括学徒工）、退伍回乡军人、民办小学教师等由学校发给伙食费和津贴；应届初中毕业生入学，家庭经济困难的可享受人民助学金。

三、 改革开放初期的学生资助①

1978—1992 年的 15 年，是我国改革开放的起始阶段。党的十一届三中全会后，随着党和国家工作重点转移到经济建设上来、社会主义计划经济向社会主义有计划的商品经济转型，教育体制改革也全面展开。学生资助领域的制度设计发生了较大的变化，逐步形成以政府资助为主体、社会资助为补充的政策格局。高等教育的学生资助逐渐从人民助学金为主，过渡为奖学金和助学金共存，再到奖学金和贷学金并行。

1. 以人民助学金为主

改革开放初期，高等教育学生资助延续了中华人民共和国成立以来的人民助学金制度，即高校不收取学生的学杂费、住宿费，国家定期发放人民助学金。但是，对于不同地区、不同类别的研究生和本专科生，人民助学金覆盖范围和发放标准有所差异。

1977 年 12 月，教育部、财政部印发的《普通高等学校、中等学校和技工学校学生实行人民助学金制度的办法》中规定，研究生、高等师范、体育和民族学院学生，一律享受人民助学金，享受比例按 100% 计算。其他高等院校学生，其助学金的享受比例按 75% 计算。国家职工被录取的研究生和满 5 年工龄的国家职工进入普通高等学校学习的学生，在校学习期间，工资由原单位照发，一切费用自理，不享受人民助学金。国家职工被录取为研究生后，如原工资低于研究生人民助学金标准，经原工作单位证明，可按人民助学金标准，由

① 《中国学生资助 70 年》，《人民日报》，2019 年 9 月 23 日。

学校补发差额。应届大学毕业生中工龄不满 5 年的国家职工，在校期间不由原单位发给工资（由学校发给生活费或人民助学金）的毕业生被录取为研究生后，仍实行人民助学金制度。

1979 年 8 月 4 日，教育部、财政部、国家劳动总局颁发实行职工助学金的规定，指出连续工龄满 5 年的国家职工考入高校后，将一律实行职工助学金制度，不再享受原工资和原单位其他待遇；一般学生实行人民助学金制度，除高等师范、体育、民族学生全部享受人民助学金外，其他学生的人民助学金享受面按覆盖面 75% 计算。1982 年起，国家职工被录取为研究生的，不再享受原单位发放的工资待遇，一律实行人民助学金制度。

2. 人民助学金、人民奖学金并存

1983 年 7 月，教育部、财政部印发《普通高等学校、专科学校人民助学金暂行办法》和《普通高等学校本、专科学生人民奖学金试行办法》，在继续实行人民助学金制度的同时，增设人民奖学金。

根据《普通高等学校、专科学校人民助学金暂行办法》中规定：一是将人民助学金分为职工学生人民助学金和一般学生人民助学金两种，凡连续工龄满 5 年以上的国家职工被录取到高等学校后，全部享受职工学生人民助学金，连续工龄不满 5 年的国家职工和应届高中毕业生及其他社会青年被录取到高等学校后，生活困难而又符合条件的，也可以申请享受一般学生人民助学金。二是缩减原有人民助学金的资助比例，除高等师范、体育（含体育专业）、农林和民族学院的学生仍按 100% 享受人民助学金，煤炭、矿业、地质、石油院校（含单设专业）按学生人数的 80% 享受人民助学金外，其他各类院校发放人民助学金的比例由 75% 降至 60%。三是对部分专业的学生发放伙食补助，对于高等学校中的体育、航海、舞蹈、戏曲、管乐专业，水产院校中的海洋捕捞、轮机业和刑警院校的学生，不论是否享受人民助学金，加发 40% 以内的专业伙食补助。

根据《普通高等学校本、专科学生人民奖学金试行办法》规定，人民奖学金暂按学生总人数的 10% ~15% 掌握，每生享受奖学金的最高金额每年以不超过 150 元为宜。

3. 奖学金、贷学金并行

1986 年 7 月，国务院批准的《国家教委、财政部关于改革现行普通高等学校人民助学金制度的报告》中提出，将人民助学金制度改为奖学金和学生贷款制度。同年，国家教委在全国85所普通高等学校进行奖、贷学金试点。

1987年7月，国家教委、财政部联合印发《普通高等学校本、专科学生实行奖学金制度的办法》和《普通高等学校本、专科学生实行贷款制度的办法》，要求所有高等院校实行奖学金和贷学金政策。奖学金分为优秀学生奖学金、专业奖学金、定向奖学金三类。优秀学生奖学金用于奖励德、智、体全面发展的优秀学生，共分三个等级：一等优秀学生奖学金，按学生人数的5%评定，每人每年350元；二等优秀学生奖学金，按学生人数的10%评定，每人每年250元；三等优秀学生奖学金，按学生人数的10%评定，每人每年150元。专业奖学金适用于考入师范、农林、体育、民族、航海等专业的学生，分三个等级：入学第一年，一律享受三等专业奖学金，每人每年300元；从第二学年开始，按学生人数的5%评定一等专业奖学金，每人每年400元；按学生人数的10%评定二等专业奖学金，每人每年350元；其余85%仍享受三等专业奖学金。定向奖学金适用于立志毕业后到边疆地区、经济贫困地区和艰苦行业工作的学生，具体金额由有关部门和有关地区根据计划确定的名额设立。

《普通高等学校本、专科实行贷款制度的办法》规定，国家向家庭经济困难学生提供无息贷款，最高贷款限额每人每年不超过300元，发放贷款的比例严格控制在本专科学生人数的30%以内。

四、 经济转型时期的学生资助①

20世纪90年代以后，教育体制改革快速推进。1993年《中国教育改革和发展纲要》出台后，学生资助举措逐步增多、资助主体逐步多元化，资助规模进一步扩大，混合资助成为这一阶段的主要特征。

1. 政府奖助学金

（1）调整专业奖学金标准

1994年9月起，国家提高了专业奖学金的标准，民族专业奖学金提高到每生每年700元，其他类专业奖学金提高到每生每年500元。

---

① 《中国学生资助70年》，《人民日报》，2019年9月23日。

（2）设立研究生奖学金

1994 年，国家教育委员会、财政部印发《普通高等学校研究生奖学金办法》，设立研究生奖学金，分为普通奖学金和优秀奖学金。普通奖学金资助标准：博士研究生依照工作经历奖励标准为每人每月 190～230 元，硕士研究生依照工作经历奖励标准为每人每月 147～187 元。优秀奖学金标准评定比例和发放办法等由各学校自定。

（3）设立国家奖助学金

2002 年，财政部、教育部印发《国家奖学金管理办法》。从 2002 年起，中央政府每年出资 2 亿元设立国家奖学金，每年资助 4. 5 万名成绩优秀的家庭经济困难本、专科学生。国家奖学金分两个档次：一等奖学金，每人每年 6000 元；二等奖学金，每人每年 4000 元；国家奖学金获得者，其所在学校减免当年的全部学费。

2005 年，财政部、教育部印发《国家助学奖学金管理办法》，增设国家助学金。国家助学奖学金由中央政府出资设立，分为国家奖学金和国家助学金两种形式。国家奖学金的资助对象为高校中家庭经济困难、品学兼优的全日制本、专科学生；国家奖学金额度为每人每年 4000 元，每年资助 5 万名学生。国家助学金的资助对象为高校中家庭经济特别困难的全日制本、专科学生；国家助学金以资助家庭经济特别困难学生的生活费为目的，标准为每人每月 150 元，每年按 10 个月发放，每年资助约 53. 3 万名学生。

2. 国家助学贷款

1999 年 6 月，国务院办公厅批转了中国人民银行、教育部、财政部等部门《关于国家助学贷款管理的规定（试行）通知》和《国家助学贷款管理操作规程（试行）》，决定从当年 9 月 1 日开始，在北京、上海、武汉等 8 个城市试点，由中国人民银行指定中国工商银行办理贷款业务，帮助高校家庭经济困难学生支付在校期间的学费和日常生活费。国家助学贷款利率按中国人民银行公布的法定贷款利率执行，为减轻学生还贷负担，财政部门对贷款学生给予 50% 的利息补贴。

2000 年以后，国家不断完善国家助学贷款政策。2004 年 6 月，教育部、财政部、人民银行、银监会印发的《关于进一步完善国家助学贷款工作的若干意见》中指出，要进一步健全国家助学贷款管理体制，改革贷款审批和发放办法，强化普通高校和银行的管理职责，完善还贷约束机制和风险防范机制，确保国家助学贷款工作持续健康发展，基本满足普通高校经济困难学生需要，最大限度地降低国家助学贷款风险。《意见》的重大调整内容主要包括：通过招标选择贷款经办银行；规定学生在校期间利息由财政承担，毕业后利息由学生承担；还贷期限延长至6年，同时试行基层就业贷款代偿；建立国家助学贷款风险补偿专项资金，给予经办银行适当补偿等。

2006年9月，教育部、财政部印发的《高等学校毕业生国家助学贷款代偿资助暂行办法》中指出，由中央财政出资，对中央部属高校毕业生到西部地区和艰苦地区基层单位就业，服务期3年以上的，其助学贷款本金及利息由国家代为偿还。

3. 勤工助学

1993年8月，国家教委、财政部印发《关于进一步做好高等学校勤工助学工作意见》，对高等学校勤工助学工作的组织领导、机构设置、报酬标准、资金筹措、岗位设置、工作内容、奖励表彰、优先原则等提出明确要求。

1994年5月，国家教委、财政部印发《关于在普通高等学校设立勤工助学基金的通知》，要求各高校要充实勤工助学基金，为勤工助学的可持续发展提供了基本的财力保障。1999年6月，教育部、财政部印发《关于进一步加强高校资助经济困难学生工作的通知》，要求各学校每年须从学费收入中划出10%的经费，专门用于勤工助学工作。积极推进研究生兼任“助教、助研、助管”工作，力争用2~3年的时间，使50%以上的在校研究生能够拥有“三助”岗位；积极引导家庭经济困难学生参加勤工助学，努力开辟、增加新的勤工助学岗位。

2005年4月，教育部、团中央联合印发的《关于进一步做好大学生勤工助学工作的意见》进一步明确了勤工助学的酬金标准，切实维护了参加勤工助学的学生基本权益。《意见》规定，学生从事勤工助学活动，原则上每周参加勤工助学的时间不超过8小时，报酬不低于8元/小时。

4. 新生入学“绿色通道”

1998年，清华大学在全国高校中率先开设“绿色通道”，即对被录取入学的家庭贫困的新生，一律先办理入学手续，然后根据核实后的情况予以相应资助。2000年，教育部、国家计委、财政部印发《关于2000年高等学校招生收费工作若干意见的通知》，要求所有高校必须建立“绿色通道”制度。

5. 其他资助措施

1999 年 6 月，教育部、财政部印发《关于进一步加强高校资助经济困难学生工作的通知》，要求对于家庭经济特别困难的学生，各高等学校除加大学生贷款、勤工助学、特殊困难补助等资助工作力度外，还要认真执行国家制定的学费减免政策，以确保家庭经济特别困难学生能够顺利完成学业。

这一时期，教育基金会的发展和完善，拉动了社会捐资助学事业。在全国范围内，各级各类社会奖助学金项目先后设立。从捐资主体来看，既有企业单位、事业单位，也有个人；从捐资渠道来看，既有利用基金会平台的，也有直接面向受助者的；从资助对象来看，既有助困的，也有奖优的，同时也有面向特定群体设立的资助项目。一些资助项目代表性强、辐射面广、影响持久，主要代表有宋庆龄奖学金、宝钢教育奖、曾宪梓奖学金、恒安济困助学金、华为寒窗学子奖学金、中国科学院奖学金、“五四”奖学金、杨纪琬奖学金、新长城助学金、华夏学子奖助学金等。

五、 新资助政策体系建立以来的学生资助①

2007 年 5 月，国务院印发《关于建立健全普通本科高校高等职业学校和中等职业学校家庭经济困难学生资助政策体系的意见》，标志着我国学生资助进入新的发展阶段。2007 年至 2020 年是我国学生资助新体系建立健全的时期，也是学生资助工作突飞猛进、取得举世瞩目辉煌成就的时期。14 年间，我国各级各类教育的学生资助政策从资助对象、资助范围、资助力度到资助内涵，均实现了质的飞跃。国家学生资助项目从少到多、资助面从窄到宽，实现了“三个全覆盖”，即所有学段（从学前教育到研究生教育）全覆盖、所有学校（包括公办与民办）全覆盖、所有家庭经济困难学生全覆盖，从政策制度上保障了“不让一个学生因家庭经济困难而失学”，切实减轻了困难家庭的经济负担，增强了人民群众的获得感，为家庭经济困难学生实现人生梦想提供了强有力的保障。

---

① 《中国学生资助70年》，《人民日报》，2019 年 9 月 23 日。

1. 构建高校学生资助政策新体系

2007 年，财政部、教育部先后制定出台国家奖学金、国家励志奖学金、国家助学金、生源地信用助学贷款、免费师范生、勤工助学等资助政策。

（1）改革本、专科生国家奖学金政策

2007 年 6 月，财政部、教育部印发《普通本科高校、高等职业学校国家奖学金管理暂行办法》，由中央政府出资，面向高校全日制本、专科（含高职、第二学士学位）学生中特别优秀的学生设立国家奖学金。每年奖励 5 万人，每人每年 8000 元。

（2）设立国家励志奖学金

2007 年 6 月，财政部、教育部印发《普通本科高校、高等职业学校国家励志奖学金管理暂行办法》，由中央和地方政府共同出资，面向高校全日制本、专科（含高职、第二学士学位）学生中品学兼优的家庭经济困难学生设立国家励志奖学金，奖励标准为每生每年 5000 元，奖励比例约为在校本专科生数量的 3% 。

（3）完善本、专科生国家助学金政策

2007 年 6 月，财政部、教育部印发《普通本科高校、高等职业学校国家助学金管理暂行办法》，由中央和地方政府共同出资，面向高校全日制本、专科（含高职、第二学士学位）在校生中的家庭经济困难学生设立国家助学金。国家助学金的平均资助标准，由此前每生每年 1500 元调整为每生每年 2000 元，具体标准可分为 2 ~3 档。2010 年，财政部、教育部将本、专科生国家助学金平均资助标准由每生每年 2000 元提高到每生每年 3000 元。

2019 年 6 月，国务院常务会议研究决定，从 2019 年开始扩大高职院校奖助学金覆盖面，国家奖学金奖励名额由 5000 人增至 15000 人，国家励志奖学金覆盖面提高至 3. 3%，国家助学金覆盖范围扩大，平均补助标准从每生每年 3000 元提高至 3300 元，并同步提高本科院校学生补助标准。

（4）推行师范生免费教育

2007 年 5 月，国务院办公厅转发《教育部等部门关于教育部直属师范大学师范生免费教育实施办法（试行）》，决定自 2007 年秋季起，在北京师范大学、华东师范大学、东北师范大学、华中师范大学、陕西师范大学和西南大学 6 所中央部属师范大学实行师范生免费教育，免费师范生在校期间免除学费，免缴住宿费，并补助生活费，所需经费由中央财政安排。

（5）开展生源地信用助学贷款

2007 年，财政部、教育部、国家开发银行印发《关于在部分地区开展生源地信用助学贷款试点的通知》，决定当年在江苏、湖北、重庆、陕西、甘肃开展生源地信用助学贷款试点工作。2008 年 9 月 9 日，财政部、教育部、银监会联合印发《关于大力开展生源地信用助学贷款的通知》，在试点基础上进一步扩大生源地信用助学贷款覆盖范围，面向全日制普通本科高校、高等职业学校和高等专科学校（含民办高校和独立学院）的新生及在读的本、专科学生，以及研究生和第二学士学生中的家庭经济困难学生提供生源地信用助学贷款。

（6）规范勤工助学

2007 年 5 月，教育部、财政部印发《高等学校学生勤工助学管理办法》，对全日制普通本科高等学校、高等职业学校和高等专科学校的本、专科学生和研究生的勤工助学活动从组织机构、职责划分、岗位设置、酬金标准、法律责任方面做出了详细规定。2018 年 9 月，教育部、财政部印发《高等学校勤工助学管理办法（2018 年修订）》，结合社会经济发展和在校学生消费水平，适度提高勤工助学酬金标准，由每小时不低于 8 元提高至不低于 12 元。

2. 完善补偿代偿

2009 年 3 月，财政部、教育部印发《高等学校毕业学费和国家助学贷款代偿暂行办法》，将原中央高校毕业生基层就业国家助学贷款代偿政策扩大到学费补偿贷款代偿，将政策覆盖范围扩大到中西部地区，对于中央高校毕业生到中西部地区和艰苦边远地区基层单位就业、服务期在 3 年以上（含 3 年）的，其学费由国家实行代偿。2009 年 4 月，财政部、教育部、总参谋部印发《应征入伍服义务兵役高等学校毕业生学费补偿国家助学贷款代偿暂行办法》，决定从 2009 年起对应征入伍服义务兵役的高等学校毕业生在校期间缴纳的学费实行补偿，申请的国家助学贷款实行代偿政策。2013 年 8 月，财政部、教育部、总参谋部印发《高等学校学生应征入伍服义务兵役国家资助办法》，扩大服义务兵役国家资助范围，明确将普通高校全日制普通本专科生、研究生、第二学士学位的应（往）届毕业生、在校生和入学新生，以及成人高校的普通本专科应（往）届毕业生、在校生和入学新生，全部纳入应征入伍服义务兵役国家资助范围，实行学费补偿或国家助学贷款代偿。2015 年，财政部、教育部、总参谋部印发《关于对直接招收为士官的高等学校学生施行国家资助的通知》，将直接招收为士官的高等学校学生也纳入国家资助范围。

3. 实施退役士兵学费资助

2011 年，财政部、教育部、民政部、总参谋部、总政治部印发《关于实施退役士兵教育资助政策的意见》，从 2011 年秋季学期开始，对考入全日制普通高等学校的自主就业退役士兵实施学费资助。同年，将高校在校生纳入应征入伍服义务兵役资助范围。

4. 设立新生入学资助项目

2012 年 5 月，为帮助中西部地区家庭经济特别困难大学新生顺利入校，解决路费和校内短期生活费用，国家使用中央专项彩票公益金“润雨计划”专项资金设立了新生入学资助项目。资助标准为省（自治区、直辖市）内院校录取的新生每人 500 元，省（自治区、直辖市）外院校录取的新生每人 1000 元。

5. 设立研究生国家奖学金

2012 年 9 月，财政部、教育部印发《研究生国家奖学金管理暂行办法》，从 2012 年秋季学期起，建立研究生国家奖学金制度。博士研究生每生每年 3 万元，奖励 1 万人；硕士研究生每生每年 2 万元，奖励 3.5 万人。

6. 设立研究生国家助学金

2013 年 7 月，财政部、教育部印发《研究生国家助学金管理暂行办法》，自 2014 年秋季学期起，设立研究生国家助学金，资助纳入招生计划的所有全日制研究生。硕士研究生资助标准不低于每生每年 6000 元；博士研究生资助标准不低于每生每年 1 万元，2017 年提高至不低于每生每年 1.3 万元。

7. 设立研究生学业奖学金

2013 年 7 月，财政部、教育部印发《研究生学业奖学金管理暂行办法》，自 2014 年秋季学期起，设立研究生学业奖学金。中央财政对中央高校研究生学业奖学金所需资金，按照博士研究生每生每年 10000 元、硕士研究生每生每年 8000 元的标准，以及在校生人数的一定比例给予支持，各省、自治区、直辖市、计划单列市财政、教育部门确定地方财政对本省（自治区、直辖市、计划单列市）所属高校研究生学业奖学金的支持力度，制定地方所属高校研究生学业奖学金管理办法。

8. 完善国家助学贷款政策

2014年，财政部、教育部、中国人民银行、银监会联合印发《关于调整完善国家助学贷款相关政策措施的通知》，提高国家助学贷款及学费补偿贷款代偿资助标准，本专科生由每生每年最高6000元提高至8000元，研究生由每生每年最高6000元提高至12000元。2015年，教育部、财政部、中国人民银行、银监会联合印发《关于完善国家助学贷款政策的若干意见》，扩大贴息范围，延长还款期限，建立还款救助机制。2020年，教育部、财政部、中国人民银行、银监会联合印发《关于调整完善国家助学贷款有关政策的通知》，助学贷款还本宽限期从3年延长至5年，贷款期限从学制加13年、最长不超过20年调整为学制加15年、最长不超过22年，2020年1月1日后新签订合同的助学贷款利率按照同期同档次贷款市场报价利率减30个基点执行，进一步完善了国家助学贷款相关工作。

纵观我国高校资助政策的演变历程，高校资助工作紧密跟随高等教育改革与发展步伐，有力地保障了教育公平与高质量人才培养的工作；促进了人力资源开发水平持续提升，在推动我国从人口大国迈向人力资源大国进程中发挥了重要作用。70余年来，学生资助工作快速发展，资助育人也以不同形式显性或隐性存在，帮助了有学龄子女的贫困家庭快速脱贫、稳定脱贫、高质量脱贫，资助育人在扶贫脱贫工作中发挥了重要作用。学生资助工作取得了显著成就，谱写出一曲保民生、暖民心、促发展的民生乐章，彰显了我国的政治优势和制度优势。进入新时代，我国学生资助工作将不忘初心、牢记使命，坚持以人民为中心，紧紧围绕立德树人根本任务，进一步加强精准资助和资助育人，为全面建成小康社会、实现中华民族伟大复兴做出新的更大贡献。

第二节　高校资助工作的要素转变

高校是教育扶贫的主阵地，如何充分发挥高校的特点与优势、为资助工作锻造凝铸攻坚力量，是摆在所有高校面前的一道必答题。高校资助工作的要素主要包含“特征”与“理念”，两者随着时代发展与国家需要而不断转变发展。2021年是全面建设社会主义现代化国家和“十四五”规划的开局之年，高校学生资助工作也应因势而谋、因时而新，立足新时代高校资助工作的新情况新任务，坚持以立德树人为引领，加快转型发展步伐，逐步实现从“保障型”资助向“发展型”资助转变，把“扶困”与“扶智”“扶志”更好地结合起来，完善一体化资助育人理念，不断提高资助育人工作的质量和水平。

一、高校资助工作的特征转变

1. 从“公平”到“高效”

纵观我国资助政策的发展历程，不难看出，高校资助工作经历了从“单一注重公平”到“公平与高效并重”的转变。为保证每一个家庭困难的孩子能够接受高等教育，国家实施免学费的资助工作模式，这种工作模式虽然保障了公平，但效率较低下。20世纪80年代后期，国家有针对性地进行了资助政策改革，取消了公费政策，开始收取学费，同时对于家庭经济困难学生提供一定的助学金和助学贷款。这一政策形成了良性竞争激励机制，实现了资助工作财政支出效益最大化。1997年，高等教育实施扩招政策，我国高校学生资助政策再次发生转变，开始实施收费与贷款并轨的制度。随着学费的水涨船高，学生上不起学的情况也有所增加，原先的资助体系再次引发公众的高度关注，社会上一系列因失学而引发的公众事件使国家充分意识到政策本身存在不足，在促进高等教育资源充分利用的同时，如何兼顾公平和效益，成为重点问题。20世纪90年代中后期，国家又相继出台了一系列新的资助政策①。这些政策的出台既体现了教育成本分摊的合理要求，又从社会公平的角度对高校家庭经济困难学生进行了一定范围的无偿资助，这一时期的政策导向体现出兼顾效率与公平的鲜明特征。

2. 从“单一”到“多元”

沿着我国资助政策70余年来演进的脉络，可以清晰地发现我国资助工作从相对单一的资助手段逐步发展成为多种手段结合的资助体系，最终形成了以国家、社会和高校为主的助学体系。国家层面形成了国家奖学金、国家助学金、国家励志奖学金、国家助学贷款（包括生源地信用助学贷款）为主要内容的助学体系，社会层面积极发展社会助学基金，引入社会资本，高校建立了学

① 薛浩、陈万明：《我国高校贫困生资助政策的演进与完善》，《高等教育研究》，2012年第2期。

校奖学金、减免学费、特困补助、勤工助学为主要内容的资助体系。此外，国家还实行了师范生免费教育、国家助学贷款代偿制度等面向特定对象的资助制度①。我国现已基本形成政府主导，高校、学生、学生家庭、金融机构、社会力量共同参与的多元化资助体系。可以说，在党和政府的高度重视下，伴随着国家经济实力的增强，我国高校资助工作正不断发展与完善。

二、 高校资助工作的理念转变

1. 从“扶困”到“扶智”“扶志”

经过多年的实践和探索，教育工作者们逐渐认识到仅仅从经济角度资助家庭经济困难学生并不能从根本上解决问题。对于家庭经济困难学生来说，不仅要实施物质上的帮扶，更需要精神上的鼓励和引导。立德树人作为我国高等教育工作的根本任务，也是学生资助工作的根本任务，资助家庭经济困难学生的目的是让他们能够获得高等教育的机会，最终成人成才。2018 年 3 月，教育部部长陈宝生在《人民日报》上发表文章强调，要把育人工作作为资助工作的出发点和落脚点，坚持以育人为导向实施健全的资助体系，构建物质帮助、道德浸润、能力拓展、精神激励有效融合的长效机制，形成“解困—育人—成长—回馈”的良性循环②。当前我国家庭经济困难学生数量仍然较多，资助工作繁杂，需要各部门之间形成协同资助的育人机制。在育人的同时，要给予家庭经济困难学生更多的照顾，在他们的学习和生活上给予更多的关心和支持，为他们兴趣培养、能力提升、视野开阔创造更多机会和条件。

2. 从“保障”到“发展”

进入新时代，资助工作逐步从“保障型”走向“发展型”。2017 年 9 月，教育部部长陈宝生在《人民日报》撰文，详细介绍了党的十八大以来学生资助工作所取得的显著成效。他强调在资助理念上实现了从保障型资助向发展型资助的重大拓展，以社会主义核心价值观为引领，培育受助学生的思想品德、创新精神、实践能力和人文素养，促进学生全面发展③。发展型资助是在帮助家

① 薛浩、陈万明：《我国高校贫困生资助政策的演进与完善》，《高等教育研究》，2012 年第 2 期。
② 陈宝生：《进一步加强学生资助工作》，《人民日报》，2018 年 3 月 1 日。
③ 陈宝生：《五年来学生资助工作成效显著》，《人民日报》，2017 年 9 月 29 日。

庭经济困难学生解决家庭压力和学业需求的同时，不断提高其自身综合素养，健全人格品行，促进自身全面发展的一种全新资助模式。发展型资助考虑到需求的多样化和有偿的激励性，相比较仅仅考虑满足学生基本生活和学业需求为基本目标的“保障救济型资助”，是一种由“输血”为“造血”、变“授鱼”为“授渔”资助模式的转变。发展型资助既是促进国家教育公平的重大举措，也是提高资源利用效率、提供多样化需求的重要手段。高校资助工作，除了经济资助之外，育人成才是根本目的。对于家庭经济困难大学生实施发展型资助，为其提供全面的帮扶，给予他们个性化的支持和全方位的培养，促进他们身心素质和知识能力的整体协调发展，这既是教育作为社会现象实现人类发展和育人价值的需求，也是高校实现教育公平、促进大学生全面协调发展的需要。

高校资助工作有效地保障家庭经济困难学生能够有机会接受高等教育，是树立科学发展观念、构建社会主义和谐社会和实现中华民族伟大复兴的中国梦的重要举措；是实施科教兴国和人才强国战略、优化教育结构、促进教育公平和社会公正的有效手段；是切实履行公共财政职能、推进基本公共服务均等化的必然要求。高校资助工作的特征、理念转变对资助育人工作提出新的要求和新的方向，高校要不断强化“资助”为本，构建更加完善的物质帮扶体系，拓展“育人”之基，搭建更高端的人才培养平台，充分发挥资助育人工作对促进大学生全面发展、阻断贫困代际传递、推动实现教育公平的重要作用。

第二章　高校资助育人的基本范畴

高校学生资助工作是实现教育脱贫的重要一环，是功在当代、利在千秋的德政工程，这意味着做好高校学生资助工作不能忽视其育人功能。资助育人是“资助”与“育人”的有机统一，资助是社会主义市场经济条件下再分配逻辑的展现，育人是立德树人这一教育根本任务的要求。把握资助、育人和高校资助育人的基本概念，遵循立德树人根本任务，围绕“育什么人、如何育人、为谁育人”的内在逻辑，明晰资助育人的内涵与外延，深入探讨资助与育人的内在关系，以及构建“三全育人”理念下“大资助”格局，是新时代高校资助育人工作的基础。

第一节　资助的内容与形式

中央经济工作会议曾指出，“要让贫困家庭的孩子都能接受公平的有质量的教育，不要让孩子输在起跑线上”①。学生资助工作确保“不让一个学生因家庭经济困难而失学”，为家庭经济困难学生实现人生梦想提供了强有力的保障。高校学生资助是落实立德树人根本任务的基础，通过深刻把握资助的主体和客体，把握资助的主要形式，才能更好地理解资助的基本内涵，进一步做好高校资助工作。

一、资助的概念

《古今汉语词典》从两方面界定“资助”一词：一是帮助和提供；二是以

① 《中央经济工作会议：要让贫困家庭的孩子接受公平的有质量的教育》，人民网，2014 年 12 月 11 日，http：//politics. people. com. cn/n/2014/1211/c70731 –26192064. html.

财物帮助。这两种定义是将“资助”一词视为不同词性进行解释的，第一种是看作动词，是一种更广泛意义上的资助；第二种是看作名词，是指以特定的金钱、物品进行的资助。同样，从《辞海》中能够查找到“资助”一词有三种解释，一是广义上指帮助、提供；二是狭义上特指财务帮助，三是替人出主意或给以物质上、精神上的扶持。从上述可知，“资助”属于经济学的范畴，当前关于“资助政策”“资政体系”中的“资助”是名词，即以财务形式提供的帮助①。

“资助”还可以拆分为“资”和“助”,“资”可以理解为提供财物，“助”可以理解为提供帮助②。“资”为学生在校学习期间的学习和生活提供了基本保障费用，即财物支持，也就是通常意义上的保障型资助；“助”则涵盖更广泛的内容，提供的帮助可以是心理帮扶、学业指导、就业能力提升等学生需要的内容，也就是通常意义上的发展型资助。

二、 资助的主客体

资助主体是多元化的，通常来说，资助主体可以分为四大类，包括政府主体、社会主体、学校主体和学生主体。政府主体包括公共财政专项拨款，由教育、民政等主管部门根据金额的多少和拟资助对象的具体情况，依据一定的标准，委托家庭经济困难学生所在学校开展评审，确定人员后最终发放到学生账户。社会主体包括公益、慈善及企业家个人的捐赠，依据一定的标准开展资助。学校主体包括家庭经济困难学生所在学校每年拿出固定资金，依据一定的标准对家庭经济困难学生进行资助，方式包括直接资助、奖励、补贴或勤工助学等。学生主体主要指学生互助，包括普通同学对家庭经济困难学生的个人帮扶、朋辈辅导等③。

资助客体相对单一，一般指家庭经济困难学生，包括建档立卡户、低保户、残疾、孤儿等特殊困难学生。

综上所述，资助从狭义上讲是指对家庭经济困难学生在经济上提供帮助，从广义上讲既是多元主体对家庭经济困难学生经济上的帮助，又是为促进家庭

① 焦莹莹：《高校大学生资助工作的育人功能研究》，西安科技大学硕士学位论文，2020 年。
② 徐子欣：《高校学生资助育人功能研究》，四川师范大学硕士学位论文，2016 年。
③ 贺剑：《“精准脱贫”思想指导下的高校资助育人工作研究》，《青年与社会》，2020 年第 18 期。

经济困难学生综合素质的全面发展、独立人格的培养所进行的人文关怀教育，即同时为家庭经济困难学生提供物质资助与精神帮扶。

三、 资助的形式

在资助概念不断泛化的过程中，资助的形式也经历了几个阶段的演变。从资助的侧重点来看，资助的形式可以分为保障型资助、精准型资助、发展型资助三类。

1. 保障型资助

保障型资助又可以称为救济性资助，是高校家庭经济困难学生资助体系经历的第一个阶段，保障型资助对于落实“不让一个学生因家庭经济困难而失学”的承诺发挥了积极的作用①。在学生上大学的费用由国家承担的年代，我国先后实行了“人民助学金”“人民奖学金”制度，这两项制度随后被奖学金制度和学生贷款制度所取代。从一般意义上讲，此阶段的资助重点是解决家庭经济困难学生上学问题，通过对家庭经济困难学生的经济或物质资助，保证他们能够顺利入学并完成学业。这一阶段中，保障型资助有力地保障了高校人才的培养，为国家发展做出了卓越贡献。

2. 精准型资助

精准型资助的核心要义就是“精准”。高校的精准资助工作与精准扶贫息息相关，有着紧密的内在关系。习近平总书记提出的精准扶贫思想中“一个都不能少”“一个都不能掉队”等都充分体现了社会主义制度的优越性，为我们做好高校精准资助工作提供了根本遵循。“精”通常被理解为简化、易操作，“准”包含量化、细化、可操作化的含义；在操作过程中，“精准”意味着实现精而准，精准资助意味着资助工作的精细、准确。与保障型资助相比，精准型资助更有助于提升高校资助工作的实效性。精准型资助是高校学生资助体系在新时代中的新要求，高校学生资助工作应紧扣国家政策，立足实际，真正做到从受助学生角度出发，提升经济、心理、技能等多种帮扶形式的工作实效，使受助学生开展自我管理、完成自我教育、做到自我服务，从而实现育人的最

① 杨波：《高校家庭经济困难学生资助与育人结合研究》，江西师范大学硕士学位论文，2011 年。

终目标。

3. 发展型资助

发展型资助的核心要义就是“发展”，要求高校学生资助工作的重点从以物质保障为主的“保障型资助”向以实现物质保障为基础、满足学生多元需求、推动学生全面发展为主的新型资助转变。发展型资助工作的重点更加强调“资助”和“育人”的全面结合，更加关注学生的全面和可持续性发展。2017年，教育部党组印发《高校思想政治工作质量提升工程实施纲要》，明确提出了“把‘扶困’与‘扶智’，‘扶困’与‘扶志’结合起来，建立国家资助、学校奖助、社会捐助、学生自助‘四位一体’的发展型资助体系，构建物质帮助、道德浸润、能力拓展、精神激励有效融合的资助育人长效机制，实现无偿资助与有偿资助、显性资助与隐形资助的有机融合，形成‘解困—育人—成才—回馈’的良性循环，着力培养受助学生自立自强、诚实守信、知恩感恩、勇于担当的良好品质”①。2020 年《教育部等八部门关于加快构建高校思想政治工作体系的意见》再次强调要“建设发展型资助体系，加大家庭经济困难学生能力素养培育力度”，更加注重建立精准化的发展型资助体系。

从保障型资助到精准型资助、发展型资助，这表明我国高校学生资助工作进入了一个全新的阶段。同时，从政策方面明确要求高校资助工作要在保证家庭经济困难学生经济物质需求的基础上，更加侧重于受助对象的全面发展，强调资助工作要和学生实际需求相结合，要以物质资助为基础，把满足学生当前需要和支持学生长远发展相结合。发展型资助的首要任务仍然是资助，依然需要以物质资助和经济帮扶为第一主体，但更为重要的是，在此基础上重点着眼于家庭经济困难学生更高层次的发展需求，推动家庭经济困难学生全面发展，保证资助工作的育人效益，使资助效益和资助工作效率最大化。

第二节 育人的逻辑与遵循

育人作为高校的核心工作，是高校开展所有工作的原始出发点和最终落脚

① 中共教育部党组：《高校思想政治工作质量提升工程实施纲要》，中华人民共和国教育部网，2017 年 12 月 5 日，http：//www. moe. gov. cn/srcsite/A12/s7060/201712/t20171206_ 320698. html.

点。2014 年的五四青年节，习近平总书记在北大与师生进行座谈时就深刻强调了高校育人的重要意义，青年的价值取向决定了未来整个社会的价值取向，而青年又处在价值观形成和确立的时期，抓好这一时期的价值观养成十分重要。这就像穿衣服扣扣子一样，如果第一粒扣子扣错了，剩余的扣子都会扣错。人生的扣子从一开始就要扣好①。青年要从现在做起、从自己做起，使社会主义核心价值观成为自己的基本遵循，并身体力行大力将其推广到全社会去。高校应当紧紧围绕“育什么人、如何育人、为谁育人”这一育人的内在逻辑，坚持立德树人根本任务，坚持培育和践行社会主义核心价值观。

一、育人的概念

《现代汉语词典》中的“育人”作动词指的是教育、培养，也可指一项活动过程，即对受教育者进行德育、智育、体育、美育、劳动教育等多方面的教育，使教育对象能全方面发展。从字面意义上看，育人可以理解成教育人、培育人、培养人。

二、育人的内在逻辑

育人，即是培养人。2018 年 9 月 10 日，习近平总书记出席全国教育大会并发表重要讲话，站在新时代坚持和发展中国特色社会主义的战略高度，深刻回顾了党的十八大以来我国教育事业发展取得的显著成就，系统总结了推进我国教育改革发展的“九个坚持”，即坚持党对教育事业的全面领导，坚持把立德树人作为根本任务，坚持优先发展教育事业，坚持社会主义办学方向，坚持扎根中国大地办教育，坚持以人民为中心发展教育，坚持深化教育改革创新，坚持把服务中华民族伟大复兴作为教育的重要使命，坚持把教师队伍建设作为基础工作②。这“九个坚持”深刻回答了培养什么人、怎样培养人、为谁培养人这一根本问题。因而理解育人的概念，需要把握育人的内在逻辑。

---

① 习近平：《在北京大学师生座谈会上的讲话》，人民网，2014 年 5 月 5 日，http：//edu. people. com. cn/n/2014/0505/c1053 –24973276. html.

② 习近平：《在全国教育大会上的讲话》，新华社，2018 年 9 月 10 日，http：//www. gov. cn/xinwen/2018 –09/10/content_ 5320835. htm.

1. 育什么人

育什么人，即培养什么人。把人培育成什么样子，事关个体，更事关社会。青年正处在人生的“拔节孕穗期”，价值观正在形成和确立，最需要精心引导和栽培。2018 年 9 月 10 日，习近平总书记出席全国教育大会并发表重要讲话时指出，培养什么人，是教育的首要问题。这个命题强调了教育的本质、教育的方向和人才培养的目标。高校要抓住培养社会主义建设者和接班人这个根本，引导高校青年树立与这个时代同心同向的理想信念，勇担时代赋予的责任使命，这是国家发展的需要，也是青年成才的需要。我国是中国共产党领导的社会主义国家，这就决定了我们的教育必须把培养社会主义建设者和接班人作为根本任务，培养一代又一代拥护中国共产党领导和我国社会主义制度、立志为中国特色社会主义奋斗终身的有用人才。这是教育工作的根本任务，也是教育现代化的方向目标①。立足中国大地，办社会主义大学，必须抓住培养什么人的问题，谋划设计和把握大学的治理结构、教学体制、办学定位和服务面向；必须培养拥有共产主义远大理想和中国特色社会主义共同理想，德才兼备，能担当民族复兴大任的有理想、有本领、有担当的时代新人②。

“有理想”是基本要求。理想信念指引着人生的前进方向，决定着事业的兴衰成败。党的十九大报告指出，“广大青年要坚定理想信念，志存高远，脚踏实地，勇做时代的弄潮儿”。当代中国不仅在朝着“两个一百年”奋斗目标和中华民族伟大复兴奋进，也在不断为全球治理提出中国理念、中国方案。这也为高等教育提出了新的要求，我们培养的人既要具有家国情怀，坚持爱国和爱党、爱社会主义相统一，扎根人民、奉献国家；又要具有国际视野，坚持融通中外、兼济天下，在世界变革中把握人类社会发展趋势，为构建人类命运共同体贡献智慧和力量。这样的青年，立大志、行大道，自觉把自己的小我融入国家的大我、人民的大我之中，将个人理想融入国家前途和民族命运之中，在奋进的时代洪流中实现人生价值、升华人生境界，让青春在为国家和人民的奉

① 习近平：《在全国教育大会上的讲话》，中华人民共和国政府网，2018 年 9 月 10 日，http://www.gov.cn/xinwen/2018-09/10/content_5320835.htm.

② 赵旻：《培养什么人，是教育的首要问题》，中国教育新闻网，2019 年 9 月 17 日，http://www.jyb.cn/rmtzcg/xwy/wzxw/201909/t20190917_260959.html.

献中绽放①。

“有本领”是重点目标，也是投身强国伟业的时代要求。习近平总书记指出：“当前，党和国家事业正处在一个关键时期，我们对高等教育的需要比以往任何时候都更加迫切，对科学知识和卓越人才的渴求比以往任何时候都更加强烈。”只有真正掌握现代科学文化知识，才能够为社会为国家贡献更大力量；也只有以青春之我、奋斗之我，为民族复兴铺路架桥，为祖国建设添砖加瓦，才是我们培养的新时代青年该有的追求、应有的姿态②。

“有担当”是重要内容。担当精神是中华民族的优秀品质。高校学生正处在人生的黄金时期，同第二个百年奋斗目标的实现期相吻合，这是新时代赋予他们的使命。履行使命需要责任担当，历史的重任将落到当代大学生身上。每一代青年成功的背后都是坚韧、执着、激情与奋斗，“中华民族伟大复兴的中国梦终将在一代代青年的接力奋斗中变为现实”。我们培养的人要有健康体魄、健全人格、奋斗精神和责任担当，同人民一起奋斗，“志之所趋，无远弗届，穷山距海，不能限也”③。

2. 如何育人

如何育人，即怎样培养人。提高人才培养质量，是高校的核心任务。要深化教育教学改革，完善人才培养体系，着力解决好“怎样培养人”的问题。2018 年 5 月 2 日，习近平总书记在北京大学师生座谈会上对“怎样培养人”做出了明确回答，即要抓好以下三项基础性工作：

第一，坚持正确的办学方向。马克思主义是我们立党立国的根本指导思想，也是我国大学最鲜亮的底色。要抓好马克思主义理论教育，深化学生对马克思主义历史必然性和科学真理性、理论意义和现实意义的认识，教育他们学会运用马克思主义立场观点方法观察世界、分析世界，真正搞懂面临的时代课题，深刻把握世界发展走向，认清中国和世界发展大势，让学生深刻感悟马克思主义真理的力量，为学生成长成才打下科学的思想基础。要坚持不懈培育和

① 中共中国人民大学委员会：《培养什么人 怎样培养人 为谁培养人》，《求是》，2020 年 9 月 1 日，http：//www. qstheory. cn/dukan/qs/2020 -09/01/c_ 1126430105. htm.

② 中共中国人民大学委员会：《培养什么人 怎样培养人 为谁培养人》，《求是》，2020 年 9 月 1 日，http：//www. qstheory. cn/dukan/qs/2020 -09/01/c_ 1126430105. htm.

③ 中共中国人民大学委员会：《培养什么人 怎样培养人 为谁培养人》，《求是》，2020 年 9 月 1 日，http：//www. qstheory. cn/dukan/qs/2020 -09/01/c_ 1126430105. htm.

弘扬社会主义核心价值观，引导广大师生做社会主义核心价值观的坚定信仰者、积极传播者、模范践行者。要把中国特色社会主义道路自信、理论自信、制度自信、文化自信转化为办好中国特色世界一流大学的自信。只要我们在培养社会主义建设者和接班人上有作为、有成效，我们的大学就能在世界上有地位、有话语权①。

第二，建设高素质教师队伍。人才培养，关键在教师。教师队伍素质直接决定着大学的办学能力和水平。建设社会主义现代化强国，需要一大批各方面各领域的优秀人才。这对教师队伍能力和水平提出了新的、更高的要求。同样，随着信息化不断发展，知识获取方式和传授方式、教和学的关系都发生了革命性变化。这也对教师队伍能力和水平提出了新的、更高的要求。建设政治素质过硬、业务能力精湛、育人水平高超的高素质教师队伍是大学建设的基础性工作。高素质教师队伍是由一个一个好老师组成的，也是由一个一个好老师带出来的。教师是人类灵魂的工程师，是人类文明的传承者，承载着传播知识、传播思想、传播真理，塑造灵魂、塑造生命、塑造新人的时代重任。习近平总书记对好老师提出了四条标准：要有理想信念、要有道德情操、要有扎实学识、要有仁爱之心②。鼓励教师做学生锤炼品格的引路人、学习知识的引路人、创新思维的引路人、奉献祖国的引路人。这些论述为建设高素质教师队伍指明了方向，当前尤其要把增强教师浓厚的家国情怀，敢于担当作为的强烈社会责任感，国家至上、民族至上、人民至上的崇高使命感作为提高教师队伍素质的重点，使教师更好地承担起“为党育人、为国育才”的历史使命。

第三，形成高水平人才培养体系。社会主义建设者和接班人，既要有高尚品德，又要有真才实学。学生在大学里学什么、能学到什么、学得怎么样，同大学人才培养体系密切相关。人才培养体系必须立足于培养什么人、怎样培养人这个根本问题来建设，可以借鉴国外有益做法，但必须扎根中国大地办大学。人才培养体系涉及学科体系、教学体系、教材体系、管理体系等，而贯通其中的是思想政治工作体系。加强党的领导和党的建设，加强思想政治工作体

---

① 习近平：《在北京大学师生座谈会上的讲话》，中华人民共和国政府网，2018 年 5 月 2 日，http：//www. gov. cn/xinwen/2018 －05/03/content_ 5287561. htm.

② 习近平：《在北京大学师生座谈会上的讲话》，中华人民共和国政府网，2018 年 5 月 2 日，http：//www. gov. cn/xinwen/2018 －05/03/content_ 5287561. htm.

系建设，是形成高水平人才培养体系的重要内容。要坚持党对高校的领导，坚持社会主义办学方向，把我们的特色和优势有效转化为培养社会主义建设者和接班人的能力①。

3. 为谁育人

为谁育人，即为谁培养人。中国特色社会主义教育的前提是坚持中国特色社会主义道路、坚持中国共产党的领导，也就强调了我国教育是为党育人、为国育才，要为人民服务，为中国共产党治国理政服务，为改革开放和社会主义现代化建设服务，为巩固和发展中国特色社会主义制度服务②。

把握育人的内在逻辑，解决好育什么人、如何育人、为谁育人这一根本问题不能仅仅依靠高校党政干部、共青团干部、思想政治理论课和哲学社会科学课教师、辅导员及班主任这些大学生思想政治教育工作主体队伍，资助工作者应该也要认识到自身作为育人主体的责任，努力实现全员、全过程、全方位育人。需要强调的是，资助工作者不单要认识到自己是育人的主体，而且要认识到，学生资助的各环节、各岗位都具有育人职责，比如政府机关、慈善机构、社会团体、慈善家个人、高校各部门及勤工助学岗位管理者，都有一份育人职责。资助工作者需要加强与他们的沟通协调，共同营造一个良好的育人环境③。

三、 育人的根本遵循

1. 坚持立德树人根本任务

教育是“国之大计、党之大计”，事关接班人的培养，立德树人是教育的根本任务。我国历史上对人才概念就有过精辟的阐释，历朝历代都把“德”作为人才的核心素养，把德行教育放在首位。“立德”思想可以追溯到先秦，《左传·襄公二十四年》载，“太上有立德，其次有立功，其次有立言”，这成为封建士大夫人生追求的“三不朽”，“立德”为先，具有高尚的道德操守和道德修养，被后世效法为榜样，便能人格不朽。儒家经典《大学》开宗明义，“大

① 习近平：《在北京大学师生座谈会上的讲话》，中华人民共和国政府网，2018 年 5 月 2 日，http：//www. gov. cn/xinwen/2018 –05/03/content_ 5287561. htm.

② 习近平：《在学校思想政治理论课教师座谈会上的讲话》，中华人民共和国政府网，2019 年 3 月 18 日，http：//www. gov. cn/xinwen/2019 –03/18/content_ 5374831. htm.

③ 王力：《高校资助工作的育人功能及其实现途径研究》，华东师范大学硕士学位论文，2014 年。

学之道，在明明德，在亲民，在止于至善”。这个重要观点几乎成为古今教育之圭臬，即使现代大学，也以此标定“德”的高度①。

立德树人的提出具有鲜明的时代性，既是对中华优秀传统文化的科学继承，也具有面向教育未来的使命感。党的十八大第一次提出“把立德树人作为教育的根本任务”，使大学的目标更加明确，办学方向更为聚焦，这是对我国教育经验的深刻总结，对教育发展改革的深度认识。党的十九大进一步强调，“要全面贯彻党的教育方针，落实立德树人根本任务”。习近平总书记关于教育的重要论述，也把“立德树人”放到突出位置，提出“把立德树人的成效作为检验学校一切工作的根本标准”，上升到标准的认识层次，不仅是一项日常的事务、任务，而是成为原则、政策、指导方针②。2018 年 5 月 2 日，习近平总书记在北京大学师生座谈会上的讲话上又着重指出：“人才培养一定是育人和育才相统一的过程，而育人是本。人无德不立，育人的根本在于立德。这是人才培养的辩证法。”③ 也就是说立德和树人不是两个并列概念，而是科学统一的，树人是立德的目标和价值旨归，立德是树人的要求和前提；培育人才必须坚持立德为先，这是根本的要求，立德的基础性、规定性作用保证人才培养的质量和规格；树人是在德育目标指导下的教育行为，涵盖广泛，是全方位的素质、知识、能力的培养④。

（1）高校立身之本在于立德树人

高校是人才培养的主阵地。尽管经济社会发展赋予学校许多使命和功能，但最根本的还是培养人才。人才培养一定是育人和育才相统一的过程，育人是本。育人的根本在于立德。要把青年人培养成优秀人才，不仅要抓好知识教育，更要抓好思想品德教育。要旗帜鲜明地加强思想政治教育、品德教育，加强社会主义核心价值观教育，引导学生自尊、自信、自立、自强。2016 年 12 月，习近平总书记在全国高校思想政治工作会议上进一步强调，高校立身之本

---

① 赵旻：《培养什么人，是教育的首要问题》，中国教育新闻网，2019 年 9 月 17 日，http：//www. jyb. cn/rmtzcg/xwy/wzxw/201909/t20190917_ 260959. html.

② 赵旻：《培养什么人，是教育的首要问题》，中国教育新闻网，2019 年 9 月 17 日，http：//www. jyb. cn/rmtzcg/xwy/wzxw/201909/t20190917_ 260959. html.

③ 习近平：《在北京大学师生座谈会上的讲话》，中华人民共和国政府网，2018 年 5 月 2 日，http：//www. gov. cn/xinwen/2018 -05/03/content_ 5287561. htm.

④ 赵旻：《培养什么人，是教育的首要问题》，中国教育新闻网，2019 年 09 月 17 日，http：//www. jyb. cn/rmtzcg/xwy/wzxw/201909/t20190917_ 260959. html.

在于立德树人①。

高校要坚持把立德树人作为学校办学的根本，把立德树人内化到学校建设和管理各领域、各方面、各环节，做到以树人为核心，以立德为根本。2018 年 9 月，习近平总书记在全国教育大会上强调，把立德树人融入思想道德教育、文化知识教育、社会实践教育各环节，贯穿基础教育、职业教育、高等教育各领域。凡是不利于实现这个目标的做法都要坚决改过来。学校要紧紧围绕立德树人的根本任务，加快构建充满活力、富有成效、更加开放、有利于学校科学发展的体制机制②。

（2）立德树人的成效是检验学校一切工作的根本标准

习近平总书记指出，要把立德树人的成效作为检验学校一切工作的根本标准，真正做到以文化人、以德育人。高校要围绕这个根本任务、坚持这一根本标准，建立健全促进立德树人的教育体系③。

高校要把立德树人成效这一根本标准落实到办学的体制机制上来。要建立健全党委统一领导、党政齐抓共管、部门各负其责的教育领导机制，履行好把方向、管大局、作决策、保落实的职责，把思想政治工作贯穿学校教育管理全过程，牢固树立科学的教育发展理念，坚决克服短视行为、功利化倾向。要全面落实立德树人根本任务，推进育人方式、办学模式、管理体制、保障机制改革，建立促进学生身心健康、全面发展的长效机制。要注重把立德树人、规范管理的严格要求和春风化雨、润物无声的灵活方式结合起来，充分发掘各门课程中的德育内涵，加强思想政治理论课程建设④。

（3）把立德树人的要求贯彻人才培养科学体系全过程

习近平总书记指出，“要形成更高水平的人才培养体系”，“人才培养体系涉及学科体系、教学体系、教材体系、管理体系等，而贯通其中的是思想政治工作体系”。立德树人在人才培养体系中居于基础地位，思想品质、道德情操如人之大脑中枢，直接决定价值选择和人生路径。因此，高校应该从战略上、从培养接班人的要求上构建科学的人才培养体系，将高等教育发展方向与实现

① 杨晓慧，等：《习近平总书记教育重要论述讲义》，北京：高等教育出版社，2020 年，第 48 页。
② 杨晓慧，等：《习近平总书记教育重要论述讲义》，北京：高等教育出版社，2020 年，第 48 页。
③ 杨晓慧，等：《习近平总书记教育重要论述讲义》，北京：高等教育出版社，2020 年，第 48 页。
④ 杨晓慧，等：《习近平总书记教育重要论述讲义》，北京：高等教育出版社，2020 年，第 48 页。

“两个一百年”和民族复兴目标紧密结合起来，把德育工作和思想政治教育贯穿始终，用“四个服务”来检验“把立德树人作为中心环节、把思想政治工作贯穿教育教学全过程”的实际效果，来检验人才培养体系的科学性，来检验育人过程是否坚持了立德树人的实践标准①。

（4）落实教师立德树人责任制，建立科学的评价体系

教师队伍建设是落实立德树人根本任务的基础，做老师要做到教书育人，有热爱教育的定力、淡泊名利的坚守。为此，一是要完善人才战略，“树人”是一个教育过程，需要教师的不断引导。培养人才是长久之计，久久为功，培育人才尽管长久，但是一树百获。二是要立师德，“德”是教师身体力行的原动力，也是建立权威的奠基石。教师要牢固树立立德树人的思想观念，不能简单地把教师工作作为一项职业，而要作为德业工程去构筑，增强育人使命感。三是建立科学评价体系，用立德树人的实绩考察教师的胜任度，要“健全立德树人落实机制，扭转不科学的教育评价导向，坚决克服唯分数、唯升学、唯文凭、唯论文、唯帽子的顽瘴痼疾，从根本上解决教育评价指挥棒问题”②。

（5）切实保障立德树人的落实

立德树人是教育的根本任务，完成这一任务，要有充分的思想准备、深刻的思想认识，要付出艰苦的努力，并且通过完善体制机制，为其提供充分保障③。

第一，政治保障。切实加强党的领导，建立健全落实立德树人体制机制。一是加强党对教育工作的全面领导，“高校党委对学校工作实行全面领导，承担管党治党、办学治校主体责任，把方向、管大局、作决策、保落实”。全面领导是落实立德树人根本任务的前提，是体制机制建设的核心。全面领导就是把政治建设放在首位，增强“四个意识”、坚定“四个自信”、做到“两个维护”，准确把握办学方向，发挥党委集体领导、集体智慧的优势，科学决策，保证落实。二是要全面贯彻党的教育方针，掌握高校思想政治工作主导权，大

---

① 赵旻：《培养什么人，是教育的首要问题》，中国教育新闻网，2019 年 9 月 17 日，http：//www. jyb. cn/rmtzcg/xwy/wzxw/201909/t20190917_ 260959. html.

② 赵旻：《培养什么人，是教育的首要问题》，中国教育新闻网，2019 年 9 月 17 日，http：//www. jyb. cn/rmtzcg/xwy/wzxw/201909/t20190917_ 260959. html.

③ 赵旻：《培养什么人，是教育的首要问题》，中国教育新闻网，2019 年 9 月 17 日，http：//www. jyb. cn/rmtzcg/xwy/wzxw/201909/t20190917_ 260959. html

力培育和弘扬社会主义核心价值观，把做好思想政治工作的责任抓在手上、担在肩上、落实在行动上。三是把抓好学校党建工作作为办学治校的基本功，加强基层党组织建设，改进工作方式，使每个师生党员都做到在党爱党、在党言党、在党为党。四是党委要把教育改革发展纳入议事日程，党政主要负责同志要熟悉教育、关心教育、研究教育，立足学校实际，建立务实、高效的工作机制，营造全员育人、全方位育人、全过程育人的环境氛围①。

第二，质量保障。形成多元化人才培养模式。人才培养模式是指在一定教育思想指导下的人才培养的路径选择。这就要求遵循教育规律和人才成长规律，根据本学校学科专业设置特点，有机融合学科、专业、课程建设，深化教育教学改革，创新教育教学方法，灵活设置培养方式，把立德树人贯穿其中，注重学生学思结合、知行统一。与此同时，保持人才培养规格的多样性，人才培养规格是对所培养出的人才质量的规定标准，它是学校工作的立足点和重要依据。各学校特点不同，要细化专业培养目标，按照国家政策导向和人才市场需求来设定。一般认为，知识、能力、素质、价值观这“四个要素”构成了人才培养规格，要处理好人才培养统一性要求与多样性要求的关系，统一性要求统于立德树人，多样性要求是指人才的知识结构、能力结构、素质结构有更大的张力，规格更为多元。培养学生多方面适应能力，人才培养既要注重不同学校的育人特点，也要关注同一学校不同人才的素质特点、兴趣特长，进行针对性的培养，达到因材施教、因需培养②。

第三，政策保障。坚持立德树人的根本任务，抓住人才培养这个关键核心。目前高等学校面临很多发展的选择，社会给予大学的评价也是多种角度、多种标准的，教育部提出“以本为本”“四个回归”，抓住了教育的本质使命，也为践行立德树人的根本任务铺平了道路。从学校内部结构治理的角度，现代大学有着复杂的科层结构，利益诉求多元多层次，需要科学妥善地调整和处理，关键是在协调各种利益关系时，必须抓住人才培养这个牛鼻子，围绕立德树人来展开，围绕有利于落实立德树人根本任务来系统布局和深化改革，牢固

① 赵旻：《培养什么人，是教育的首要问题》，中国教育新闻网，2019 年 9 月 17 日，http：//www. jyb. cn/rmtzcg/xwy/wzxw/201909/t20190917_ 260959. html.

② 赵旻：《培养什么人，是教育的首要问题》，中国教育新闻网，2019 年 9 月 17 日，http：//www. jyb. cn/rmtzcg/xwy/wzxw/201909/t20190917_ 260959. html.

树立育人为本、德育为先意识，把学校的政策、资源、人力、精力等全部向人才培养倾斜，把立德树人根本任务置于学校整体布局的核心①。

2. 培育和践行社会主义核心价值观

社会主义核心价值观，是以习近平同志为核心的党中央从新时代坚持和发展中国特色社会主义、实现中华民族伟大复兴的中国梦出发，提出的重大战略思想②。社会主义核心价值观在个人层面提出的“爱国、敬业、诚信、友善”的要求，其实质就是一个育人的导向，为各类学校培养什么样的人才指明了方向。高校应当利用青少年阶段这个人生的“拔节孕穗期”，充分发挥课程思政和思政课程的作用，加强中国特色社会主义、中国梦教育，马克思主义理论教育和社会主义核心价值观教育，引导青年大学生们争做社会主义核心价值观的坚定信仰者、积极传播者、模范践行者。

（1）深刻认识培育和践行社会主义核心价值观的重大意义

社会主义核心价值观是当代中国精神的集中体现，凝结着全体人民共同的价值追求。面对新时代、新要求，面对新征程、新任务，持续深入地培育和践行社会主义核心价值观，意义重大而深远③。

第一，培育和践行社会主义核心价值观是新时代坚持和发展中国特色社会主义的重大任务。中国特色社会主义进入了新时代，我国发展处于新的历史方位，只有把培育和践行社会主义核心价值观作为一项既具基础性、内在性，又具目标性、规定性的重大任务来认识、来落实，才能增强人们的道路自信、理论自信、制度自信、文化自信，确保中国特色社会主义始终沿着正确方向胜利前进，不断展现出更加强大的生命力④。

第二，培育和践行社会主义核心价值观是进行伟大斗争、建设伟大工程、推进伟大事业、实现伟大梦想的铸魂工程。习近平总书记指出，核心价值观是一个民族赖以维系的精神纽带，是一个国家共同的道德基础。伟大斗争需要众志成城，伟大工程需要坚定一致，伟大事业需要聚力推进，伟大梦想需要同心

---

① 赵旻：《培养什么人，是教育的首要问题》，中国教育新闻网，2019 年 9 月 17 日，http：//www. jyb. cn/rmtzcg/xwy/wzxw/201909/t20190917_ 260959. html.

② 黄坤明：《培育和践行社会主义核心价值观》，《人民日报》，2017 年 11 月 17 日。

③ 黄坤明：《培育和践行社会主义核心价值观》，《人民日报》，2017 年 11 月 17 日。

④ 黄坤明：《培育和践行社会主义核心价值观》，《人民日报》，2017 年 11 月 17 日。

共筑，这就要求我们激发全体人民的信心和热情，凝聚起团结奋进的强大力量。深培厚植、广泛践行体现社会主义本质要求、传承中华优秀传统文化、凝结时代精神和广泛共识的社会主义核心价值观，就一定能够铸牢理想信念、坚守价值追求、聚合磅礴之力，让我们在前进道路上越走越坚定、越走越自信，以一往无前的奋斗姿态胜利抵达光辉的彼岸①。

第三，培育和践行社会主义核心价值观是在世界文化激荡中保持民族精神独立、挺起民族精神脊梁的战略支撑。文化是一个国家、一个民族的灵魂，文化自信是一个国家、一个民族发展中最基本、最深沉、最持久的力量。价值观是文化最深层的内核，价值观自信是文化自信最本质的体现。中国独特的文化传统、历史命运、基本国情，注定我们必然坚守根植于中华文化沃土又具有当代中国特色的价值观。只有持续培育和践行社会主义核心价值观，大力传承和延续中华民族思想精髓、精神基因、文化血脉，才能更好构筑中国精神、中国价值、中国力量，使中华民族以更加昂扬的姿态屹立于世界民族之林②。

（2）牢牢坚持培育和践行社会主义核心价值观的根本遵循

坚持社会主义核心价值体系，推进社会主义核心价值观建设，必须坚定自觉地以习近平新时代中国特色社会主义思想为指导。要把习近平新时代中国特色社会主义思想作为主心骨、定盘星、度量衡，贯彻到培育和践行社会主义核心价值观全过程、全方面，切实增强干部群众的政治认同、思想认同、情感认同，不断巩固马克思主义在意识形态领域的指导地位、巩固全党全国人民团结奋斗的共同思想基础。要全面贯彻落实党的十九大提出的新任务、新要求，深入研究新情况、新问题，科学提出新思路、新对策，着力增强社会主义核心价值观建设的针对性、实效性③。

（3）深刻把握培育和践行社会主义核心价值观的着眼点

党的十九大报告指出，培育和践行社会主义核心价值观，要以培养担当民族复兴大任的时代新人为着眼点。核心价值观建设，说到底是人的思想建设、灵魂建设，聚焦的是造就具有正确世界观、人生观、价值观的社会主义建设者。建设什么样的社会、实现什么样的目标，人是决定性因素。党的十九大提

① 黄坤明：《培育和践行社会主义核心价值观》，《人民日报》，2017年11月17日。
② 黄坤明：《培育和践行社会主义核心价值观》，《人民日报》，2017年11月17日。
③ 黄坤明：《培育和践行社会主义核心价值观》，《人民日报》，2017年11月17日。

出“培养担当民族复兴大任的时代新人”这一重大命题，把“培育什么样的价值观”同“培养什么样的人”更加紧密地结合起来，抓住了价值观建设的根本，体现了我们党对核心价值观建设认识的深化和拓展①。

（4）切实抓好培育和践行社会主义核心价值观的任务落实

第一，充分发挥社会主义核心价值观的引领作用。社会主义核心价值观是我们生而为中国人的独特精神支柱，是凝聚中国力量的思想道德基础，是宣传教育工作的“魂”。要围绕立德树人根本任务，推动核心价值观融入思想道德教育、文化知识教育、社会实践教育各环节，体现到教材教学、校风学风建设之中，体现到高校思想政治工作全过程。强化对精神文明创建的引领，把培育践行核心价值观作为文明校园创建的根本任务，突出深刻思想内涵和鲜明价值导向。强化对精神文化产品创作生产传播的引领，推动广大师生身体力行践行核心价值观，坚持以人民为中心的创作导向，高扬爱国主义主旋律，唱响时代正气歌②。

第二，充分发挥中华优秀传统文化的滋养作用。中华优秀传统文化是中华民族的精神命脉，是涵养社会主义核心价值观的重要源泉。要坚持创造性转化、创新性发展，大力实施中华优秀传统文化传承发展工程，深入挖掘中华优秀传统文化蕴含的思想观念、人文精神、道德规范，结合时代要求继承创新，让中华文化展现出永久魅力和时代风采。要坚持古为今用、推陈出新，不忘本来、辩证取舍，深入阐述中华文化讲仁爱、重民本、守诚信、崇正义、尚和合、求大同等核心思想观念，用中华民族创造的一切精神财富化人、育人。要充分运用传统文化中的道德教化资源，深化孝老爱亲教育、诚信教育、勤劳节俭教育，引导学生不断提升道德水准③。

第三，充分发挥法律和政策的保障作用。法律和政策在社会公共领域具有刚性约束力，对培育践行社会主义核心价值观有着重要的导向作用。因此，要大力弘扬社会主义法治精神，切实增强全民法治观念、规则意识。更好地运用法治手段维护社会公共价值、解决道德领域突出问题，捍卫英雄模范及其所代表的主流价值，发挥司法断案惩恶扬善功能，更好地守护公平正义、弘扬美德

---

① 黄坤明：《培育和践行社会主义核心价值观》，《人民日报》，2017 年 11 月 17 日。

② 黄坤明：《培育和践行社会主义核心价值观》，《人民日报》，2017 年 11 月 17 日。

③ 黄坤明：《培育和践行社会主义核心价值观》，《人民日报》，2017 年 11 月 17 日。

善行，形成有利于培育践行核心价值观的法治环境和制度支撑①。

第四，充分发挥党员干部的示范作用。党员干部是社会群体中的先进分子，德可为师、行可为范。要落实全面从严治党要求，持之以恒推进党风政风建设，毫不放松加强党性教育，弘扬忠诚老实、公道正派、实事求是、清正廉洁等价值观，发展积极健康的党内政治文化，补精神之钙，铸党性之魂，稳思想之舵。要推动党员干部在践行社会主义核心价值观上做表率，明大德、严公德、守私德，以实际行动让群众感受到理想信念的力量，用高尚人格感召群众、带动群众。要加强对优秀共产党员的典型宣传，讲好身边共产党员的故事，用榜样的力量、楷模的风范带动全社会见贤思齐、积极向上、奋发进取②。

青年的价值取向决定了未来整个社会的价值取向，而青年又处在价值观形成和确立的时期，抓好这一时期的价值观养成十分重要。这就像穿衣服扣扣子一样，如果第一粒扣子扣错了，剩余的扣子都会扣错，人生的扣子从一开始就要扣好。高校必须广泛开展社会主义核心价值观教育，培育和践行社会主义核心价值观，要教育引导广大青少年树立远大志向、培育美好心灵，勤学、修德、明辨、笃实，扣好人生第一粒扣子，筑牢思想之基、价值观之基。为育什么人、如何育人指出路径，切实提高育人的实效，为高校立德树人、人才培养打下坚实的基础。

第三节　高校资助育人的内涵与外延

2017 年 12 月，中共教育部党组印发了《高校思想政治工作质量提升工程实施纲要》，提出通过构建“十大”育人体系提升高校思想政治工作质量。“资助育人质量提升体系”是十大体系之一。“资助育人”首次出现在教育部关于加强高校思想政治工作的正式文件中，这标志着高校资助工作已不仅仅是单纯的经济资助和服务保障，“资助育人”已成为高校资助工作的新发展，已成为高校加强大学生思想政治教育的新举措③。

① 黄坤明：《培育和践行社会主义核心价值观》，《人民日报》，2017 年 11 月 17 日。
② 黄坤明：《培育和践行社会主义核心价值观》，《人民日报》，2017 年 11 月 17 日。
③ 张远航：《高校资助育人的价值意蕴和实现路径》，《思想理论教育》，2018 年第 6 期。

一、高校资助育人的概念

高校资助育人的概念可界定为资助主体为保障家庭经济困难学生的基本教育权利，在提供资助时，以资助为载体，对大学生在自由全面发展方面产生的积极影响或作用，主要体现为人生观、价值观、社会责任、知识技能的引领和导向作用，具体地说就是高校通过精神上的激励、心理上的干预、品格上的塑造、知识上的传授，将家庭经济困难学生培养成具有正确的世界观、人生观、价值观、法纪观，拥有健康向上的心理、爱国爱党的精神、感恩的情感、高尚的品格，能够担当民族复兴大任的社会主义合格建设者和可靠接班人。

二、高校资助与育人的内在关系

高校资助育人作为一个有机整体，在资助的同时也要做到育人，资助的目的就是为了实现育人，资助是基础，育人是核心，要始终把育人这条主线贯穿资助育人工作全过程。

1. 资助是育人的基础

新时代高校资助工作是育人的手段之一。高校资助工作的对象主要包括建档立卡户、低保户、残疾、孤儿等特殊困难学生在内的家庭经济困难学生，其目的主要是实现高等教育机会公平、促进社会和谐发展和学生个体的健康成长。要实现个体的健康成长和社会的和谐，本质是培养人。既然本质目标是育人，那么资助工作本身也就被赋予了育人的功能。中央领导多次强调，高校开展资助工作必须紧紧抓住教育的根本，把育人这条主线贯穿在资助工作的全过程①。由此可见，资助是一种手段，育人是其本质核心。

高校资助育人工作是为了帮助家庭经济困难学生顺利完成学业而实施的一系列经济资助，在解决经济困难的同时，激发学生学习的动力和热情，培养学生健康的心理和健全的人格，引导学生自尊、自信、自立、自强。高校资助育人工作不仅要满足学生的生存需要，也要满足其发展需要；不仅要满足学生的物质需要，更应满足其精神需要。经济助困应与能力培养、教育引导相结合，

---

① 王力：《高校资助工作的育人功能及其实现途径研究》，华东师范大学硕士学位论文，2014 年。

全面提升受资助学生的素质和能力，帮助其成长、成人、成才。因此，高校在为家庭经济困难学生提供物质帮助的同时，还应帮助其快乐学习、全面发展、健康成长，通过对学生学习、生活、思想、心理等方面的关心、教育、引导，帮助他们养成良好的学习习惯和生活习惯，发展健康向上的思想素质和心理素质。

2. 育人是资助的价值回归

育人始终是新时代高校资助工作的价值回归。中国未来发展、中华民族伟大复兴，基础在教育，关键靠人才。教育是民族振兴、社会进步的基石，是提高国民素质、促进人的全面发展的根本途径，寄托着亿万家庭对美好生活的期盼。《国家中长期教育改革和发展规划纲要（2010—2020年）》把育人为本作为教育工作的根本要求，指出人力资源是我国经济社会发展的第一资源，教育是开发人力资源的主要途径。要以学生为主体，以教师为主导，充分发挥学生的主动性，把促进学生健康成长作为学校一切工作的出发点和落脚点。关心每个学生，促进每个学生主动地、生动活泼地发展，尊重教育规律和学生身心发展规律，为每个学生提供适合的教育，努力培养造就数以亿计的高素质劳动者、数以千万计的专门人才和一大批拔尖创新人才。我国《高等教育法》也明确规定，国家采取措施帮助家庭经济困难学生接受高等教育，我国高等教育必须贯彻国家的教育方针，为社会主义现代化建设服务，为人民服务，与生产劳动相结合，使受教育者成为德、智、体、美、劳全面发展的社会主义事业的建设者与接班人①。

资助以教育为导向，以育人为目的，担负教育功能，才能实现最大效益，体现出真正的价值。高校资助育人工作要坚持育人为本，德育为先，把社会主义核心价值体系融入大学教育全过程，把德育渗透于资助的各个环节，贯穿于学校教育、家庭教育和社会教育的各个方面。切实加强和改进家庭经济困难学生思想政治教育工作，构建德育体系，创新德育形式，丰富德育内容，不断提高德育工作的吸引力和感染力，增强德育工作的针对性和实效性，加强辅导员、班主任队伍建设。同时着力提高家庭经济困难学生的学习能力、实践能力、创新能力，教育学生学会知识技能，学会动手动脑，学会生存生活，学会

① 杨波：《高校家庭经济困难学生资助与育人结合研究》，江西师范大学硕士学位论文，2011年。

做人做事，促进学生主动适应社会，开创美好未来。充分调动家庭经济困难学生学习积极性和主动性，激励学生刻苦学习，增强诚信意识，养成良好学风。坚持全面发展，全面加强和改进德育、智育、体育、美育、劳动教育，促进其有机融合，提高家庭经济困难学生综合素质，使学生成为德智体美劳全面发展的社会主义建设者和接班人①。

3. 资助的育人功能

高校资助工作始终贯穿着育人要求，资助育人在政治层面、道德层面、社会层面、人格层面、教育层面都有着独特的功能。

（1）政治层面，具有爱国主义和理想信念的教育功能

在高校现行的以国家资助、学校奖助、社会（个人）捐助为主体的资助体系当中，国家资助占据着主体地位。《2019 年中国学生资助发展报告》显示，2019 年学生资助资金中，财政投入 1449.55 亿元，占资助资金总额的 68.18%；普通高校学生资助中，财政资金投入 657.52 亿元，占 2019 年度高校资助资金总额的 49.93%。这些数据充分体现了国家对家庭经济困难学生能否顺利完成学业的关切。

受奖励和资助的家庭经济困难大学生是国家资助的直接对象和无偿奖助的受益人，这在无形中要求广大受奖助的学生更加坚定地理解和支持党的领导，而党作为国家一切工作的领导者，其倡导和开展的理想信念教育对于受奖助学生的意义不言而喻。因此，高校常常通过奖助学金颁发仪式、革命先辈艰苦奋斗事迹报告等各种形式的教育活动来强化学生的爱国主义精神和理想信念②。

（2）道德层面，具有诚信和公平公正的教育功能

诚信一直以来都是中国社会道德的一个重要组成部分，其本身也是全体公民需要遵守和秉持的个人行为准则，是每一个中国人在各方面都需要恪守的精神底线。国家奖助学金尤其是国家助学金将学生家庭经济情况作为申请发放的主要依据，这客观上要求每一名申请人都要如实上报家庭情况，要求学生不得弄虚作假。公平公正既是人们长期呼唤和渴求的社会效果，也是全体公民在工作和生活道德层面应当秉持的重要理念。事实上，高校资助政策本身也是教育

① 杨波：《高校家庭经济困难学生资助与育人结合研究》，江西师范大学硕士学位论文，2011 年。

② 王丽丽：《新时代高职院校资助育人工作探索与实践》，北京：中国财富出版社有限公司，2020 年，第 28 页。

领域公平公正的一种体现，其直接目的就在于让每一名家庭经济困难的学生不会因为经济问题而不能完成学业①。

（3）社会层面，具有奉献精神和感恩精神的教育功能

目前高校的资助绝大部分来自国家、社会、高校，通过资助工作者的合理引导，这些无偿奉献能够激励受助学生在受助之后怀揣感恩与奉献之心，在顺利完成学业、投身社会事业发展之际，努力发挥自身才能，为国家和社会的发展与进步做出自己的贡献②。

（4）人格层面，具有自立自强精神和责任感的教育功能

奥地利心理学家阿德勒认为，人的思维永远趋向于积极面，人类的本性是忽视消极面的，从内心产生忽视消极面的欲求，并且不断地去超越自己，这便是“人格内驱力”，体现了人类不断追求积极面的真实欲望。然而，在部分家庭经济困难学生身上呈现的却是逆向“人格内驱力”。究其原因，这些学生过度地将家庭经济困难因素放大，并将其作为生活不如意的主要原因，从而封闭自我，不愿同外界交流与接触，而这一行为的直接后果就是自卑程度越来越深，长此以往，容易形成特定的心理问题，甚至导致精神疾病③。

由此可见，经济困难这一背景对于部分家庭经济困难学生的人格塑造产生了巨大影响。而无偿资助就是以经济资助为直接抓手，从源头缓解、释放学生的压力，对学生塑造良好的人格有巨大的推进作用。在获得奖助学金后，很多心理自卑的家庭经济困难学生整体精神面貌会有不同程度的改善，个别学生甚至能够十分积极主动地参与到学习、生活等各项活动中来。同时，这部分学生身上聚集了更多的目光，自尊心往往会促使这些学生以更高的标准来要求自己，力争以更好的表现来对得起这份“荣誉”。这种心理状态无形中就强化了受奖助学生的自立自强意识和责任感意识，充分体现出奖助学金在育人功能中的人格塑造作用④。

---

① 王丽丽：《新时代高职院校资助育人工作探索与实践》，北京：中国财富出版社有限公司，2020年，第28页。

② 王丽丽：《新时代高职院校资助育人工作探索与实践》，北京：中国财富出版社有限公司，2020年，第29页。

③ 王丽丽：《新时代高职院校资助育人工作探索与实践》，北京：中国财富出版社有限公司，2020年，第29页。

④ 王丽丽：《新时代高职院校资助育人工作探索与实践》，北京：中国财富出版社有限公司，2020年，第30页。

（5）教育层面，具有榜样作用和示范作用的教育功能

奖助学金尤其是国家奖学金和国家励志奖学金，不仅仅是一笔奖助资金，更是一种学生群体公认的荣誉。特别是国家奖学金，由于其名额少，奖励金额高，竞争激烈，在学生心中具有崇高的地位，也因其评选要求高，同样代表着高质量的学业水平。高校往往会大力宣传获得国家奖学金和国家励志奖学金学生的先进事迹，树立榜样典型，发挥示范引领作用，进一步营造积极向上的学习氛围，激励更多的学生努力学习①。

这种“榜样”“典型”的塑造，对于受奖助者自身来说是一种行为教育和鞭策，会提醒他们以更高的标准和更严的要求来规范自身各方面的行为。同时，对于其他未受奖助的学生也是一种较好的“激励性”教育。对受奖助学生的关注与重视，让全体学生感受到这种荣誉的可贵与美好，从而激励更多的学生不断提升自我，为了获取这些荣誉而不断进取②。这种榜样力量和示范作用，是资助育人功能在教育层面的充分体现。

三、“三全育人”理念下高校“资助育人”的范畴

1.“三全育人”理念

（1）“三全育人”的出发点是“培养人”

2018年9月，习近平总书记在全国教育大会上指出，“培养什么人，是教育的首要问题”，并强调“我国是中国共产党领导的社会主义国家，这就决定了我们的教育必须把培养社会主义建设者和接班人作为根本任务，培养一代又一代拥护中国共产党领导和我国社会主义制度、立志为中国特色社会主义奋斗终身的有用人才。这是教育工作的根本任务，也是教育现代化的方向目标”③。

培养德智体美劳全面发展的社会主义建设者和接班人，要求学生要价值观端正、知识丰富、能力全面。价值观端正，强调学生要用好知识。高校要成为

---

① 王丽丽：《新时代高职院校资助育人工作探索与实践》，北京：中国财富出版社有限公司，2020年，第30页。

② 王丽丽：《新时代高职院校资助育人工作探索与实践》，北京：中国财富出版社有限公司，2020年，第30页。

③ 习近平：《在全国教育大会上的讲话》，新华社，2018年9月10日，http：//www.gov.cn/xinwen/2018-09/10/content_5320835.htm.

坚持党的领导的坚强阵地，有效开展大学生理想信念教育，培育和践行社会主义核心价值观，塑造学生健全的人格、向善的人性和高尚的人品，让他们用智慧和能力服务于国家、民族和人民，让他们成为担当民族复兴大任的时代新人。知识丰富，强调学生要储备必要的知识。人总是用不同的方式把握世界，掌握的知识越多，越能把握世界的丰富性，因此，要不断提升知识传授的深度和广度，让学生用哲学的、科学的、艺术的、历史的等多种方式把握世界，不断提升他们对世界的认知水平。能力全面，强调学生要会运用知识。掌握知识的目的不是做“两脚书橱”，而是要激活知识，将知识内化为思想智慧，外化为行动能力，具备学习能力、思维能力、表达能力、实践能力、组织能力等综合素质①。

（2）“三全育人”的中心在“育”

教育不是工业生产线，人才不是工业产品，不能走工艺、规格统一的批量生产道路。“育”是要树立培育“生长品”的生态思维。习近平总书记指出，“人才培养一定是育人和育才相统一的过程，而育人是本”。陶行知先生认为，“培养教育人和种花木一样，首先要认识花木的特点，区别不同情况给予施肥、浇水和培养教育，这叫‘因材施教’”。高校要成为育人的沃土，为人才成长提供充足的养分②。

高校要从“教”走向“育”，构建育人新模式，营造育人新生态，全面提升人才培养水平。一方面，要聚焦学生，科学把握大学生的特点，遵循教书育人规律、学生成长规律，因材施教、深耕细作，摒弃“千人一面”的教育模式，实现“千姿百态”的教育效果。要将最优质的资源配置给学生，为每一位学生提供适合的教育、可选择的教育，让学生享有更强的获得感和幸福感，实现“一棵树摇动另一棵树，一朵云推动另一朵云，一个灵魂唤醒另一个灵魂”的教育功效。另一方面，要聚焦教师，大力加强教师队伍建设，进一步优化教师素质结构，坚持专业素养、职业素养、政治素养、人格素养一体化发展，让广大教师做到教学与科研兼顾、教书与育人兼顾、信道与传道兼顾、立己德与

---

① 王丽丽：《新时代高职院校资助育人工作探索与实践》，北京：中国财富出版社有限公司，2020年，第3－6页。

② 王丽丽：《新时代高职院校资助育人工作探索与实践》，北京：中国财富出版社有限公司，2020年，第3－6页。

树人德兼顾，引导广大教师以德立身、以德立学、以德施教，做党和人民满意的好老师①。

（3）“三全育人”的重心在“全”

全员育人，要求全体教职员工都要成为“育人者”，其一言一行、一举一动都要履行育人之责、产生育人之效，实现育人无不尽责。全过程育人，要求将立德树人贯穿高等教育教学全过程和学生成长成才全过程，实现育人无时不有。全方位育人，要求将立德树人覆盖到课上课下、网上网下、校内校外，实现育人无处不在②。

建立健全人才培养体制，构建“三全育人”大格局。一是在教育主体上从“单”转向“全”。育人工作是高校全体教职工与生俱来的“天职”和“本职”，充分挖掘专业课教师、思想政治理论课教师、哲学社会科学课教师、辅导员、管理干部等多个岗位的育人要素，将育人职能贯穿其工作始终，实现“教”与“育”、“管”与“育”、“服”与“育”的融会贯通。二是在育人过程上从“分”转向“合”。育人工作具有整体性，要从“条块分割”转向“协同配合”，将育人工作贯穿学生从入学到毕业的各阶段，覆盖全校各班级，融入学生学习、生活各方面。以“六个下功夫”为着力点，构建德智体美劳全面发展的教育体系；推进教学、管理、服务等部门协同联动，挖掘育人元素，建立责任清单，强化工作举措，共唱育人“合奏曲”；推进马克思主义学科与各学科特别是哲学社会科学各学科的融合、交叉，推进思想政治工作与党建工作充分结合，汇聚协同育人的智慧和力量。三是在育人空间上从“点”转向“体”。育人工作要实现由“点”到“线”、聚“面”成“体”，实现“面”“面”俱到、多“体”联动，推进知识体系教育与思想政治教育有机结合、思想政治教育向各学科有机渗透，让思想政治理论课程和各类课程同向同行；建立网上网下正向互动的工作格局，促进网上网下两个教育场所的衔接整合；大力推进学校、社会、家庭一体化育人，提升、丰富家庭教育资源，充分利用社

① 王丽丽：《新时代高职院校资助育人工作探索与实践》，北京：中国财富出版社有限公司，2020年，第3－6页。

② 王丽丽：《新时代高职院校资助育人工作探索与实践》，北京：中国财富出版社有限公司，2020年，第3－6页。

会教育资源，达到多方位合力育人的效果①。

2. 全员资助育人

在资助育人工作中，应采取全员的综合性资助育人模式，动员一切可以动员的力量参与到资助育人的队伍中来。高校要强化“一把手”负责制，建立完善在学校党委领导下、以学生资助管理中心为中心、各学院及相关部门协同配合的资助管理职责体系②。健全学生资助机构与队伍建设，根据上级部门要求，配备专职人员负责学生资助工作。多途径夯实学生资助工作队伍建设，构建“专职为主、兼职为辅、专兼一体、全员参与”的资助育人队伍体系，形成全校学生资助工作的合力。明确资助主体部门责任，厘清岗位职责，优化资源配置，协同做好家庭经济困难学生资助工作。

学院层面还需要倡导党政领导干部、系骨干教师、学生干部对家庭经济困难学生进行资助育人帮扶，发挥全体师生作用，形成一支负责任、能力强的家庭经济困难学生资助队伍。通过学院领导、专业课教师、辅导员、学业导师、校外导师、同伴朋辈合力帮扶，切实增强工作责任心和凝聚力，加强对家庭经济困难学生情况的了解与掌握。

3. 全过程资助育人

不同阶段、不同年级的学生在学习、生活、工作上有不同的需求，需要因势利导，做好资助育人工作。高校的学生资助育人工作具有连续性和针对性，应该贯穿家庭经济困难学生大学期间的全过程，并延伸到入校之前和毕业之后③。

对于新生而言，入校前就应当借助录取通知书大力宣传国家和学校的相关资助政策，帮助新生真切感受国家和学校对于家庭经济困难学生的关爱，真正做到不让任何一个孩子因为贫困而失学。新生入校之后，需要营造一种温暖的氛围，让他们树立在学校正常学习、生活和人际沟通的信心。生源地国家助学

---

① 王丽丽：《新时代高职院校资助育人工作探索与实践》，北京：中国财富出版社有限公司，2020年，第3-6页。

② 冯睿：《高校“全员化、全程化、全方位”资助育人模式探析》，《教育现代化》，2020年第7期。

③ 冯睿：《高校“全员化、全程化、全方位”资助育人模式探析》，《教育现代化》，2020年第7期。

贷款是重要的学生资助政策之一，一般在入校前或入校初就可以办理。高校应该在新生入学教育实践中安排专人对高校资助政策进行宣讲，让新生了解、熟悉国家资助政策和学校资助体系，熟悉国家奖助学金、助学贷款的申请办理与还款程序；在入学教育系列活动中要注重培养学生法律意识、风险防范意识和契约精神，加强励志教育、诚信教育和金融常识教育，培养学生爱党爱国爱社会的意识，强化资助工作的育人效果，为后期资助育人工作的开展筑牢基础；针对家庭特别困难的新生，还可以通过开辟“绿色通道”等举措实行学费缓交，保证新生报到入学不受阻碍。新生入学前后对资助政策的了解至关重要，可以帮助学生和家长消除后顾之忧，让学生安心地在校学习和生活，学生在感受学校关爱关怀的同时，也能够明确自身对国家和社会的责任①。

对于大二、大三年级的学生，学业资助和经济资助是两条主线。这一阶段，学生学业困难主要原因是缺乏学习兴趣和动力、学习方法不当、陷于网络游戏、忙于兼职等。针对学业困难学生，应深入了解困难学生存在的学习问题，任课老师、辅导员、班主任进行督促指导，帮助其树立正确的学习目标；加强学生宿舍巡查，引导学生自主学习；以“挑战杯”课外学术科技竞赛等赛事和科研立项为平台，巩固专业思想，提升学习动力。针对性的学业帮扶能够使学生成绩有较大提升，有效改善班风、学风。针对经济困难学生，除助学贷款、奖助学金外，还可结合学校实际设立临时困难补助，设立校、院勤工助学岗位如领取报纸信件、整理数据等；对全校建档立卡家庭经济困难学生要给予重点关注，严格按照上级文件要求资助到位，发动教师为学生提供帮助，缓解家庭经济困难学生生活压力，鼓励学生志存高远、自强不息。要发挥“奖、助、贷、勤、补、减、免”多元化学生资助体系的作用，广开渠道吸收社会资金丰富资助体系，对家庭经济困难学生实现全面资助，切实做到应助尽助，不让一个学生因家庭经济困难而失学。总体而言，大二、大三学年是学生成长的关键阶段，在资助的过程中需要针对不同学生的特点，开展指向性的帮扶，着力培养学生自强不息、开拓进取的精神，培育学生树立正确的成才观和就业观②。

针对毕业班学生，要做好升学和就业的引导帮扶。一方面，针对以考研升

---

① 冯睿：《高校“全员化、全程化、全方位”资助育人模式探析》，《教育现代化》，2020 年第 7 期。

② 冯睿：《高校“全员化、全程化、全方位”资助育人模式探析》，《教育现代化》，2020 年第 7 期。

学为目标的部分毕业班家庭经济困难学生，班级学业导师或专业课老师需要加强对这部分学生的关爱与学业帮扶，着力提升他们考研升学的核心竞争力。另一方面，针对以就业为目标的部分毕业班家庭经济困难学生，可能其动手能力较弱、交往能力较为欠缺，对未来发展方向和工作岗位期望不明确，可以安排资助育人老师认真分析问题存在的原因，鼓励学生提早参加大学职业生涯规划与发展辅导等素质拓展活动，提前了解未来职场和就业形势；高度重视家庭经济困难学生实习就业工作，适当补助家庭经济困难的实习生和毕业生，减轻就业压力和成本；多渠道主动联系就业单位，帮助学生寻找招聘信息，对于优秀的家庭经济困难学生给予优先推荐，并提供路费报销等支持，有效促进家庭经济困难学生就业①。学生毕业后要做好家庭经济困难毕业生的跟踪反馈，帮助毕业生感受母校关爱的同时也可增强家庭经济困难校友感恩反哺的意识，邀请家庭经济困难毕业生中的杰出校友返校作专题宣讲，树立资助育人典型，发挥示范引领作用。

4. 全方位资助育人

对于家庭经济困难学生而言，他们需要的不仅仅是经济上的资助，更需要的是精神激励和人文关怀。学校要坚持资助育人导向，在奖助学金申请、评选、发放等各环节，不仅要做到规范资助程序，强化监督管理，更要全面考查学生的学习成绩、创新发展、社会实践及道德品质等方面的综合表现。要创新资助育人形式，实施“发展型资助育人行动计划”“家庭经济困难学生能力素质培养计划”，注重学生综合能力培养，把资助育人工作和思想政治教育相结合，运用好资助中的育人资源，培育学生树立正确的成才观②。

以共性帮扶为基础，以个性帮扶为特色，开展分层分类资助育人。注重因人施策、精准帮扶，针对家庭经济困难、家庭发生变故、心理困难、严重网络依赖、重大身体疾病、学业完成困难等不同类型的学生开展摸排工作，健全完善家庭经济困难学生动态数据库，为每一位家庭经济困难学生制定合适的帮扶计划，为不同类型的家庭经济困难学生专门开展心理辅导、学习帮扶、素质拓展、职业规划等活动，积极探索资助育人新途径，促进学生在社会交往、能力

① 冯睿：《高校“全员化、全程化、全方位”资助育人模式探析》，《教育现代化》，2020 年第 7 期。

② 冯睿：《高校“全员化、全程化、全方位”资助育人模式探析》，《教育现代化》，2020 年第 7 期。

建构、品质培养等方面实现可持续、全面发展①。

加强心理疏导。心理问题目前已经成为阻碍家庭经济困难学生健康成长的一个重要因素。家庭经济困难学生心理困惑的主要原因包括经济困难导致的生活、学习压力过大和人际关系紧张等，这类学生一般不愿对外人谈起自身的困惑。要根据学生实际情况组织专业课教师、辅导员合力帮扶，培养学生健康的心理，了解和掌握学生最新的思想、学习和生活动态；持续开展心理健康教育活动，传播心理健康知识，进行心理疏导，帮助他们克服心理障碍，缓解精神压力，使之能够正确看待生活、看待人生、看待困难；对于症状严重的学生要联合学校心理健康教育中心及医院共同给予帮助。通过心理疏导，帮助同学树立积极健康的生活态度和理性平和的心态，谱写美好前程②。

开展诚信教育和感恩教育。诚信教育对于大学生的未来发展十分重要，学校要将诚信教育与日常教育结合，建立诚信教育长效机制。通过签订助学贷款诚信承诺书、诚信教育主题活动、发出诚信做人号召等将诚信建设融入班级建设、校园活动中，宣讲个人诚信对未来择业、工作、生活的影响，引导学生认识诚信是为人处世的重要原则，真正把诚信融入日常学习和生活中。通过开展“助学·筑梦·铸人”、“感恩成长、励志奋进”等主题教育活动，借助践行雷锋精神、优秀学生典型宣传评选等诸多载体，推进受助学生的后期教育管理，鼓励学生秉持诚信信念，感恩生活，懂得坚持、奋斗和回报，进一步将诚信道德规范内化为行动准则，立志成为社会有用之才③。

四、 高校资助育人的外延

1. 资助育人是实现学生“受助—自助—助人”的宗旨所在

(1)“受助”:“物质济困”与“精神解困”双同步

真正落实高校资助育人工作，切实帮扶家庭经济困难学生，必须同时做好“物质济困”与“精神解困”，两项工作相辅相成，缺一不可④。

---

① 冯睿:《高校“全员化、全程化、全方位”资助育人模式探析》,《教育现代化》, 2020 年第 7 期。

② 冯睿:《高校“全员化、全程化、全方位”资助育人模式探析》,《教育现代化》, 2020 年第 7 期。

③ 冯睿:《高校“全员化、全程化、全方位”资助育人模式探析》,《教育现代化》, 2020 年第 7 期。

④ 谢婷玉:《高校资助育人新模式研究——基于马斯洛需求层次理论视角》,《高校后勤研究》, 2019 年第 3 期。

一方面，“物质济困”是“精神解困”的基石，是资助育人工作的基础。帮扶家庭经济困难学生最重要、最紧迫、最基本的是帮助他们摆脱经济上的窘境，这是做好资助育人工作的根本前提。麦可思研究院发布的《2019 大学生消费理财观数据》显示，在校大学生每月平均开销为 1197 元（不含学费、家庭与学校间往返交通费）。家庭经济困难学生除了日常开销外，还要承担学费、住宿费，以及教育培训、服饰装饰、休闲娱乐、人际交往等其他支出。支付这些费用是他们生活中最现实的难题，经济压力不解决，家庭经济困难学生无法安心学习与生活。所以，脱离物质基础来谈精神建设是不切实际且毫无意义的。巨大的经济压力只会增加家庭经济困难学生的心理负担，加剧其悲观失望、自我封闭的心理状态，更有甚者容易走向焦虑抑郁、自暴自弃、消极颓废的极端。因此，高校应继续加大对家庭经济困难学生的资助力度，争取多渠道资助来源，进一步完善资助方式，为资助育人工作做好基础保障①。

另一方面，“精神解困”是“物质济困”的延伸，是资助育人工作的本质。高校资助虽然有其外在物质财富传递的载体，但是更重要的是其内在精神指引。如果“物质济困”是“授之以鱼”的话，那么“精神解困”就是“授之以渔”，更是根本、彻底地帮助学生成人成才。因此，对家庭经济困难学生的帮扶应在“物质济困”的基础上加强“精神解困”，帮助他们克服心理障碍，端正心理状态，树立自信阳光、自强自立、感恩奉献的精神面貌。引导学生塑造正确的世界观、人生观和价值观，促进他们成人成才、全面发展是“精神解困”的主线，也是资助育人工作的重要内涵。既关注家庭经济困难学生的实际生存需求，帮助他们摆脱经济束缚，又注重他们的心灵成长，促进其个人发展，这样才能完成“从资助助人到资助育人”的转变，真正体现资助育人工作的人文精神②。

（2）“自助”：发挥家庭经济困难学生朋辈互助的作用

“自助”是借助家庭经济困难学生的主观能动性，通过朋辈互助，满足个体的尊重需求和社交需求，从而使家庭经济困难学生拥有归属感与自豪感。大

---

① 谢婷玉：《高校资助育人新模式研究——基于马斯洛需求层次理论视角》，《高校后勤研究》，2019 年第 3 期。

② 谢婷玉：《高校资助育人新模式研究——基于马斯洛需求层次理论视角》，《高校后勤研究》，2019 年第 3 期。

学生朋辈互助是提升学生综合能力和心理健康的一种新途径，是一种自发性、亲情性、友谊性和简便有效的同龄人之间相互帮助的机制，它实现了学生助人成长和自我成长的双重作用。一方面，它拉近了学生之间的距离，用自身经验帮助解决周边人的问题；另一方面，朋辈互助是从学以致用到学生的二次成长，朋辈志愿者在帮助学生的时候也会将一种反思性的分享内化为自己的成长动力，从而实现 1 +1 >2 的效果①。

受家庭条件、教育经历、心理特点等因素的影响，高校家庭经济困难学生具有一定的群体共性，主要表现在以下三个方面：第一，迫切渴望改变现状、积极向上、追求进步的同时，容易自卑失落或享乐拜金；第二，成才欲望强烈、自理自立能力较好的同时，压力重大，容易焦虑抑郁或急于求成；第三，渴望集体生活及人际交流的同时，容易被动封闭或独来独往。根据以上共性，高校可利用寒暑假时间组织家庭经济困难学生进行社会实践，开阔视野，深入了解社会各行各业，提升动手能力，在实践中培育正确的奋斗目标和金钱观，树立正确的世界观、人生观和价值观；邀请综合素质较高、发展良好的家庭经济困难学生召开优秀学生经验分享会，通过榜样的力量激励其余家庭经济困难学生奋发向上，提升他们的自信心与学习发展热情；组建资助学生成长小组，通过团队辅导、素质拓展等多种形式帮助家庭经济困难学生实现自我管理、自我教育、自我发展②。

(3)“助人”：鼓励家庭经济困难学生以己之长回馈社会

在受助和自助环节，已经初步完成了家庭经济困难学生的生理需求、安全需求、社交需求和尊重需求，生活得到了基本保障，端正了心理状态，树立了自强、自立、自尊、自信的精神面貌，基本完成了《高校思想政治工作质量提升工程实施纲要》文件中所要求的资助育人长效机制——“解困—育人—成才—回馈”中的前三个步骤。“助人”是打通高校资助育人的“最后一公里”，帮助家庭经济困难学生完成自我实现需求，从而构建“回馈”这一机制，真正

① 谢婷玉：《高校资助育人新模式研究——基于马斯洛需求层次理论视角》，《高校后勤研究》，2019 年第 3 期。

② 谢婷玉：《高校资助育人新模式研究——基于马斯洛需求层次理论视角》，《高校后勤研究》，2019 年第 3 期。

达到“解困—育人—成才—回馈”的良性循环（见图2-1）①。

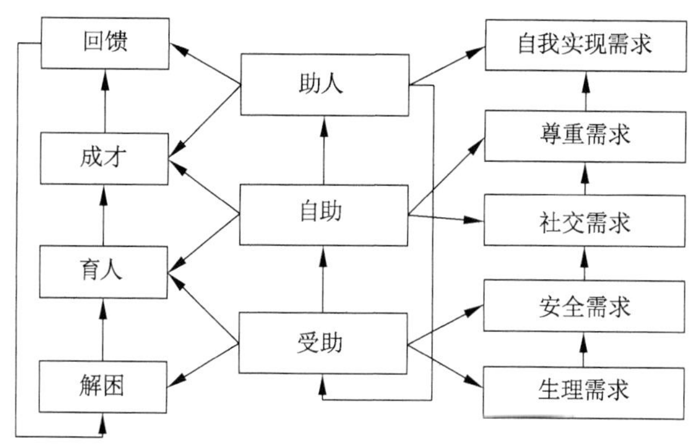

图 2-1 “解困—育人—成才—回馈”良性循环

“助人”是鼓励家庭经济困难学生以己之长回馈、反哺社会，提升其社会责任感，有助于培养学生知恩感恩、勇于担当、甘于奉献的良好品质，同时进一步升华资助的内涵，真正达到育人的效果。“助人”分为资助反哺和人才反哺两部分。资助反哺是指鼓励毕业工作后综合发展良好、经济能力富裕的家庭经济困难学生以个人或集体的名义筹集特定助学金。一方面，资助反哺拓宽了社会资助通道，充实资助资金中的社会资金部分；另一方面，此种形式的助学金所包含的精神内涵更加丰富，它使曾经的受助学生转变为资助者，实现了自身价值，完成了自我超越，同时也在很大程度上激励了家庭经济困难学生，帮助他们重燃人生希望和树立自信心。人才反哺是指培养家庭经济困难学生的家国情怀，鼓励学生前往国家政策支持的重点行业、基层及偏远地区就业，登上大舞台，做出大贡献，用自身所学回馈社会，从而将自身的发展与社会的发展、中国梦的实现相融合②。

2. 资助育人是高校思想政治教育的生动实践

思想政治教育从根本上来说就是育人，高校资助也是为了育人，二者一脉相承、缺一不可。习近平总书记在全国高校思想政治工作会议上的重要讲话，

① 谢婷玉：《高校资助育人新模式研究——基于马斯洛需求层次理论视角》，《高校后勤研究》，2019年第3期。

② 谢婷玉：《高校资助育人新模式研究——基于马斯洛需求层次理论视角》，《高校后勤研究》，2019年第3期。

科学地回答了高校关于人才培养的根本问题。高校思想政治工作的中心任务，是将学生视为中心，关心学生，服务学生，这既是高校做好资助育人工作的重要内容，也是强化高校思想政治工作的有效途径。高校资助育人始终是思想政治教育实践育人的重要载体，资助育人将家庭经济困难学生思想问题的解决与实际相结合，在关心、帮助家庭经济困难学生的过程中教育他们、引导他们。高校资助育人与思想政治教育的契合点在于人文关怀，加强对他们的心理疏导和人文关怀，是思想政治教育的根本要求，也是资助育人工作的根本价值诉求。资助是前提，育人是根本目的，实现从资助育人向育人资助的转变，能更加彰显其教育人及引导人的价值内涵①。

美国认知理论之父阿尔伯特·班杜拉在阐述自我效能感的时候，提到个体对于结果和效能的期望。高校资助育人需要充分发挥思想政治教育的主体效能感，在实践育人中提升家庭经济困难学生自我效能，培养家庭经济困难学生自立自强意识②。因此，资助育人是高校思想政治教育的生动实践。

3. 资助育人是高校人才培养的重要方式

高校在推进“双一流”建设的进程中，应该有针对性地做好家庭经济困难学生的资助育人工作，引导他们健康成长，保证他们学有所成，成为一流人才。资助育人工作中的人才培养，应致力于从“授鱼”到“授渔”的转变。一方面，举办勤工助学实践活动，使家庭经济困难学生在自觉锻炼、自主管理和自我提升中培养自立自强意识，从能力上锻炼人，不断提高其实践能力和综合素质。家庭经济困难学生本着自我提升的目的，实现专业知识与能力知识的完美契合。另一方面，打造“励志强能”育人平台，助力家庭经济困难学生就业创业，在实践中培养其职业素养与职业技能，让资助真正实现“育人与成才”的目标③。

社会的发展需要强大的人才支撑，高校是国家培养人才的基地。资助育人立足于人才培养，致力于为社会主义培养合格建设者和可靠接班人，从能力上

---

① 王丽丽：《新时代高职院校资助育人工作探索与实践》，北京：中国财富出版社有限公司，2020年，第31页。

② 王丽丽：《新时代高职院校资助育人工作探索与实践》，北京：中国财富出版社有限公司，2020年，第31页。

③ 王丽丽：《新时代高职院校资助育人工作探索与实践》，北京：中国财富出版社有限公司，2020年，第31页。

培育家庭经济困难学生，最大限度地发挥“造血”作用，培养家庭经济困难学生掌握生存所需要的敬业素养、合作能力、竞争能力。因此，资助育人是高校人才培养的重要方式①。

4．资助育人是教育脱贫的现实需要

教育脱贫是一项重要的民生工程，教育脱贫的质量直接关系到高校人才培养的质量，关系整个社会文化程度的提高。青年是国家的希望，承担着重大的历史使命，国家的繁荣富强最终靠青年一代来实现。党中央、国务院在习近平新时代中国特色社会主义思想指导下对学生资助育人工作提出了新的要求，即加强教育脱贫，让家庭经济困难学生都能接受公平有质量的教育。学生资助作为国家脱贫攻坚工程的重要组成部分，直接影响着脱贫的质量与程度。高等教育收费体制的持续变革，家庭经济困难学生不得不面对“上学难”的现实问题，青年作为国家的建设人才和未来社会的接班人，切断贫困的代际传递需要从源头上进行②。高校资助育人最根本的立足点就在于家庭经济困难学生的成长成才，高校资助育人工作要把“扶困”与“扶智”、“扶困”与“扶志”结合起来，培养受助学生自立自强、诚实守信、知恩感恩、勇于担当的良好品质。因此，做好高校资助育人工作是教育脱贫的现实需要。

5．资助育人是促进社会公平的应有之义

马克思认为，社会公平正义的实现应该是一个循序渐进的过程，其建立在社会主义制度之上，所有人自由而全面的发展是前提条件。美国政治哲学家约翰·罗尔斯在提及公平正义时尤其关心第二个原则，就是要照顾到社会上最弱势的群体，给他们设定一个相对公平的分配框架，正义应该适当地向其倾斜。现代意义上的教育公平是高校资助育人的内在前提，由于家庭经济困难学生是教育领域的最薄弱环节，因此资助育人便成为推进教育公平的最关键因素。家庭经济困难学生又是作为社会人而存在的，他们的生存和发展直接影响着社会

① 王丽丽：《新时代高职院校资助育人工作探索与实践》，北京：中国财富出版社有限公司，2020年，第31页。

② 王丽丽：《新时代高职院校资助育人工作探索与实践》，北京：中国财富出版社有限公司，2020年，第32页。

公平正义的实现。因此，资助育人是促进社会公平正义的应有之义①。

促进社会公平正义与开展脱贫攻坚一脉相承。教育公平是一个具有“社会”和“教育”双重属性的概念，教育公平始终与社会公平正义休戚与共，而资助育人又是推动教育公平的重要内容，所以资助育人本质上与社会公平正义息息相关。马克思、恩格斯创立历史唯物主义时，就将社会的公平正义与教育公平结合起来，并提及照顾社会弱势群体的利益。家庭经济困难学生一直是高校中的弱势群体，做好家庭经济困难学生的资助育人工作，关乎教育公平的实现。资助育人要关心家庭经济困难学生的物质生活需要，保障其基本生活，同时关心其自尊和更高层次的自我实现需求，以立德树人为根本任务，以“培育和践行社会主义核心价值观”为核心，强化培养创新精神和实践能力，让家庭经济困难学生同样享有人生出彩的机会。由此可见，深入落实资助育人工作，对于推进教育公平、促进社会公平正义有着不可替代的作用②。

① 王丽丽：《新时代高职院校资助育人工作探索与实践》，北京：中国财富出版社有限公司，2020年，第33页。

② 王丽丽：《新时代高职院校资助育人工作探索与实践》，北京：中国财富出版社有限公司，2020年，第32页。

第三章 高校资助育人的理论基础

实践是理论的基础，理论对实践具有反作用，二者相辅相成，缺一不可。高校资助育人工作要加强理论与实践的有机结合，在探讨人的发展、社会发展的科学理论基础上，构建以马斯洛需求层次理论、教育公平理论、人的全面发展理论为指导，不断满足家庭经济困难学生的生理需求、安全需求、社交需求、尊重需求、自我实现需求；坚持资助育人的起点公平、过程公平、结果公平，实现受助学生的需要、能力、个性、社会关系的全面发展。同时，高校还需立足中国大地，坚持社会主义办学方向，以习近平教育扶贫观为指引，全面推进高校资助育人科学化、精准化、全面化、专业化。

第一节 马斯洛需求层次理论

人作为一个有机统一、有组织性的整体，其需求具有多样性和层次性。在以“奖、助、贷、勤、补、减、免”为核心的高校资助育人体系下，高校家庭经济困难学生的需求不再是单一的物质需求，其需求更加多元，高校应充分结合马斯洛需求层次理论，因时而进，因势而新，满足家庭经济困难学生不同层次的需求。

一、 马斯洛需求层次理论的内涵

美国近代心理学家亚伯拉罕·马斯洛在《人的动机理论》一文中提出了人类需求的五层次理论，依照需求层次由较低层次到较高层次排列分为生理需求、安全需求、社交需求、尊重需求和自我实现需求（见图3-1）①。

① 李思思：《高校家庭经济困难学生资助育人体系研究》，温州大学硕士学位论文，2019年。

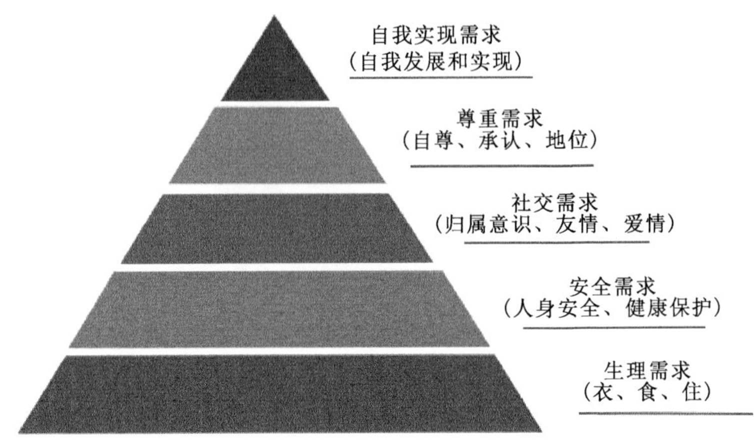

图 3-1　马斯洛需求层次理论

1．生理需求

生理需求是指维持身体血液的经常和正常状态的一种需求，即人们需求的食物、饮料、住所、性交、睡眠和氧气①。生理需求是人的所有需求中最基础也是最占绝对优势的，是人的生理动力的驱动器。当一个人无法同时满足任何一项需求时，机体将会被生理需求所主宰，其他所有需求都将退居其次或消失无踪。因此，对生理需求的满足成了人的第一要素②。

2．安全需求

人类在生理需求得到满足后，需要规避一切风险因素，以此保障自我生活中的人身安全和心理依赖，以及对体制、法律、社会秩序和规范的认可与遵守。对人类而言，它们能完全控制机体，几乎可能成为行为的唯一的组织者，调动机体的全部能力来为其服务③。因此，生理需求和安全需求是人较低层次的需求，是保障人生存和发展的必要条件④。

3．社交需求

社交需求即归属与爱的需求，是个人对人际关系中的爱、情感和归属的一

---

① 弗兰克·戈布尔：《第三思潮——马斯洛心理学》，吕明，等译，上海：上海译文出版社，2001年，第40页。

② 李思思：《高校家庭经济困难学生资助育人体系研究》，温州大学硕士学位论文，2019年。

③ 亚伯拉罕·马斯洛：《动机与人格》，许金声，等译，北京：中国人民大学出版社，2007年，第21－22页。

④ 李思思：《高校家庭经济困难学生资助育人体系研究》，温州大学硕士学位论文，2019年。

种需求。即个人对与他人交往的渴望，以及融入某个集体归属的渴求，比如亲人的关爱、朋友的认可等。马斯洛说："爱的需求涉及给予爱和接受爱，我们必须懂得爱，我们必须能教会爱、创造爱、预测爱。否则，整个世界就会陷于敌意和猜忌之中。"① 因此，爱的需求是给予他人爱和接受他人的爱，进而达到归属②。

4. 尊重需求

尊重需求包括自尊的渴望需求和他尊的渴望需求。即个人对自我信心、能力、成就等尊重，以及渴望他人对自我承认、接受、赏识等尊重。马斯洛强调："最稳定的，因而也是最健康的自尊是以别人给他应得的尊敬为基础的，而不是来自外部的名声、荣誉或谄媚。"③ 因而，尊重需求有着承上启下的作用，既是前一个层次需求的巩固和保障，也是自我实现需求达成的关键性一环④。

5. 自我实现需求

自我实现需求是一种想要变得越来越像人的本来样子、实现人的全部潜力的欲望⑤。这是所有需求中最高层次的需求。它能发挥个人的聪明才智，激发潜能，成为他所能成为的一切。做到如马斯洛所说："一个人能够成为什么，他就必须成为什么。"⑥

马斯洛需求层次理论在资助育人工作中有较强的指导作用。人的需求是按照从低到高的金字塔形逐级实现。只有当低层次的需求被满足和对高层次需求产生追求时，人的行动才会得到激励。这也就表明，各层次需求之间其实是彼此依存的关系，至少低层次的需求满足后才能产生对更高层次的需求。由此看来，高校的资助育人工作也应当分为几个层面来看：第一个层面是对家庭经济

① 弗兰克·戈布尔：《第三思潮——马斯洛心理学》，吕明，等译，上海：上海译文出版社，2001年，第44页。

② 李思思：《高校家庭经济困难学生资助育人体系研究》，温州大学硕士学位论文，2019年。

③ 弗兰克·戈布尔：《第三思潮——马斯洛心理学》，吕明，等译，上海：上海译文出版社，2001年，第45页。

④ 李思思：《高校家庭经济困难学生资助育人体系研究》，温州大学硕士学位论文，2019年。

⑤ 弗兰克·戈布尔：《第三思潮——马斯洛心理学》，吕明，等译，上海：上海译文出版社，2001年，第45页。

⑥ 弗兰克·戈布尔：《第三思潮——马斯洛心理学》，吕明，等译，上海：上海译文出版社，2001年，第45页。

困难学生基本生活需求的经济资助，保证家庭经济困难学生的基本受教育权，只有解决好这一基础需求，才能让学生有追求更高发展层次需求的机会；第二个层面是对家庭经济困难学生的能力培养，在解决他们的基本生活需求后，就会考虑更加长远的发展，增强个人能力。但由于经济上的窘迫也给家庭经济困难学生带来心理上、能力上的“贫穷”，与普通学生相比，其心理更加自卑、敏感，也更加希望得到老师和同学的尊重与关爱。所以当经济压力稍稍缓解后，家庭经济困难学生对尊重与关爱的需求格外强烈，而能力培养会让他们通过努力获得尊重。同时，学校也只有了解学生更高层次的需求是什么，才能在学生的成长成才方面给予有效的需求帮助，进而对家庭经济困难学生的道德素质进行引导教育，关怀他们的心理健康，促进家庭经济困难学生的全面发展，实现成长成才的目标①。

二、 马斯洛需求层次理论对高校资助育人的启示

马斯洛需求层次理论对我国高校资助育人工作的启示有两点：一是通过提供外部条件，保证家庭经济困难学生低层次需求的满足；二是创造条件，帮助学生实现对高层次需求的追求与满足。具体到每个层次的需求上而言，包括以下五个方面②。

1. 保障资助政策落到实处，帮助学生实现生理需求的满足

现如今，我国已经形成具有中国特色的学生资助政策体系与资助管理体系，形成了以政府财政资金投入为主体，学校、社会为补充的多元资助资金来源；探索出了奖、助、贷、勤、补、减、免等多种类型的资助形式，充分体现了中国特色社会主义教育制度的优越性，确保了“不让一个学生因家庭经济困难而失学”。因此，在生理需求层面上，高校资助育人工作的方向就是将国家、社会、学校等各种层次、类别、形式的经济资助政策落到实处，保证每一名学生都能够顺利完成学业，充分保障学生在生理需求层面的满足③。

---

① 刘璇：《高校贫困生发展型资助的管理对策研究》，长安大学硕士学位论文，2019 年。

② 陈祺：《需求层次理论视域下的高校资助育人工作反思与探索》，《卫生职业教育》，2017 年第 14 期。

③ 陈祺：《需求层次理论视域下的高校资助育人工作反思与探索》，《卫生职业教育》，2017 年第 14 期。

2. 保证资助的稳定性、公正性和平等性，帮助学生实现安全需求的满足

“以人为本”是指导高校做好各项学生工作的总方针。资助育人工作有诸多环节，如各项资助政策的制定、家庭经济困难学生资格与困难等级的认定、各项资助的发放等，每一个环节都跟学生的切身利益密切相关，这就要求资助育人工作的每一个环节都要蕴含着人性化的内容，真正从家庭经济困难学生的立场出发，为学生创造一个稳定、公正与公平的生存环境，满足其安全需求。首先，要保证资助的条件、资助的内容具有稳定性，使学生对各项资助育人工作更加了解，对各项资助的获得有明确的预期。其次，高校在家庭经济困难学生认定过程中，务必要做到公平公正，保证真正困难的学生得到相应等级的认定，对弄虚作假的情况坚决予以遏制，创造一种公平、公正的资助氛围，让每一份资助都用到需要帮助的人身上。再次，在学校的各项工作中，全力做好保障工作，尽可能减少家庭经济困难学生因经济原因受到不平等待遇的情况①。

3. 构建和谐的人际关系，帮助学生实现社交需求的满足

人是社会动物，因此，爱与归属感在其成长过程中至关重要。无论是遇到各种各样的困难与挫折还是取得成绩，人都希望得到周围人尤其是父母、朋友、教师，以及同学的支持、鼓励与肯定。和谐的人际关系、强大的社会支持对于学生克服成长中的困难具有重要的意义。对此，高校要重视大学生心理健康的普及教育，并采取合理的方式对家庭经济困难学生进行正确教育、引导与关怀，强化主体意识、责任意识、自立意识、自信意识及自强意识，帮助他们掌握处理危机的正确手段，增强社会交际能力与抗挫能力，避免因家庭经济困难导致部分学生出现自卑、敏感等负面情绪②。

4. 保护学生隐私，帮助学生实现尊重需求的满足

首先，高校要积极树立家庭经济困难学生的正面典型，如自强自立典型、学习刻苦典型、学生干部典型、志愿服务典型、孝亲典型、创业典型等，广泛宣传，加强优秀家庭经济困难学生在高校中的榜样引领作用。其次，高校要通

① 陈祺：《需求层次理论视域下的高校资助育人工作反思与探索》，《卫生职业教育》，2017 年第 14 期。

② 陈祺：《需求层次理论视域下的高校资助育人工作反思与探索》，《卫生职业教育》，2017 年第 14 期。

过增加激励性资助的比例、提高勤工助学工资等方式，激励家庭经济困难学生奋发图强。最后，对家庭经济困难学生困难等级的公示、对资助成才典型的宣传要适当、合理，要尊重、保护当事人的隐私，使资助育人工作的开展更具有人性化①。

5. 搭建思想引领平台，帮助学生实现自我实现需求的满足

帮助家庭经济困难学生实现自我实现需求的满足是高校资助育人工作的重中之重，是高校资助育人工作的核心，这一点对于学生在追求最高层次需求的过程中至关重要，因为它决定了一个人价值实现的程度。首先，高校要高度重视思想政治教育在学生自我实现过程中的引航作用。通过教育引导、团体辅导、社会实践、志愿服务、报告会等形式加强家庭经济困难学生的感恩教育、诚信教育、自强自立教育，帮助学生在大学期间树立正确的世界观、人生观、价值观。其次，要有针对性地为学生成长搭建专业知识学习平台、英语学习平台、科研平台、心理咨询平台、就业指导平台及创业平台等，鼓励家庭经济困难学生积极参与，在各种实践锻炼中巩固专业知识，提高语言能力、组织能力、协调能力、科研能力、英语水平、就业能力等，实现学生综合素质的全面提升，为个人自我实现需求的满足创造条件②。

三、 基于马斯洛需求层次理论的高校资助育人工作

根据马斯洛需求层次理论，家庭经济困难学生的需求从低到高分为五种不同的需求。目前，高校资助育人体系整体偏向于对家庭经济困难学生的物质资助，忽略了其他更高层次的需求，导致家庭经济困难学生的原生问题日益突出。高校资助育人工作的最终诉求是帮助大学生成长成才，资助是基础，育人是最终目标。针对高校家庭经济困难学生需求层次的特殊性，高校需要以资助育人工作为依托，建立“助困、励志、强能”的全方位、立体式的资助育人工

---

① 陈祺：《需求层次理论视域下的高校资助育人工作反思与探索》，《卫生职业教育》，2017 年第 14 期。

② 陈祺：《需求层次理论视域下的高校资助育人工作反思与探索》，《卫生职业教育》，2017 年第 14 期。

作制度①。

1. 保障经济资助的科学合理性，充分满足家庭经济困难学生生理和安全的需求

（1）全面拓宽资助资金渠道，保障经济来源

高等教育资助体系资金来源渠道较为局限，政府和学校投入较多，社会资金注入较少。因此，保障家庭经济困难学生的基本生理需求和安全需求可从两方面着手：一方面，要调动各方资源，争取更多的社会投入。国家应加大宣传和引导力度，鼓励企事业单位参与教育投入，对出资教育的单位和个人给予一定政策倾斜；高校利用教育和科研优势，开展校企合作，吸引企业团体设立困难学子励志奖学金，设立勤工助学岗位；利用校友聚会、学校纪念日等契机，争取海内外优秀校友设立校友基金，奖励品学兼优的家庭经济困难学生；争取慈善团体和个人捐资助学。另一方面，要增加高校自身收入，提升对家庭经济困难学生的教育投入。如充分利用科研优势，将科研成果转化为经济价值；增加培养规模，尤其是招生规模；根据专业特点和师资力量，开设具有广泛社会需求、具有实际意义的培训班②，按照国家规定足额或超额提取资助资金。

（2）科学开展分层资助模式，保障资助多样性

国家和政府应适当扩大有偿助学金的资助比例，实现资助基金的循环利用和可持续发展；加大奖励性资助和劳动型资助的比例和金额，鼓励家庭经济困难学生通过自己的努力获得资助，这样既能提升自身素质，又能满足其生理和安全需求，同时对于家庭经济困难学生更高需求层次的满足也具有一定的促进作用；高校可利用各类资助金设立学生突发经济困难救助基金或临时困难补助金，用以应对学生突发经济困难，保证这部分学生群体的基本学习和生活需求③。

（3）合理落实经济资助育人工作，保障资助覆盖面

随着资助育人工作的持续开展，家庭经济困难学生认定过程中出现了少量

① 韩红柳：《马斯洛需求层次理论视域下高校资助育人工作研究》，《中国成人教育》，2015 年第 22 期。

② 韩红柳：《马斯洛需求层次理论视域下高校资助育人工作研究》，《中国成人教育》，2015 年第 22 期。

③ 韩红柳：《马斯洛需求层次理论视域下高校资助育人工作研究》，《中国成人教育》，2015 年第 22 期。

“伪贫困”现象，家庭经济困难学生的资源被其他非困难学生占用；部分高校在落实资助育人工作时出现了“平均主义”“大锅饭”现象。这些现象是对国家资助政策的歪曲和家庭经济困难学生权利的侵犯。因此，首先要确保家庭经济困难学生认定的真实性。高校应全面衡量学生的家庭经济情况和在校消费情况，制定定量和定性评定标准，科学界定家庭经济困难学生资格。其次要合理分配资助资金。根据家庭经济困难学生的特点和各类资助基金的特点，有侧重点地资助各类家庭经济困难学生，如新生资助基金、特殊困难学生的资助基金，根据困难程度，科学分配资助额度，满足家庭经济困难学生需求①。

2. 加强校园文化建设，充分满足家庭经济困难学生对爱和归属的需求

目前，虽然各高校都开展了丰富多彩的校园文化活动以提高学生综合素质能力，但参与者多是具有某项特长的学生，而家庭经济困难学生多因自身条件的限制，无法参与此类活动，适合广大家庭经济困难学生的校园活动开展较少。社会心理学研究表明，同辈交往对个体的成长起着主导作用，家庭经济困难学生因自信不足或者自卑所产生的同辈交往的缺失，不利于他们的成长成才。因此，高校应适当开展一些主要针对家庭经济困难学生群体的校园文化活动，如成立志愿服务社团，定期深入社区或学校各部门开展志愿服务活动，提高家庭经济困难学生的社会责任意识和社会交往能力；挖掘具有特长的家庭经济困难学生，有针对性地给予指导和帮助，并鼓励其参加相关比赛，增强他们的自信心；邀请励志成才的家庭经济困难学生现身说法，鼓励在校家庭经济困难学生利用一切有利条件增强自身素质，努力成长为具有社会影响力的人；开展具有普适性的学生活动，并有针对性地邀请家庭经济困难学生参加，循序渐进地鼓励家庭经济困难学生融入大学校园和学生群体；在校园内大力弘扬勤俭节约之风，杜绝奢靡浪费和攀比之风，引导家庭条件优越的学生主动与家庭经济困难学生交流，不戴有色眼镜看待这一群体。通过高校全方位、多角度地开展工作，增强家庭经济困难学生的自信心，给他们提供更多的社交机会，对满足其爱和归属的需求具有重要作用②。

---

① 韩红柳：《马斯洛需求层次理论视域下高校资助育人工作研究》，《中国成人教育》，2015 年第 22 期。

② 韩红柳：《马斯洛需求层次理论视域下高校资助育人工作研究》，《中国成人教育》，2015 年第 22 期。

3. 开展精神扶贫，充分满足家庭经济困难学生对尊重的需求

家庭经济困难学生因强烈的自尊心和现实的反差容易产生一些心理层面的问题，高校在开展经济扶贫的同时更应该重视家庭经济困难学生的精神扶贫，关注他们更高层次的尊重需求。一方面，高校必须重视思想政治教育，把家庭经济困难学生的精神扶贫融入资助育人的全过程，对他们进行思想引导、励志教育、感恩教育、诚信教育及社会责任感教育，增强他们对社会主义核心价值观的认同，并用实际行动践行社会主义核心价值观，进而提高家庭经济困难学生在校内乃至社会的影响力，增强其社会认同感，满足其尊重需求。另一方面，高校应该重视家庭经济困难学生的心理健康教育，将心理健康教育纳入助学体系。高校可采取多种形式的心理健康教育，比如建立家庭经济困难学生心理健康档案，针对家庭经济困难学生进行心理咨询、开设心理健康讲座等。通过深度辅导，引导家庭经济困难学生摒弃自卑的心理，用阳光积极的心态对待贫困，将暂时的困难变为一种财富激励自身成长，积极参与各种学习实践活动，努力提升自身素质，增强自尊心、自信心，让老师、同学全面了解和接纳自己，实现对尊重的需求①。

4. 开展技能培训，提升家庭经济困难学生的自我实现能力

现代大学生人力资本主要包含四方面：心理素质、可迁移职业能力、专业能力和学习能力。家庭经济困难学生较非困难学生在前三个方面容易处于劣势，个人综合素质普遍偏低，自我实现的困难较大。家庭经济困难学生自我实现需求的满足往往是在毕业后的就业岗位实现，在校期间，高校应通过各种途径提升他们的就业核心竞争力，达到实现自我的目的。高校可以加大资金投入，以及适当减少奖、助学金的金额和比例，增加勤工助学岗位的数量；充分发挥学生党员和学生干部的作用，开设党员示范岗和一对一帮扶，帮助家庭经济困难学生解决学习上的困难，提高学习成绩；通过开展求职技能训练、职场模拟等方式，提升家庭经济困难学生求职技巧；邀请就业成功的优秀毕业生开展专题讲座，介绍求职的经验和技巧，提升就业成功率；在实习就业工作中，有针对性地采取就业困难帮扶措施，向用人单位优先推荐优秀的家庭经济困难

① 韩红柳：《马斯洛需求层次理论视域下高校资助育人工作研究》，《中国成人教育》，2015 年第 22 期。

学生①。总而言之，高校应通过各种途径为家庭经济困难学生搭建自我实现平台从而提升综合素质，最终找到合适的就业岗位。

第二节　教育公平理论

社会公平是和谐社会的重要基石，教育公平是社会公平的重要组成部分。高等教育是教育体系的重要阶段，若不能实现教育公平，将极大损害社会公平。随着我国高等教育事业的改革与发展，教育公平面临着新的考验。在教育公平理论下构建科学的高校资助育人体系，坚持资助育人起点公平、过程公平、结果公平，确保每一个家庭经济困难大学生都能有接受高等教育的机会并顺利完成学业，对实现社会公平具有现实意义。

一、 教育公平理论的内涵

教育公平一直以来都是国内外教育思想理论界公认的重要理论，古代诸多教育家和思想家都大力倡导教育公平，正如孔子的“有教无类”教育理念，强调教育应当公平，无论身份、地位有何不同，每个人都有平等接受教育的权利②。随着时代的发展，教育公平问题渐渐渗透到政治学、经济学、伦理学等各个领域中，由此，学者对教育公平理论的研究也逐渐全面和成熟起来。现阶段的教育公平理论主要有如下代表性观点。

1. 马丁·特罗大众化理论中的教育公平理论

马丁·特罗（Martin Terrow）的教育公平理论是他在1973年“高等教育大众化”理论中提出的。马丁·特罗的教育公平理论主要聚焦于实现高等教育机会均等。马丁·特罗认为高等教育规模扩大后出现的重大问题是实现高等教育机会均等，接受高等教育从少数人的特权转为每个适龄公民的权利，人人都有接受高等教育的机会，应通过补偿性计划和引进其他非学术标准来实现高等教

---

① 韩红柳：《马斯洛需求层次理论视域下高校资助育人工作研究》，《中国成人教育》，2015年第22期。

② 罗丽琳：《大数据视域下高校贫困生精准资助研究》，北京：知识产权出版社，2018年，第19页。

育机会均等①。马丁·特罗的教育公平理论能够为高校大学生资助管理政策的进一步推进提供有益借鉴。

2. 詹姆斯·科尔曼的教育公平理论

詹姆斯·科尔曼（James Samuel Coleman）对于教育公平的论述主要基于接受教育的具体过程而展开。首先，在入学前，教育公平体现为获得教育的起点均等，他提出应当设置一种免费教育制度，使不同社会背景的儿童能够学到同样的课程，使学前儿童受教育程度达到入学要求。其次，教育机会均等体现为接受教育过程中的教育机会均等，这种教育公平的标准在于不同出身背景的学生群体中有同等比例能够获得同样的教育机会的学生。再次，教育公平还应当包括教育结果公平，即不同性别或社会阶层均有相应比例的学生获得相似程度的教育成效。最后，教育对就业机会影响均等化同样是教育公平的重要组成部分，教育可以克服先天差异所造成的地位和经济上的不平等，弥补因家庭经济条件、接受教育程度及文化习俗的差异而对子女未来可能产生的一系列不利影响，最终达到影响社会制度发展的效果。换言之，即通过实现教育公平来促进社会公平。应当注意，我们只能不断接近公平，而不可能完全实现它，因为绝对的公平是不存在的。这种接近程度由教育投入的均等程度决定，同时受校内和校外差异度影响。詹姆斯·科尔曼关于促进教育机会均等化的主要观点在于促使教育公平由入学机会均等扩展为教育程度均等及就业机会的均等②。

3. 皮埃尔·布尔迪厄文化资本理论中的教育公平理论

皮埃尔·布尔迪厄（Pierre Bourdieu）是法国当代著名的社会学家，其有关文化与权力的关系论述成为西方社会学研究的主要内容之一，产生了很大影响。皮埃尔·布尔迪厄将资本划分为经济资本、社会资本和文化资本三种类型。

文化资本（教育资本）是布尔迪厄教育社会学理论中的重要内容之一，所谓文化资本指不同家庭教育可能获得的文化财产，即所有与教育相关的财产或与文化生活有关的资产，依据其表现形式的不同可进一步分为形体化、客观化

① 李爱霞：《教育公平理论视野下的我国高校贫困生资助制度研究》，青岛大学硕士学位论文，2010 年。

② 罗丽琳：《大数据视域下高校贫困生精准资助研究》，北京：知识产权出版社，2018 年，第 19 页。

和制度化三类文化资本。第一，形体化文化资本指精神和身体的持久性影响产生的文化资本，如通过家庭教育熏陶所获得的兴趣、人文修养或生活习惯等无形存在的文化资产；第二，客观化文化资本表现为以教育产品的形式存在的资本形态，如实际存在的图书、器械等有形物质文化资产；第三，制度化文化资本则以教育资格存在的资本，即通过学校教育而获得文凭等方式所具备的处于无形与有形之间的文化财产。基于此，文化资本与教育之间存在极为紧密的助益关系，学生在接受教育时所获得的收益和资本往往与已有的家庭文化资本和教育资本密切相关，同时学生在教育过程中获得的文化资本被教育形式固定化和制度化，通过教育学生实现文化资本在家庭中的纵向传递来促进社会结构再生产。皮埃尔·布尔迪厄对法国不同阶层的人在接受高等教育方面的不平等问题进行了调研。调研发现，不同社会阶层中接受高等教育的人数比例差异明显，他认为此种形式的教育不公平是违反教育公平原则的显性表现的。为分析教育机会不均等现象存在的隐形表现，他分析了不同社会阶层的子女教育选择及目标的差别。主要有以下三点结论：第一，在主观目标方面，社会阶层越低，接受高等教育的意愿越低；第二，在专业选择差异上，社会下层学生比社会上层学生受到更多选择性限制，社会下层学生一般只能选择文学院或理学院，而社会上层学生则能够选择法律、医学等专业；第三，在学业成就差异方面，在学校未实行统一教学的情况下，社会上层家庭子女与社会下层家庭子女间的学业差异较为明显，其主要原因在于不同社会阶层子女对于文化资本的实际占有量存在明显差异①。

二、 教育公平应遵循的基本原则

1960 年，联合国教科文组织提出教育机会均等的概念，一是要提供免费教育；二是要提供不同的教育机会；三是向无法维持学习生活的学生提供奖励或资助。美国政治哲学家约翰·罗尔斯认为教育公平的原则主要有平等、差异、补偿三个，他主张，社会更应该重视那些出生地位较低而天赋较少的人，为其提供真正的机会均等②。综上，教育公平应遵循以下三个原则。

---

① 罗丽琳：《大数据视域下高校贫困生精准资助研究》，北京：知识产权出版社，2018 年，第 19 页。

② 李爱霞：《教育公平理论视野下的我国高校贫困生资助制度研究》，青岛大学硕士学位论文，2010 年。

1. 平等性原则

平等性原则强调平等分配教育资源，包括权利平等和机会平等，这里的平等分配教育资源主要是指受教育权和各种受教育的机会，即在法律面前人人都有接受教育的权利和资格，在教育面前都有参与竞争的机会。受教育权平等是社会公平和正义的内在要求。一切权利主体享有相同或者相等的权利体现了社会对所有成员的“不偏袒性”和“非歧视性”。机会平等是在权利平等的基础上所设立的制度，保证社会所提供的生存、发展、享受的机会对于每一个社会成员都始终均等。机会平等实际上是一种过程的平等。利益的实现是一个不断追求的过程，在这个过程中社会要毫不偏袒地为所有人提供同样的机会。首先是参与起点要机会均等，其次是在参与的各个阶段，每一个社会成员能力大小不同、利益实现的程度也会有区别，但社会对每一个社会成员的尊重和关怀、提供的帮助应该是同等的。教育平等是教育公平的基本要求，但是建立在权利平等、机会平等基础上的结果不平等也是公平的，是具有合理性的。约翰·罗尔斯认为公平既包括基本权利的平等，也包括非基本权利（如财富、收入、权利和权威）的分配不平等。但是要符合公平的要求，后者必须是基于前者形成的。教育不能保证每个人成功，但必须保证每个人拥有平等成功的机会。所以我国建立家庭经济困难学生资助体系首先是为家庭经济困难的学生提供上学的机会，体现了平等性的原则①。

2. 差异性原则

根据具体情况区别对待，即教育资源的分配不是平均或平等分配份额，而是根据受教育者个人的具体情况合情合理地区别对待。要求平等分配教育资源时，教育资源相对于受教育者而言是外在的，不涉及受教育者个人的素质本身。但是受教育者的天赋或缺陷及他们的需求也是进行分配时必须考虑的前提。不同主体具有不同需求是理论研究和政策制定时必须正视的一个现实。尊重学生的选择、提供多样化的教育资源不仅意味着差异和不同，同样意味着公平。可见，保障家庭经济困难学生顺利完成学业，可以根据自身的实际情况，

① 李爱霞：《教育公平理论视野下的我国高校贫困生资助制度研究》，青岛大学硕士学位论文，2010年。

从资助体系中选择资助的项目①。

3. 补偿性原则

补偿性原则是根据受教育者的社会经济地位的差距，对社会经济地位处境不利的受教育者在教育资源配置上予以补偿，通过相应的救济或制度保障来弥补平等性、差异性原则的不足。罗尔斯认为，只允许那种能给最少受惠者带来补偿利益的不平等分配，任何不平等的利益分配都要符合最少受惠者的最大利益。在目前的资助体系中对家庭经济困难学生和非家庭经济困难学生作了不平等的对待，但没有人认为它不公平，这个政策也体现了补偿性原则。根据补偿性原则，教育资源要向弱势地区、弱势学校和弱势群体倾斜②。

三、教育公平理论对高校资助育人的启示

1. 高校应坚持资助育人起点的公平性

对家庭经济困难学生进行资助是教育公平的重要体现，是利国利民的好事。做好高校学生资助育人工作首先是做好家庭经济困难学生的认定工作，使家庭经济困难学生实现资助机会均等。做好家庭经济困难学生认定工作是实现资助育人起点公平的先决条件，因此，高校在家庭经济困难学生认定的具体操作过程中既要有硬性指标的量化界定，又要“以人为本、多管齐下”，建立一个科学合理、公平有效的竞争机制和严格明确的考核制度，要针对家庭经济困难学生的具体情况设立不同的认定等级，对学生的家庭经济情况、学习成绩、思想表现等方面进行综合评定。只有这样，才能从根本上保证家庭经济困难学生认定的准确性，实现资助育人起点的公平③。

2. 高校应坚持资助育人过程的公平性

资助育人是一个庞大的系统工程，只有每一个要素都能和谐地运转，才能确保整个资助育人过程的公平。为实现资助育人过程的公平，高校应做到如下

---

① 李爱霞：《教育公平理论视野下的我国高校贫困生资助制度研究》，青岛大学硕士学位论文，2010年。

② 李爱霞：《教育公平理论视野下的我国高校贫困生资助制度研究》，青岛大学硕士学位论文，2010年。

③ 李爱霞：《教育公平理论视野下的我国高校贫困生资助制度研究》，青岛大学硕士学位论文，2010年。

三个方面：

（1）树立补偿资助的理念

根据罗尔斯提出的公平原则，对那些因处于不利条件和地位而无法与其他人获得同等机会的人，应该给予利益补偿，使这些人能够与其他人站在同一起跑线上，一同去争取向所有人开放的地位和权利。因此，在资助育人过程中要注重宣传和运用补偿资助的理念，提高全体师生对家庭经济困难学生资助合理性的认识，减少资助过程中的盲目性和随意性，明确资助育人体系的方向①。

（2）法律保障与政策保障相结合

伴随我国高等教育的发展，仅仅依靠单纯的政府资助已经不能完全解决家庭经济困难学生的问题。因此，需要通过立法形式来规定政府的责任，同时通过政策引导来协调社会各种力量，调动他们对家庭经济困难学生资助的积极性。针对家庭经济困难学生这一特殊群体的立法有利于高校更好地开展资助育人工作，有法可依、依法资助、执法必严的局面也有利于实现资助育人过程的公平②。

（3）统筹规划和因地制宜相结合

高校资助育人工作既要有强制性的立法要求，又要针对不同学生、不同情况因生制宜，有针对性地制定相应的资助政策，均衡教育资源。一是针对地区之间经济发展不平衡的情况，加大对偏远山区、革命老区、贫困地区生源的资助；二是针对中央部属院校与地方院校的不同实际，加大对地方院校家庭经济困难学生的资助；三是针对专业的差异，加大对冷门专业的家庭经济困难学生的资助③。

3. 高校应坚持资助育人结果的公平性

资助育人结果的公平性不仅体现在使家庭经济困难学生得到经济上的资助，使他们享有同等的机会和普通学生一起顺利完成学业，而且使家庭经济困难学生身心全面发展，懂得知恩感恩、奉献社会。我国资助体系在很大程度上

---

① 李爱霞：《教育公平理论视野下的我国高校贫困生资助制度研究》，青岛大学硕士学位论文，2010年。

② 李爱霞：《教育公平理论视野下的我国高校贫困生资助制度研究》，青岛大学硕士学位论文，2010年。

③ 李爱霞：《教育公平理论视野下的我国高校贫困生资助制度研究》，青岛大学硕士学位论文，2010年。

缓解甚至解决了家庭经济困难学生的学习和生活困难，多数学生加倍努力顺利完成学业，并立志要报效祖国、回报社会，但也有部分得到资助的学生并未如预期那样感激社会、奋发成才、健康成长、学有所成，反而出现了诚信缺失、高额消费和欠贷不还等令人担忧的现象，这与资助育人目标背道而驰。究其原因就在于困扰家庭经济困难学生的许多深层次的思想和心理问题没有得到根除，在物质济困时忽视了精神解困。实际上在对家庭经济困难学生进行资助的过程中蕴含着许多教育内容和契机，充分发挥其教育功能，使高校家庭经济困难学生的综合素质得以提高，身心全面发展。高校要深入心理层面开展思想政治教育和心理健康教育，使家庭经济困难学生增强战胜困难的信心，自强不息、奋发成才。促进高校家庭经济困难学生身心全面健康发展，这是资助育人工作的终极目标，是实现资助结果公平的重要表现①。

四、 基于教育公平理论的高校资助育人工作

在教育公平理论指导下做好高校资助育人工作，要将解决思想问题与解决实际问题相结合，国家资助与社会助学相结合，构建多元化、多层次的资助育人体系，以物质资助为基础，从解决学生实际困难出发，加强和促进学生思想政治教育工作，开展励志、诚信、感恩教育，从思想上育人，促使家庭经济困难学生健康成长，全面成才。

1. 确立政府在高校助学中的主体地位，建立社会助学的良性环境

（1）确立政府在高校助学中的主体地位

2004 年 8 月，国务院颁发的《关于进一步加强和改进大学生思想政治教育的意见》明确指出，要加强对经济困难大学生的资助工作，以政府投入为主，多方筹措资金，不断完善资助政策和措施，帮助经济困难大学生完成学业②。政府是高等教育经费的主要承担者，必须积极发挥主体作用，创立一个良好的内外部运行环境，通过制定政策不断加大各级财政投入力度，加快以促进教育

① 李爱霞：《教育公平理论视野下的我国高校贫困生资助制度研究》，青岛大学硕士学位论文，2010 年。

② 中共中央、国务院：《关于进一步加强和改进大学生思想政治教育的意见》，中华人民共和国教育部网，2004 年 10 月 14 日，http：//www. moe. gov. cn/s78/A12/szs_ lef/moe_ 1407/moe_ 1408/tnull_ 20566. html.

公平为目标的教育体制改革。政府作为教育资源配置的主体，一定要充分发挥调节教育公平的职能，确立把教育公平作为高校资助体系的核心理念，建立切实有效的家庭经济困难学生资助体系和良性运行机制①。

（2）建立社会捐资助学的良性环境

社会蕴藏着巨大的财富和能量。在部分国家，社会团体、企业或个人捐资助学的比例很高，社会捐助可以成为高校资助体系的重要组成部分。国家应通过积极引导，制定相应的政策或措施，调动社会企业的积极性，高校应通过报纸、网络等媒体宣传优秀家庭经济困难学生的先进事迹，让更多的人了解大学生，关注家庭经济困难大学生。同时高校可以主动联系企业、校友等社会团体或个人，多方筹建高校扶助基金和慈善基金，争取更多的社会资源补充到家庭经济困难学生资助体系中②。

2．优化有偿助学体系，促进助学与育人的良性互动

（1）完善国家助学贷款体系，加大贷款力度

国家助学贷款是国家利用金融手段完善高校资助体系、加大资助力度所采取的一项重大措施，是解决家庭经济困难学生学费、生活费最有效的方式。我国目前是以国家开发银行（简称国开行）作为助学贷款的主力银行。为提高贷款率，实现应贷尽贷的目标，国开行应完善助学贷款模式，继续扩大放贷规模，将开发性金融的融资优势和教育部门的组织协调优势相结合，形成教育部和国开行统一组织领导，财政、人行和银监等部门支持配合，省级分行和省教育部门协调管理，县级（或高校）资助中心具体执行的运作体系，并对有关人员进行业务培训，避免人为因素影响学生办理助学贷款。大力发展生源地信用助学贷款。作为国家助学贷款的重要组成部分，生源地信用助学贷款按照“应贷尽贷、简化程序、方便群众、防范风险”的原则，利用财政和金融手段资助家庭经济困难学生，促进教育公平。学生在生源地贷款，当地县资助中心或信用社对学生家庭经济情况了解得比较清楚，手续办理方便，而且对以后还款无

① 王志臣、宋颖、刘荣贵：《基于教育公平理论的高校资助体系构建》，《石家庄铁道大学学报（社会科学版）》，2012年第6期。

② 王志臣、宋颖、刘荣贵：《基于教育公平理论的高校资助体系构建》，《石家庄铁道大学学报（社会科学版）》，2012年第6期。

须担心，降低贷款风险①。

(2) 健全校内校外勤工助学体系，拓展助学渠道和方式

勤工助学活动由学校统一组织和管理，按照学有余力、自愿申请、信息公开、扶贫优先、竞争上岗、遵纪守法的原则，由学校在不影响正常教学秩序和学生正常学习的情况下有组织地展开。勤工助学活动不仅可以缓解家庭经济困难学生经济上的压力，而且也是加强思想政治教育的重要举措。高校要本着以学生为本的原则，帮助家庭经济困难学生在经济上实现“受助—自助—助人”的转变，高校要整合校内资源，努力挖掘校内勤工助学岗位，为家庭经济困难学生提供“助教、助研、助管”或者校办产业及后勤服务等勤工助学岗位。让家庭经济困难学生在实践中得到锻炼和提升，实现“自我服务、自我管理、自我教育”，针对勤工助学活动，高校可以设立明确的奖罚制度，对在勤工助学工作中表现优秀的学生予以表彰及物质奖励；设立“志愿型公益岗位”，鼓励受助学生无偿参与并予以考核，培养学生回馈学校、回馈社会的感恩意识。秉承“鱼、渔皆授”的全方位助学、育人的理念，高校应积极探索和尝试勤工助学的新方法、新模式，在校内外组织学生开展各项勤工助学活动②。

3. 加强资助与育人相结合，实现家庭经济困难学生的全面发展

(1) 励志教育

自力更生，丰衣足食。高校可以通过课堂教育举办兴趣小组、励志经验交流和播放励志电影等方式加强对家庭经济困难学生的励志教育，增强他们的自信心。引导学生以正确的态度面对挫折和困难，树立人定胜天的信念，世上无难事，只要肯登攀，任何困难都是可以克服的，在逆境中磨炼意志，培养家庭经济困难学生积极向上的品格③。

(2) 感恩教育

目前，高校家庭经济困难学生的感恩意识淡漠已经成为普遍存在的现象，甚至有部分家庭经济困难学生认为国家、社会、学校给予的资助帮扶理所当

---

① 王志臣、宋颖、刘荣贵：《基于教育公平理论的高校资助体系构建》，《石家庄铁道大学学报(社会科学版)》，2012 年第 6 期。

② 王志臣、宋颖、刘荣贵：《基于教育公平理论的高校资助体系构建》，《石家庄铁道大学学报(社会科学版)》，2012 年第 6 期。

③ 王志臣、宋颖、刘荣贵：《基于教育公平理论的高校资助体系构建》，《石家庄铁道大学学报(社会科学版)》，2012 年第 6 期。

然，这在很大程度上违背了高校“立德树人”的根本。家庭经济困难大学生接受帮助，理应知恩，这是善良本性的具体体现。高校应通过多途径加强家庭经济困难学生的感恩教育，使他们树立懂得感恩和学会报恩的意识。具体可通过开展“感恩”系列主题教育活动，如家庭经济困难学生资助总结大会、感恩系列演讲、征文比赛、给父母亲人及老师或曾经帮助过自己的人写感恩信等①。

（3）诚信教育

诚信是一个人立足社会的根本，高校要大力加强家庭经济困难学生的诚信教育，尤其是获得国家助学贷款的学生。据调查了解，国家助学贷款的违约率接近20%，因此开展诚信教育是高校资助育人工作顺利实施的重要保证。一方面，以学生基本道德规范为基础，深入进行道德素养教育，培养诚信做人、互助谦让的传统美德。另一方面，建立家庭经济困难学生的个人信用档案，使每个学生都能够诚实守信，具备现代社会公民的基本素质②。

（4）心理健康教育

家庭经济困难学生的内心可能会有点孤独，他们更加渴望认同、支持与鼓励，高校要不断探讨和研究解决困难学生心理问题的对策，加强对困难学生的心理指导，积极做好“心理脱贫”工作。辅导员及班干部要经常主动接触他们、了解他们，及时帮助家庭经济困难学生解决心理上的困惑，帮助他们以正确的态度面对困难，引导他们建立正确的人生观和价值观，培养健全的人格。高校要建立专门的心理咨询机构，有专业的心理咨询老师，开通心理咨询热线及网站等对家庭经济困难学生进行心理辅导，通过“一对一”的交流，或者专题讲座、群体咨询等形式对家庭经济困难学生进行心理健康教育③。

第三节　人的全面发展理论

学生的全面发展是高校立德树人的根本目标，当然也是资助育人工作的宗

① 王志臣、宋颖、刘荣贵：《基于教育公平理论的高校资助体系构建》，《石家庄铁道大学学报（社会科学版）》，2012年第6期。

② 王志臣、宋颖、刘荣贵：《基于教育公平理论的高校资助体系构建》，《石家庄铁道大学学报（社会科学版）》，2012年第6期。

③ 王志臣、宋颖、刘荣贵：《基于教育公平理论的高校资助体系构建》，《石家庄铁道大学学报（社会科学版）》，2012年第6期。

旨。家庭经济困难学生是大学生中的一个特殊群体，他们有着特殊的成长环境、特殊的情感体验、特殊的成长需求。高校运用人的全面发展理论可以更好地审视他们的发展状况、发展差异、发展瓶颈、发展需要，进而研究和改进资助育人体系，努力帮助家庭经济困难学生在能力、素质、人际关系等方面实现自由发展、充分发展、全面发展。

一、 人的全面发展理论的内涵

1848 年 2 月，《共产党宣言》首次提出共产主义“将是这样一个联合体，在那里，每个人的自由发展是一切人的自由发展的条件”①，这标志着马克思主义关于人的全面发展思想初步确立。人的全面发展理论是马克思主义人才思想体系的核心组成部分，是马克思主义理论的最高命题，又是马克思考察人类社会发展规律得出的科学结论②。

马克思、恩格斯从《德意志意识形态》开始，在一系列著作中正式提出并系统阐述了个人全面发展的理论。在马克思看来，人的全面发展是人的最根本、最深刻的发展，是“人以一种全面的方式，就是说，作为一个完整的人，占有自己的全面的本质”③。全面发展与片面发展相对，指人的本质的全面展开和丰富；自由发展，强调人发展的自主性，是指人自觉自愿发展自己的才能，施展自己的力量；充分发展则是在程度上谈人的发展，人总是向着更高程度发展自己的才能；全面发展强调人发展的均衡性和完整性④。人的本质是自由自觉的活动，即实践活动，最集中的表现是劳动；作为社会存在物，人的本质在其现实性上是一切社会关系的总和。作为完整的个体的人，人是自然因素、社会因素和精神因素的统一体，人的本质就是人的个性。人的需要发展是人的全面发展的内在依据。人的全面发展最终表现为人的能力的全面发展。因此，人

---

① 中共中央马克思恩格斯列宁斯大林著作编译局：《马克思恩格斯选集（第 4 卷）》，北京：人民出版社，1995 年，第 730 页。

② 邓军：《高校思想政治工作质量提升理论与实践（资助育人卷）》，桂林：广西师范大学出版社，2019 年，第 4 页。

③ 中共中央马克思恩格斯列宁斯大林著作编译局：《马克思恩格斯文集（第 1 卷）》，北京：人民出版社，2009 年，第 537 页。

④ 邓军：《高校思想政治工作质量提升理论与实践（资助育人卷）》，桂林：广西师范大学出版社，2019 年，第 7 页。

的全面发展表现在人的需要、人的能力、人的个性和人的社会关系的全面发展①。

1．人的需要的全面发展

在马克思看来，“需要即本性”②，人正是“以其需要的无限性和广泛性区别于其他一切动物”③，“任何人如果不同时为了自己的某种需要和为了这种需要的器官而做事，他就什么也不能做”④。所以，马克思把人的需要的丰富发展看作“人的本质力量得到新的证明”⑤。需要是人类一切活动的源泉和动力，人所从事的一切社会实践活动都是为了追求和满足某方面的需要，而需要的满足和满足需要的社会实践活动又不断产生出新的需要，新的需要又会反过来引起新的活动。如此循环往复，既推动了社会的发展，又推动了人自身的发展。马克思把人的需要划分为三种类型：第一种是生产（或劳动）的需要，第二种是科学研究和艺术创作的需要，第三种是人的自由而全面发展的需要，也就是人的最高需要。只有满足人的自由而全面发展的需要，人类才能如马克思所说的“占有自己全面的本质”⑥。

2．人的能力的全面发展

马克思和恩格斯把人的能力的全面发展看作人的全面发展的目的，因为“任何人的职责、使命、任务就是全面地发展自己的一切能力”⑦。恩格斯也指出“根据共产主义原则组织起来的社会，将使自己的成员能够全面发挥他们的

① 邓军：《高校思想政治工作质量提升理论与实践（资助育人卷）》，桂林：广西师范大学出版社，2019 年，第 4 页。

② 中共中央马克思恩格斯列宁斯大林著作编译局：《马克思恩格斯全集（第 3 卷）》，北京：人民出版社，1960 年，第 514 页。

③ 中共中央马克思恩格斯列宁斯大林著作编译局：《马克思恩格斯全集（第 49 卷）》，北京：人民出版社，1982 年，第 130 页。

④ 中共中央马克思恩格斯列宁斯大林著作编译局：《马克思恩格斯全集（第 3 卷）》，北京：人民出版社，1960 年，第 286 页。

⑤ 中共中央马克思恩格斯列宁斯大林著作编译局：《马克思恩格斯文集（第 1 卷）》，北京：人民出版社，2009 年，第 223 页。

⑥ 邓军：《高校思想政治工作质量提升理论与实践（资助育人卷）》，桂林：广西师范大学出版社，2019 年，第 5 页。

⑦ 中共中央马克思恩格斯列宁斯大林著作编译局：《马克思恩格斯全集（第 3 卷）》，北京：人民出版社，1960 年，第 330 页。

得到全面发展的才能①，使社会全体成员的才能得到全面发展②，而且每个人都无可争辩地有权全面发展自己的才能”③。人的能力的全面发展，就是人在社会实践活动中全面地发展自己的体力和脑力、潜力和现实力、自然力和社会力等，并将它们充分发挥出来。马克思说，全面发展的个人，也就是能够适应极其不同的劳动需求并且在交替变换的职能中，使自己先天和后天的各种能力得到自由发展的个人④。

3. 人的个性的全面发展

人的个性指的是作为具有社会性的个人独特的主体性，它是人的心理素质、文化素质、道德素质、社会实践能力、智力与体力的综合体现，是个体的人与他人的根本性差别。马克思把人的发展概括为三个阶段：第一个阶段是“人的依赖关系占统治地位”的阶段。在这个阶段，人的生产能力只是在狭小的范围内和孤立的地点上发展着⑤。第二个阶段是“以物的依赖性为基础的人的独立性”阶段。这主要指在资本主义阶段，生产在产生出个人同自己和同别人相异化的普遍性的同时，也产生出个人关系和个人能力的普遍性和全面性⑥。第三个阶段是“建立个人全面发展的他们共同的社会生产能力成为他们的社会财富这一基础上的自由个性”阶段。在这个阶段，生产力获得巨大的发展，社会财富极大丰富，人们在自觉、丰富、全面的社会关系中“自由、自主地发展”。这个时候，他们才成为具有自由个性和全面发展的人⑦。

---

① 中共中央马克思恩格斯列宁斯大林著作编译局：《马克思恩格斯全集（第1卷）》，北京：人民出版社，1960年，第243页。

② 中共中央马克思恩格斯列宁斯大林著作编译局：《马克思恩格斯文集（第1卷）》，北京：人民出版社，2009年，第689页。

③ 中共中央马克思恩格斯列宁斯大林著作编译局：《马克思恩格斯全集（第1卷）》，北京：人民出版社，1960年，第243页。

④ 邓军：《高校思想政治工作质量提升理论与实践（资助育人卷）》，桂林：广西师范大学出版社，2019年，第6页。

⑤ 中共中央马克思恩格斯列宁斯大林著作编译局：《马克思恩格斯文集（第8卷）》，北京：人民出版社，2009年，第56页。

⑥ 中共中央马克思恩格斯列宁斯大林著作编译局：《马克思恩格斯文集（第8卷）》，北京：人民出版社，1979年，第110页。

⑦ 邓军：《高校思想政治工作质量提升理论与实践（资助育人卷）》，桂林：广西师范大学出版社，2019年，第7页。

4. 人的社会关系的全面发展

社会关系是劳动实践活动的展开，社会关系实际上决定着一个人能发展到什么程度，“个人的全面性不是想象的或设想的全面性，而是他的现实联系和观念联系的全面性”①。人是一切社会关系的总和，社会关系是人的本质的现实性表现。“人的本质不是单个人所固有的抽象物，在其现实性上，它是一切社会关系的总和”②，因而从人的本质意义上说，人的全面发展实质上也是人的一切社会关系的全面发展。马克思同时指出：“一个人的发展取决于他直接或间接进行交往的其他一切人的发展”③，正是在交往中，人丰富自己、充实自己、发展完善自己，从而形成丰富、全面、协调的社会关系。社会关系的全面丰富意味着个人与他人，不仅是作为社会群体中某一成员的身份，而且作为个人与他人发生相互的关系。人们摆脱了以往个体、分工、地域、民族的狭隘局限性，形成了各个方面、各个领域、各个层次的社会联系④。

需要进一步指出的是，马克思所说的“人的全面发展”中的人，不是抽象、孤立的人，而是指现实的、具体的、社会中的个人，不是“某一个人”，而是“每一个人”。人的全面发展不仅指全面，而且包含着“自由、充分、和谐发展”。“人的全面发展”是“全面发展教育”的目的，“全面发展教育”又是实现“人的全面发展”的教育保障和教育内涵。事实上，全面发展、自由发展、充分发展、和谐发展是相互联系、不可分割的⑤。

二、人的全面发展理论对高校资助育人的启示

人的全面发展理论与发展型资助育人的实践思路十分契合，对高校资助育人的实践具有重要的指导作用。目前，有普通高考、自主招生等形式，相较基

---

① 中共中央马克思恩格斯列宁斯大林著作编译局：《马克思恩格斯文集（第8卷）》，北京：人民出版社，2009年，第172页。

② 中共中央马克思恩格斯列宁斯大林著作编译局：《马克思恩格斯文集（第1卷）》，北京：人民出版社，2009年，第505页。

③ 中共中央马克思恩格斯列宁斯大林著作编译局：《马克思恩格斯全集（第46卷）》，北京：人民出版社，1979年，第109页。

④ 邓军：《高校思想政治工作质量提升理论与实践（资助育人卷）》，桂林：广西师范大学出版社，2019年，第6页。

⑤ 邓军：《高校思想政治工作质量提升理论与实践（资助育人卷）》，桂林：广西师范大学出版社，2019年，第7页。

础教育学校，招生方式更为多样。正因为如此，高校学生具有更多的个体差异。当前高校学生整体上呈现以下特征：一是视野较为开阔，接受新事物能力较强；二是更加注重自我感受，追求自我实现；三是独立性较强，更加注重实践①。在马克思主义关于人的全面发展理论的指导下，高校学生资助育人工作还需从以下几个方面加以改进：

1. 从人的需要的全面发展角度改进资助育人工作

注重学生情感和归属的需求。在资助育人工作中，要尤为重视家庭经济困难学生的爱的需求和归属的需求。家庭经济困难学生、心理困难学生、情感困难学生、能力提升困难学生、人际关系困难学生等都有各自的需求，以往资助育人工作中仅仅对家庭经济困难学生给予一定的物质帮助就算完成工作。在新时代高校资助育人工作中，物质温饱的问题逐渐下降到次要的地位，心理和精神上的需求表现得尤其明显②。

2. 从人的能力的全面发展角度改进资助育人工作

在资助育人工作中，物质解困是基础，促进学生能力发展是终极目标。物质和能力二者相辅相成：物质困难得不到解决，能力的提升就会流于空谈；只注重物质帮扶，忽视能力帮扶，就不能很好实现资助育人的效果。资助育人作为高校育人的重要途径，更应关注人才培养质量，以家庭经济困难学生的能力发展为出发点和落脚点，使经济帮扶与能力发展有机统一，真正帮助受助学生成长成才。值得注意的是，家庭经济困难学生能力的培养应当是全方位的，需要探索采取更多方式和途径，不断提升他们的生存能力、劳动能力、社交能力、协调能力、创新能力、学习能力和职业技能。以家庭经济困难学生需求为导向，开发内容多样的实践操作和专业技能项目或活动，提供更具创造性和实践性的勤工助学岗位和学生组织岗位，使学生在亲身实践中提高自身专业应用能力和综合素质③。

---

① 姚颖、李艳、陆华山：《人的全面发展视域下高校资助育人途径探析》，《江苏第二师范学院学报》，2020 年第 3 期。

② 王文华：《高校发展性资助的实现路径探索——基于马克思主义关于人的全面发展理论视角》，《太原城市职业技术学院学报》，2015 年第 5 期。

③ 姚颖、李艳、陆华山：《人的全面发展视域下高校资助育人途径探析》，《江苏第二师范学院学报》，2020 年第 3 期。

3. 从人的个性的全面发展角度改进资助育人工作

独特性和主体性是人的个性的两个主要方面，因此，高校学生资助育人工作应从这两个方面入手探索提升育人实效。第一，从人的独特性入手，探索更具个性的育人方式。高校受助学生在家庭背景、生活条件、专业学习等方面的具体情况千差万别，随着时代的发展，人的个性也日益彰显，过去学生资助“一刀切”式的工作模式显然难以适应新的形势和要求。在家庭经济困难学生认定方面，存在提高认定的科学性、保护学生隐私、以及利用消费数据信息辅助认定是否过度干预学生生活等问题；在帮扶形式方面，如何突破奖助贷免勤的固有模式，调动更多资源、采取更多方式实现资助效果？这些问题都需要进一步探索。第二，从人的主体性入手，形成积极向上的育人氛围。受助学生对于受助事实一般有两种态度：主动申请和被动接受。主动型可能伴随有不择手段或认为理所应当的情况；被动型可能存在依赖思想或消极自卑的情况，两种倾向都存在不少问题。资助育人应从人的主体性入手，帮助家庭经济困难学生转变消极被动的思想，形成主动积极的态度。根据自身发展需要，主动争取所需帮助。同时，学校应积极践行“三全育人”理念，涵育学生品格，通过爱心教育、感恩教育、志愿服务、责任意识培养等多种途径，帮助家庭经济困难学生提高主体意识，通过认识自我、分析自我、发展自我，塑造其自立自强、热爱生活、懂得感恩、阳光诚信的品质人格①。

当然，无论是在物质性资助还是在非物质性资助育人工作中，都要考虑到家庭经济困难学生作为一个独立的个体的尊严问题。资助育人工作不是一种施舍，更不是一种简单的物质性帮助，而是帮助在物质精神情感等各方面有欠缺的学生去完成理想、实现目标，帮助他们成为一个完整意义上的人、一个全面发展的人，使其尽量不受物质的局限，进而摆脱精神的枷锁，在心理上、情感上成为健全的个体②。

4. 从人的社会关系的全面发展角度改进资助育人工作

在资助育人工作中设立和开展人际交往方面的活动极为必要。在活动中还

---

① 姚颖、李艳、陆华山：《人的全面发展视域下高校资助育人途径探析》，《江苏第二师范学院学报》，2020 年第 3 期。

② 王文华：《高校发展性资助的实现路径探索——基于马克思主义关于人的全面发展理论视角》，《太原城市职业技术学院学报》，2015 年第 5 期。

要帮助家庭经济困难学生克服性格弱点、提高共事能力、学会构建合作关系和亲密关系，这些都应成为资助育人的重要目标。具体而言，在学生个人与父母关系方面，必须要加强对家庭经济困难学生的感恩教育，同时也要加强与学生家长的沟通。在师生关系方面，教师要基于学的教，学生也要结合自身发展要求刻苦钻研。在同学关系方面，要正确处理集体利益和个人利益之间的关系，同时也要坚持正确的价值取向，正确处理个人情感问题。除此之外，最重要的即恰如其分地处理好个人身心和谐关系。身心关系是一个人健康与否的关键，也是家庭经济困难大学生个人状态的最主要的内容。良好的身心关系是个人其他关系和谐的前提，也是个人能力和个人需求得以实现的保障①。

三、 基于人的全面发展理论的高校发展型资助育人工作

发展型资助育人是当前高校资助育人的主要课题，高校应坚持马克思关于人的全面发展理论，进一步指导和完善高校发展型资助育人工作。

1. 发展型资助育人工作要帮助学生拥有追求个人目标的能力与机会

高校发展型资助育人工作要在以“育人为本”的基础上开展教育资助，在保障学生能够得到足够经济资助的前提下，关心家庭经济困难学生对提高其自身能力和素质的诉求，努力为家庭经济困难学生的自由全面发展提供适当的经费和机会，让他们有同等的自主选择个人目标的能力和机会②。

2. 发展型资助育人工作要帮助学生建立平等自由、追求发展的信心

高校发展型资助育人工作不仅要保障学生顺利完成学业，更重要的是让学生能够拥有一种积极感恩的心态，能够在接受资助的情况下努力提高个人技能。高校可通过提供团体心理辅导、心理专题讲座、素质拓展等来减轻家庭经济困难学生的心理压力，消除他们心理上的阴霾，使受助学生也能有自信和热情去追求自己的社会需要③。

---

① 王文华：《高校发展性资助的实现路径探索——基于马克思主义关于人的全面发展理论视角》，《太原城市职业技术学院学报》，2015 年第 5 期。

② 沈丽超、郇慧莹：《马克思人的自由全面发展理论视角下大学生发展型资助体系研究》，《淮北职业技术学院学报》，2016 年第 12 期。

③ 沈丽超、郇慧莹：《马克思人的自由全面发展理论视角下大学生发展型资助体系研究》，《淮北职业技术学院学报》，2016 年第 12 期。

3. 发展型资助育人工作要同时满足学生的物质与精神需求

当代大学生在生活与学习中的需求更加多样化，高校发展型资助育人工作要向综合化的资助方面发展和完善，形成“基础+综合”的双向资助模式。即在以经济资助为主的基础上，同时加强对学生的思想道德、专业能力和个人素质发展等全方位的资助，满足学生对个人发展的社会需求。高校发展型资助育人工作要在保障学生基本生活能力的基础上不断培养学生的实践能力、学习能力、人际交往沟通能力等核心竞争力，为学生提供实践学习机会，从而培养学生的自助能力与感恩意识，提升个人素质，实现全面发展①。

4. 发展型资助育人工作要促进学生积极融入社会

进入新时期，大学生的个性更加独特。高校发展型资助育人工作要考虑到家庭经济困难学生不同的个性特征，与时俱进，使资助育人方式符合受资助学生的预想和期望，能够让学生充分发挥自己的个性。通过家庭经济困难学生更乐意接受的方式进行资助，帮助他们不断提高自身各方面的技能，确保他们在未来的社会竞争中能够承受更大的压力，不断突破自我，完善自我。高校可以积极地为家庭经济困难学生搭建属于他们的平台，为他们提供锻炼的机会和展现才能的舞台。让他们在锻炼的过程中不断重塑自信，积极面对暂时的困难，这在一定程度上也能促进家庭经济困难学生更好地融入社会②。

第四节　习近平教育扶贫观

党的十八大以来，习近平总书记站在全面建成小康社会、实现中华民族伟大复兴中国梦的战略高度，加强顶层设计，把脱贫攻坚摆到治国理政的突出位置，对贫困问题的真实情况做出了符合当下实际的科学判断，提出了扶贫开发重要思想，推动中国减贫事业取得了巨大成就，为世界减贫进程做出了重大贡献③。

---

① 沈丽超、郇慧莹：《马克思人的自由全面发展理论视角下大学生发展型资助体系研究》，《淮北职业技术学院学报》，2016 年第 12 期。

② 沈丽超、郇慧莹：《马克思人的自由全面发展理论视角下大学生发展型资助体系研究》，《淮北职业技术学院学报》，2016 年第 12 期。

③ 《习近平扶贫论述摘编》，中共中央党史和文献研究院，2020 年，引言。

一、习近平关于教育扶贫的重要论述

教育扶贫在整个脱贫攻坚战中扮演了重要角色，实现了贫困地区从“输血”到“造血”的根本性转变。教育扶贫，既立足当下，又惠及长远；既“雪中送炭”，又“授人以渔”。习近平总书记从不同维度对教育扶贫进行了全面系统的论述，对教育扶贫提出了一系列新思想、新观点，做出了一系列新决策、新部署，形成了创造性的教育扶贫思想体系。

1992 年 7 月，习近平聚焦扶贫工作的著作《摆脱贫困》首次出版，书中阐述了脱贫与扶贫的重要意义和实现途径。他在该书中一再强调“扶贫先要扶志”，“弱鸟可望先飞，至贫可能先富，但能否实现‘先飞’‘先富’，首先要看我们头脑里有无这种意识”。

2012 年 12 月，习近平在河北省阜平县考察扶贫开发工作时表示：“治贫先治愚。要把下一代的教育工作做好，特别是要注重山区贫困地区下一代的成长。下一代要过上好生活，首先要有文化，这样将来他们的发展就完全不同。”

2013 年 11 月，习近平在湖南湘西考察时，首次提出了“精准扶贫”。扶贫要实事求是，因地制宜。要精准扶贫，切忌喊口号，也不要定好高骛远的目标。精准脱贫理念是精准扶贫思想的战略重点。习近平精准脱贫理念的最重要体现就是大力发展乡村教育。

2015 年 1 月，习近平来到云南鲁甸县，在甘家寨受灾群众异地过渡安置点看望群众。习近平总书记说：“扶贫先扶智，不要让贫困地区的孩子输在起跑线上，确保贫困人口子女都能接受良好的基础教育，鼓励开展职业教育，学到一门技术，提高就业创业能力，切断贫困代际相传的根源。”

2015 年 4 月，习近平在中央全面深化改革领导小组第十一次会议中提到：发展乡村教育，让每个乡村孩子都能接受公平、有质量的教育，增强贫困地区的自我发展能力，阻止贫困现象代际传递。随后，国务院印发《乡村教师支持计划（2015—2020 年）》，对未来几年乡村教育发展做出了纲领性指导意见。

2015 年 5 月，习近平在致国际教育信息化大会的贺信中指出，我们将通过教育信息化，逐步缩小区域、城乡数字差距，大力促进教育公平，让亿万孩子同在蓝天下共享优质教育、通过知识改变命运。

2015 年 6 月，习近平在贵州省机械工业学校视察时指出，职业教育是我国教育体系中的重要组成部分，是培养高素质技能型人才的基础工程，要上下共同努力进一步办好。

2015 年 11 月，中央扶贫开发工作会议召开，做出到 2020 年全国所有贫困地区和贫困人口一道迈入全面小康社会的承诺。习近平在会议上强调，“要解决好‘怎么扶’的问题，按照贫困地区和贫困人口的具体情况，实施‘五个一批’工程”。其中包括发展教育脱贫一批。

2016 年 7 月，习近平在银川主持召开东西部扶贫协作座谈会时发出总攻令：“扶贫开发到了攻克最后堡垒的阶段。”座谈会上，他做出重要部署：西部地区要彻底拔掉穷根，必须把教育作为管长远的事业抓好。东部地区要在基础教育、职业教育、高等教育等方面，通过联合办学、设立分校、扩大招生、培训教师等多种方式给予西部地区更多帮助。

2016 年 9 月，习近平在考察北京市八一学校时指出，教育公平是社会公平的重要基础，要不断促进教育发展成果更多更公平惠及全体人民，以教育公平促进社会公平正义。要加强对基础教育的支持力度，办好学前教育，均衡发展九年义务教育，基本普及高中阶段教育。要优化教育资源配置，逐步缩小区域、城乡、校际差距，特别是要加大对革命老区、民族地区、边远地区、贫困地区基础教育的投入力度，保障贫困地区办学经费，健全家庭困难学生资助体系。要推进教育精准脱贫，重点帮助贫困人口子女接受教育，阻断贫困代际传递，让每一个孩子都对自己有信心、对未来有希望。

2017 年 10 月，十九大报告提出了扶贫攻坚的新方法、新手段。在继续坚持“精准扶贫”的同时进一步提出“精准脱贫”①。一是注重扶贫同扶志、扶智相结合。二是深入实施东西部扶贫协作，重点攻克深度贫困地区脱贫任务。我国东部和西部自然禀赋不同、贫富差异不小，尤其是一些自然条件恶劣的地区还存在着深度贫困的现象。

2019 年 4 月，习近平主持中央财经委员会第四次会议，研究全面建成小康社会补短板问题和中央经济工作会议精神落实情况。他在会上指出，“要加大对义务教育、基本医疗、住房和饮水安全、育幼养老等方面投入，解决好部分群众上学难、看不起病、住危房等急迫的现实问题。”

---

① 王丛虎：《续写脱贫攻坚、有效扶贫新篇章》，中国网，2017 年 10 月 20 日。

2019 年 4 月，习近平在重庆市石柱土家族自治县主持召开解决“两不愁三保障”突出问题座谈会时，他特别询问了乡村教师的工资状况，并指出：“乡村振兴和持续发展的关键在教育，要保持教师队伍稳定，乡村的孩子不能输在起跑线上。”

2020 年 1 月，习近平在云南考察调研时强调，要坚持“富脑袋”和“富口袋”并重，加强扶贫同扶志、扶智相结合，加强开发式扶贫同保障性扶贫相衔接。

2020 年 4 月，习近平在陕西考察时，再次提出“要推进城乡义务教育一体化发展，缩小城乡教育资源差距，促进教育公平，切断贫困代际传递。”

2020 年 10 月，党的十九届五中全会审议通过的《中共中央关于制定国民经济和社会发展第十四个五年规划和二〇三五年远景目标的建议》明确提出，“建设高质量教育体系。要全面贯彻党的教育方针，坚持立德树人，培养德智体美劳全面发展的社会主义建设者和接班人”。

党的十八大以来，围绕教育扶贫中的薄弱环节，从中央到地方，各级政府精准发力、综合施策。2013 年，国务院办公厅转发了教育部等部门《关于实施教育扶贫工程意见的通知》，明确教育扶贫的总体思路、主要任务和保障措施等。2015 年 4 月，中央深化改革领导小组第十一次会议审议通过《乡村教师支持计划（2015—2020 年）》，切实提高乡村教师生活待遇。2016 年 11 月，国务院印发《“十三五”脱贫攻坚规划》，要求全面改善贫困地区义务教育薄弱学校基本办学条件。2017 年 5 月，教育部等多个部门联合印发的《关于实施第三期学前教育行动计划的意见》提出，优先资助建档立卡的家庭经济困难幼儿，确保家庭经济困难儿童、孤儿和残疾儿童平等接受学前教育。2018 年 1 月，教育部联合国务院扶贫办等部门印发《深度贫困地区教育脱贫攻坚实施方案（2018—2020 年）》，指出确保到 2020 年深度贫困地区教育总体发展水平显著提升，实现建档立卡贫困人口教育基本公共服务全覆盖的总体目标。党中央和各级政府精准施策，聚焦贫困地区的每一所学校、每一名教师、每一个孩子，一项项教育扶贫政策落地落实，不让一个孩子因贫失学的目标正从梦想成为现实，缔造了世人瞩目的“减贫奇迹”。

习近平总书记关于教育扶贫的一系列重要论述深刻阐释了教育扶贫的价值功能，全面揭示了教育扶贫的愿景目标，充分明确了教育扶贫的基本要求，科学谋划了教育扶贫的策略重点。一直以来，习近平总书记多次强调“扶贫必扶智”，摆脱贫困需要智慧，培养智慧教育是根本，教育是拔穷根、阻止贫困代际传递的重要途径。再穷不能穷教育，让贫困地区的孩子们接受良好教育，是扶贫开发的重要任务。习近平教育扶贫观是顺应时代发展潮流的，是对我国当前发展形势的精准把握和对国家改革发展的关键点的精确判断，是马克思主义反贫困理论中国化的新贡献，将进一步增强道路自信、理论自信、制度自信和文化自信。

二、 习近平教育扶贫观的重大意义

在习近平教育扶贫观的引领下，我国扶贫开发工作和教育扶贫事业取得重大成就。这一重要的思想理论是我国打赢脱贫攻坚战的现实指引，也是我国教育改革发展的实践指导，推动我国教育扶贫工作持续充分展开并取得显著实效。

1. 教育扶贫观意识不断增强

习近平总书记关于教育扶贫的重要论述，进一步加深了教育工作对教育扶贫的理性思考。一是正确评价教育扶贫的扶贫成效。教育扶贫是一项长远性脱贫工程，见效虽不如经济物资援助等“速效型”“输血型”扶贫方式立竿见影，但是扶贫效果更有保障，贫困人口的“智”与“志”得到了帮扶，从而也就具备了防范“返贫”风险的能力。二是坚持以正确政绩观对待教育扶贫。推动贫困地区教育事业的发展耗时、费力、见效慢，一些地方领导人着眼于“政绩”，因而对教育扶贫的执行力度不够。为此必须高度重视，引导广大扶贫干部秉持“功成不必在我”的理念，树立科学的政绩观，认真贯彻习近平总书记关于教育扶贫的重要论述，积极部署扎实推进教育扶贫工作。三是努力破除各种阻碍教育扶贫的错误观念。改变贫困地区长期贫穷落后所形成的“读书无用论”“女子无才便是德”“重男轻女”等错误思想观念，必须加强宣传教育，引导贫困家庭正确认识并自觉参与到教育扶贫中去①。

① 刘建平、王昕伟：《习近平总书记关于教育扶贫的重要论述研究》，《湖南省社会主义学院学报》，2020 年第 4 期。

2. 贫困地区教育扶贫工作深入推动

2021 年 2 月 25 日，全国脱贫攻坚总结表彰大会上，习近平总书记庄严宣告，我国脱贫攻坚战取得了全面胜利，完成了消除绝对贫困的艰巨任务。解决绝对贫困以后就进入了相对贫困，教育扶贫任务依然艰巨。为此，一是要继续加大教育扶贫支持力度，改善办学条件。认真贯彻落实好习近平总书记“国家教育经费要继续向贫困地区倾斜、向基础教育倾斜、向职业教育倾斜，帮助贫困地区改善办学条件”的重要指示，优化教育资源配置，为贫困地区提供良好的教育环境。二是要加强贫困地区教师队伍建设，着力提升教育质量。加大对贫困地区教师队伍建设的支持力度，注重特岗计划、国培计划等向贫困地区的倾斜，科学统筹城乡师资配置，“多措并举，定向施策，精准发力，努力造就一支素质优良、甘于奉献、扎根乡村的教师队伍”。三是要精准施策，切实做好特殊群体的教育扶贫工作。习近平总书记曾明确强调要对农村贫困家庭幼儿特别是留守儿童给予特殊关爱，并提升残疾人群特殊教育普及水平。要进一步完善好留守儿童关爱服务体系，注重发展好贫困地区的特殊教育①。

3. 各级各类教育扶贫作用充分发挥

一是要大力推动贫困地区学前教育的发展。学前教育对于一个人的学习能力的塑造至关重要。我们绝不能让贫困地区孩子输在起跑线上，因此，要“健全学前教育资助制度，帮助农村贫困家庭幼儿接受学前教育”。二是要支持贫困地区高中教育。习近平总书记强调“使绝大多数城乡新增劳动力接受高中阶段教育、更多接受高等教育”。通过大力支持贫困地区高中教育，一方面可以进一步提升贫困地区人口的受教育水平，另一方面也可以确保贫困学子能够安心完成高中学业，为他们提供了更多的升学、就业选择。三是要发挥高等院校在教育扶贫中的作用。一方面应当加大对高校贫困学子支持力度，努力做好贫困地区定向招生专项计划，运用奖、助、贷等多种措施，保障他们完成学业。另一方面，高等院校也可以直接参与到贫困地区教育扶贫中去。如通过选派骨干教师支援、开展教师培训、远程课堂、支教服务等，有效提升贫困地区教育

① 刘建平、王昕伟：《习近平总书记关于教育扶贫的重要论述研究》，《湖南省社会主义学院学报》，2020 年第 4 期。

教学水平①。

4. 社会各界教育扶贫力量有效聚合

习近平总书记在决战决胜脱贫攻坚座谈会上的讲话中强调要“动员全党全国全社会力量，凝心聚力打赢脱贫攻坚战”，同样，搞好教育扶贫也必须积极动员和凝聚社会力量。一是要积极引导社会力量和民间资本参与教育扶贫。落实各级地方党委政府的教育扶贫的主体责任，积极构建专项教育扶贫、行业教育扶贫、社会教育扶贫的大格局，努力引导社会各界通过兴办学校、捐资助学、爱心支教、师资培训等形式投身到教育扶贫实践中去。二是要加强教育扶贫协作推进融合发展。充分利用各类资金、人才、技术、管理等要素，发展特色产业，以校、企、村产学研用合作为纽带，融通产业扶贫与教育扶贫，在人力资源、教育部门和企业间形成有效结合，从而实现精准对接、为贫困地区提供迫切的知识、技术支持。三是要做好教育扶贫结对帮扶工作。积极组织发达地区高等院校、党政机关、企事业单位等同贫困地区进行结对帮扶，提高教育扶贫对口帮扶匹配度，联系到县，帮扶到村到户，采取针对性的帮扶措施，让教育扶贫扶到点上扶到根上，不断巩固“两不愁三保障”成果，确保稳得住、有就业、逐步能致富②。

三、 习近平教育扶贫观对高校资助育人的启示

习近平总书记关于教育扶贫的重要论述系统阐明了教育扶贫的相关重大理论和实践问题，不断为高校学生资助工作提供了创新开展和引领作用，为完善高校学生资助工作、加强“扶智与扶志”提供了重要启示。高校学生资助工作要以资助育人为导向，坚持精准扶贫，一个都不能落，小康社会，一个都不能少的育人理念，为实现全面脱贫、实现中华民族的伟大复兴之梦提供丰富的人才支持。

1. 高举习近平教育扶贫旗帜，夯实学生资助思想根基

习近平总书记在新时代召开的第一次全国教育工作大会上强调要“坚持中

① 刘建平、王昕伟：《习近平总书记关于教育扶贫的重要论述研究》，《湖南省社会主义学院学报》，2020 年第 4 期。

② 刘建平、王昕伟：《习近平总书记关于教育扶贫的重要论述研究》，《湖南省社会主义学院学报》，2020 年第 4 期。

国特色社会主义教育发展道路，培养德智体美劳全面发展的社会主义建设者和接班人”。在推动我国成为人才强国的历程中，在以习近平新时代中国特色社会主义思想武装教育战线的基础上，坚持习近平教育扶贫新思想、新理念、新举措，坚持立德树人，构建多维资助育人体系，推进教育精准脱贫意义重大。学生资助依旧是一项重要的保民生、暖民心工程，也是高校思想政治教育的重要载体，通过构建“大思政”一体化育人体系，将“立德树人”融入资助各环节，利用“奖助贷勤补减免”等举措保障受助学生的基本学习生活需求，因材施教地开展素质教育，将显性帮助和隐性帮助相统一，经济脱贫、能力脱贫与思想脱贫有机结合，增强全员全过程全方位育人实效性。特别是要充分利用脱贫攻坚战蕴含的重大历史意义及资助妥善解决学生实际困难的重要时机，因势利导地开展思想政治教育活动，通过多媒体宣传、思政课堂、主题研讨、社会实践等渠道加强学生对脱贫攻坚战的认识，引导学生结合自身优势服务于脱贫攻坚和乡村振兴，加强学生的感恩意识和诚信理念，深刻认识中国特色社会主义制度的优越性，坚定理想信念和初心使命①。

2. 推动减贫战略平稳转型，实施精准资助发展教育

高校学生资助必须坚持兜底保障，开展精准资助，确保资助政策、受助群体、资助力度稳定，防止学生家庭因学返贫、学生因贫辍学。面对新形势，高校学生精准资助工作要做到以下几点：第一，精准认定资助对象，包括：一是属于国家认定的重点保障对象或者经过学校精准认定的困难学生群体；二是所在家庭脱贫还不稳定或者因为家庭遭遇自然灾害或突发事件等特殊情况出现返贫或者致贫现象的学生群体；三是属于相对贫困家庭的学生，包括未享受建档立卡的边缘户群体、依靠政策兜底脱贫的人群和脱贫不稳定的群体、低收入和弱保障的农村流动人口群体、城市三无人员、城市失业人员等。第二，精准制定认定标准。资助对象认定标准需要综合学生家庭的生产资源、家庭收入、被扶养群体、生产生活支出、医疗支出及教育支出等多种致贫因素及突发状况，确保学生资助与扶贫、民政、残联等部门数据的有效对接，建立重点资助台账和贫困学生监测体系，做到精准判断、精准监测、精准帮扶。第三，精准实施资助措施。资助项目要全方位兼顾家庭经济困难学生的基本生活需求和发展性

① 周彩云：《“后扶贫时代”高校学生资助高质量发展路径探索》，《教育经济评论》，2020 年第 5 期。

需求，满足相对贫困学生群体的多样化需求。实证研究表明，教育对相对贫困人口的改善效果明显高于绝对贫困人口。因此，加强教育精准度，甄别不同贫困程度群体的教育需求，有助于提升教育扶贫的效率与质量，也更加符合教育精准扶贫的时代要求。第四，精准构建资助评价体系。资助评价体系要强化过程评价，加强资助后期追踪，重视受助学生的获益幅度，科学评估资助效果，建立并健全监测与反馈及时交互的动态评价体系。通过对家庭经济困难学生开展精准资助，解决经济薄弱群体的教育和发展问题，最终助力我国减贫目标的战略转型①。

3. 发展内生式扶贫项目，建立学生自助长效机制

在优质教育资源可以和家庭经济资本发生良性互动的现实背景下，经济支持往往只能停留在“托底”层面，若要实现从“授以鱼”向“授以渔”的转变往往需要这一群体接受更高层次、更优质量的教育才得以可能。贫困的多维性决定了新时期应着眼于相对贫困学生可行能力的发展和提升。目前高校家庭经济困难学生的内生动力依然存在不少问题，体现在：一是主观上安于现状，“等、靠、要”“不劳而获”的现象仍然存在，尽管数量不多，但是负面影响大，容易引起其他同学对资助政策公平公正的质疑；二是主观上自立自强意识强烈，但客观能力不足；三是个别主体自我发展良好，但回馈意识和感恩观念淡薄，缺乏互助意识。对此，高校需要加强教育引导，协同开展扶贫、扶智、扶志活动，建立覆盖面广、类型丰富、层次递进的学生自助平台；拓展助优资助项目，引导学生创先争优、自立自强；鼓励受助学生参加学校社团，参与社会实践和勤工助学，扭转部分受助学生的思维依赖和行为惯性；宣传表彰自强典型和先进事迹，激发受助学生的积极性，促进学生发展自身、奉献社会、造福人民②。

四、 基于习近平教育扶贫观的高校资助育人工作

习近平总书记的教育扶贫观是全面推进实现教育现代化、实现全面建成小康社会、实现中华民族伟大复兴的新时代发展创新的思想理论，它的伟大力量

① 周彩云：《“后扶贫时代”高校学生资助高质量发展路径探索》，《教育经济评论》，2020 年第 5 期。
② 周彩云：《“后扶贫时代”高校学生资助高质量发展路径探索》，《教育经济评论》，2020 年第 5 期。

之一在于推进了我国教育领域改革，推进了公平而有质量教育的实现。新形势下，高校确立了深入落实“立德树人”根本任务的总目标，资助育人目标进一步提高。高校学生资助如何“把钱用在刀刃上”，除了坚持托底层面的经济支持和政策扶持外，需要构建与社会主义现代化强国相适应的学生资助体系，围绕高质量人才培养目标的优化升级，迎合国家人才发展战略的需要，面向未来，拓展资助育人途径，实现高校学生资助高质量转型。

1. 科学优化资助体系，全面推进资助育人工作精准化

高校资助育人工作体现着教育公平，各种资助形式组织与落实过程中，通常涉及认定、评审、资金发放等环节，具有很强的规则性与制度性①。习近平总书记多次强调要精准扶贫，十九大报告明确指出要“坚持精准扶贫、精准脱贫”。精准不仅是扶贫工作的基本要求，也是高校学生资助育人工作的基本要求。

高校应严格遵守资助育人的精准要求，构建科学合理的“奖助贷勤补减免”等资助体系，做到资助对象精准、资助标准精准、资金发放精准，确保各类资助资金无错发、误发、漏发、延迟发送，无截留、挤占、挪用、虚列支出、虚报冒领等违规使用资金情况。首先，资助对象精准，确保家庭经济困难学生应助尽助。通过系统比对、调查走访、大数据分析、同学评议等手段，建立和完善家庭经济困难学生识别认定机制，实现学籍系统、资助系统与扶贫、民政、残联等部门数据库的有效对接；资助名额要向农林水地矿油等学科专业倾斜，向家庭经济困难学生较多的学院倾斜；资助比例根据家庭经济困难学生分布情况，分学院分班确定，杜绝“一刀切”的懒政行为。其次，资助标准精准，确保资助标准与家庭经济困难学生的受助需求相适应。根据当地经济社会发展水平、城市居民最低生活保障标准，根据所在城市物价水平、学校收费水平、学生家庭经济能力等因素，确定家庭经济困难学生的资助标准；根据不同学生的受助需求实行分档资助，不能搞平均主义，更不能有轮流坐庄的现象；加大对建档立卡家庭经济困难学生、农村低保家庭学生、农村特困救助供养学生、孤残学生、烈士子女，以及家庭遭遇自然灾害或突发事件等特殊群体的资

---

① 张远航：《高校资助育人的价值意蕴与实现路径》，《实践研究（思想理论教育版）》，2018 年第 6 期。

助力度。最后，资金发放精准，在学生最需要资助的时候，将资助资金及时足额发放到学生手中，充分发挥资助资金的使用效益，增强家庭经济困难学生及其家庭的获得感；积极探索改进资金拨付和发放机制，充分利用现代支付方式和支付手段，解决助学金发放不及时的问题，努力把好事办好、实事办实①。

2. 强化资助目标导向，发挥学生资助育人功效最大化

立德树人是教育工作的根本任务，也是学生资助工作的根本任务。学生资助工作的最终目的在于帮助家庭经济困难学生成长成才，使他们共同享有人生出彩的机会，共同享有梦想成真的机会，共同享有同祖国和时代一起成长和进步的机会②。

高校学生资助工作必须坚持育人导向，将育人作为资助工作的出发点和落脚点，构建物质帮助、道德浸润、能力拓展、精神激励有效融合的长效机制，形成“解困—育人—成才—回馈”的良性循环。一方面，高校要形成全员参与、各部门配合、各个教育教学环节统筹协调的资助育人机制。在育人的各个环节、各个方面给予家庭经济困难学生更多的关注和倾斜，给予他们生活和学习上更多的关心和帮助，为他们的兴趣培养、能力提升、视野开阔创造更多的机会和条件。另一方面，高校在开展各项资助工作过程中，把社会主义核心价值观融入资助育人全过程，努力强化资助形式的目标导向。在奖学金评选发放环节，培养学生争先创优的奋斗精神；在国家助学金申请发放环节，深入开展励志教育和感恩教育；在国家助学贷款办理过程中，深入开展诚信教育和金融常识教育；在勤工助学活动开展环节，着力培养学生的劳动意识和自强自立精神；在基层就业、应征入伍学费补偿贷款代偿等工作环节中，培育学生树立正确的成才观、就业观和价值观③。

3. 加强制度刚性约束，全面促进学生资助治理现代化

学生资助育人工作是一项系统性强、复杂程度高的工作，涉及政策的头绪多，院系之间、班级之间情况各异，学生家庭经济状况更是千差万别。因此，通过制度进行刚性约束在资助育人实践中尤显重要，这不仅能保证符合条件的

---

① 陈宝生：《进一步加强学生资助工作》，《人民日报》，2018 年 3 月 1 日。

② 陈宝生：《进一步加强学生资助工作》，《人民日报》，2018 年 3 月 1 日。

③ 中共教育部党组：《高校思想政治工作质量提升工程实施纲要》，中华人民共和国教育部网，http：//www. moe. gov. cn/srcsite/A12/s7060/201712/t20171206_ 320698. html

学生得到有效资助，还能鼓励资助者积极主动优化资助方式①。

高校要实现精准资助和资助育人的目标，就必须在加强法治化建设、加强规范管理的基础上，全面提升学生资助工作的科学化和现代化水平。首先，高校要进一步提高资助队伍的执行力。高校要在现有机构设置及编制范围内统筹调剂，确保在机构设置、人员配备方面适应和满足学生资助工作需要；加强对资助工作人员政策理论、业务技能培训，提高资助工作人员的政策理论水平和执行力；完善学生资助工作规章制度，做到有章可循、权责明确。其次，高校要不断创新资助工作方式方法。随着社会的不断发展，家庭经济困难学生的数量、分布、结构及资助需求等因素都在不断变化，这就要求我们在对象认定、资金分配、资助标准等方面建立动态调整机制。加强调查研究，认真全面了解各方意见建议，做到“心中有数”。加强学生资助信息化建设，实现与相关部门互联互通。信息化是一种非常有效的技术手段，将其应用于教育精准扶贫中，可以加大精准扶贫的精细化程度，实现有的放矢、因材施教，从而加快扶贫速度，提升扶贫精准度②。重视学生资助宣传工作，上下联动、整体推进，努力做到资助政策家喻户晓；建立舆情应急机制，及时应对和处置突发事件。加强资助理论研究，推动理论创新，用先进理论指导工作实践。最后，高校要进一步加大学生资助工作监管力度。资助工作涉及面广、资金量大，群众关注度高，容不得一丝一毫的偏差。通过加强监管，确保把各项政策精准地落在实处，确保不出现任何形式的跑、冒、滴、漏，确保把学生资助这项民生工程做成民心工程。建立定期专项检查制度和专项审计制度，推进学生资助工作公开透明，接受群众和师生监督，坚决防止和严肃查处任何违纪违规行为③。

---

① 张远航：《高校资助育人的价值意蕴与实现路径》，《实践研究（思想理论教育版）》，2018 年第 6 期。

② 穆惠涛：《习近平教育扶贫思想研究》，东北师范大学博士学位论文，2019 年。

③ 陈宝生：《进一步加强学生资助工作》，《人民日报》，2018 年 3 月 1 日。

第四章　高校资助育人的基本思路

2017年2月27日，中共中央、国务院印发了《关于加强和改进新形势下高校思想政治工作的意见》①，为高校资助育人指明了方向，提出了新要求。高校资助育人是“三全育人”的重要组成，是高校立德树人工作的重要基础，它既有思想政治教育的内核，也有学生资助帮扶的形式，更有人才培养、维护教育公平、阻断贫困代际传递的实效，是高等教育不可或缺的一环，其工作思路必须与高校人才工程相一致，为家庭经济困难学生成人成才服务。高校资助育人工作必须紧紧围绕立德树人根本任务，深刻思考育人工作，夯实资助基础，全面推进育人成效，把“扶困”与“扶智”、“扶困”与“扶志”有机结合，从高校资助育人特点入手，明确高校资助育人目标，遵循高校资助育人原则，探寻高校资助育人方法，把握高校资助育人要点，全面提升人才培养质量，实现家庭经济困难学生德智体美劳全面发展。

第一节　高校资助育人的特点

资助育人是高校资助工作的固有功能，也是高校资助工作的高级功能。高校资助育人以育人为核心，培养受助学生的身心素质与综合能力，引导青年学生树立正确的世界观、人生观和价值观，最终实现成人成才。为此，必须首先明确工作对象特殊性，深入了解工作对象的实际需求；其次在深入理解家庭经济困难学生的需求上，采取合理的工作形式，增强资助育人效果；再次，深刻理解资助育人的艰巨性，为高校人才培养工作不懈努力。

① 中共中央、国务院：《关于加强和改进新形势下高校思想政治工作的意见》，新华社，2017年2月27日，http://www.xinhuanet.com/2017-02/27/c_1120538762.htm.

一、资助育人对象的特殊性

家庭经济困难大学生是一类特殊的群体，他们在学习能力、生活能力、视野见解、价值观与知识储备等方面都与普通大学生存在一定的差距，这些差距对他们的大学学习生活产生了深刻的影响。在社会、高校、家庭及学生自身等因素的共同作用下，资助育人的工作对象呈现出独特的状态。

1. 成长环境特殊

（1）社会因素。中华人民共和国成立以来，经济实现了跨越式发展。1952—2018年，我国GDP从679.1亿元跃升至90.03万亿元，实际增长174倍，人均GDP从119元提高到6.46万元，实际增长70倍①。2020年全年我国GDP突破百亿大关，达到1015986亿元②。在经济跨越式发展的同时，地区间发展差距也越拉越大，伴随而来的地区教育资源不平衡的问题也愈发凸显。经济欠发达地区物质基础薄弱，部分地区政府“重经济、轻教育”，教育经费投入不足，大学前的基础教育方面的资金缺口尤为明显，导致许多学生走进大学前就已经比其他同学“慢一步”，这种由社会经济发展不平衡导致的教育资源与教育质量不平衡极大地影响了当地家庭经济困难学生的学习生活。数据表明，当前高校家庭经济困难的学生大多来自经济欠发达的内地偏远地区，这些学生由于长期获得的教育资源远远少于经济较为发达地区的学生，即使进入大学，他们所能掌握的学习实践资源也极为有限，极大地限制了他们发展的空间。

（2）学校因素。我国教育支出逐年增加，进入新时代后，教育支出更是持续增速。2019年，全国教育总经费达50175亿元，比2018年增加8.74%，国家财政性教育经费为40049亿元，比2018年增长8.25%，教育资源不断丰富③。但由于教育资源配置不均导致欠发达地区基础教育师资力量薄弱，教师

---

① 宁吉喆、刘昆、易纲谈热点：《实现经济平稳健康可持续发展》，中国经济网，2019年9月25日，http://www.ce.cn/xwzx/gnsz/gdxw/201909/25/t20190925_33219932.shtml.

② 国家统计局：《2020年四季度和全年国内生产总值（GDP）初步核算结果》，2021年1月19日，http://www.stats.gov.cn/tjsj/zxfb/202101/t20210119_1812514.html.

③ 教育部：《2019年全国教育经费执行情况统计快报》，2020年6月12日，http://www.moe.gov.cn/jyb_xwfb/gzdt_gzdt/s5987/202006/t20200612_465295.html.

薪资待遇普遍较低，加之身兼数职、授课任务繁重、生活环境艰苦、“在编不在岗”、进修晋升渠道有限等情况，教师流失情况严重，且基础教育教师队伍整体普遍存在学历偏低、基础薄弱、能力不足等问题。经济欠发达地区的基础教育学校不仅师资不足，教育目标也较为落后，在以素质教育为主的新时代基础教育发展大背景下，经济欠发达地区学校在硬件与软件上难以满足素质教育需求，教学设备、学辅材料与经济较为发达地区的基础教育学校存在明显差距，种种学校因素严重削弱了进入大学的家庭经济困难学生的“核心竞争力”。

（3）家庭因素。家庭是学生的第一所“学校”，家庭的教育观念对学生的成长有着举足轻重的作用。在经济欠发达地区，由于受教育程度及地方固有观点的影响，部分家庭对高等教育认知不够，部分家长认为读书就是浪费钱，大学阶段的学费、生活费会给家庭徒添经济负担，还不如打工挣钱补贴家用来得实在，即使是大学顺利毕业依旧要自谋职业，得不偿失；部分家长长期在外务工，无暇顾及孩子的教育问题，致使孩子长期处于无人引导、自我教育的状态，人格塑造、综合素质提升只能“望天收”，存在严重的教育缺失；甚至部分家庭仍然保留有封建社会“重男轻女”的观念，剥夺女孩子的上学机会。虽然部分家庭重视子女教育问题，但同样容易出现培养目标不明、方法简单粗暴等问题，家长们缺乏足够明确的培养目标，在子女教育上普遍存在缺乏规划、陈旧落后、随波逐流等情况。纷繁复杂的家庭因素，为走进大学的家庭经济困难学生带来了极其复杂的影响。

2. 个体情况特殊

（1）心理状态。家庭经济困难大学生的心理状态一直是各方关注的焦点，是家庭经济困难大学生完成大学学习生活的第一个“坎”。首先，受成长环境的影响，他们往往比普通学生更为敏感多疑，对大学环境既好奇又担忧，既希望融入新环境又担心自己“出洋相”，因此时常出现遇事退缩、不敢表达的现象，失去了许多自我展示与发展的机遇，加之缺乏主动与他人交往的勇气与信心，严重影响他们的大学学习生活质量。其次，受自卑心理与自尊心理的相互作用，家庭经济困难大学生的心理状态容易呈现两个不同的极端，内向胆小、郁郁寡欢与好强好胜的自尊心反复冲击他们的心理状态，甚至导致部分学生不愿被当成家庭经济困难学生，不愿接受资助帮扶。最后，现实的压力让家庭经济困难学生长期处于焦虑的漩涡中，背负着沉重思想包袱的他们在精打细算的同时，又必须面对自己不能经济独立、减少家庭负担的现实，强烈的出头愿望与现实的无力容易加剧他们的焦虑与内疚，有的甚至出现放弃学业外出打工的想法。特殊的心理环境致使他们的心理状态不稳定，时刻需要关爱与疏导。

（2）综合素质。综合素质是当代大学生成长成才的核心指标，一般包含身体素质、心理素质、外在素质、文化素质、专业素质等五个部分，是个人先天条件与后天的环境和教育共同作用而形成的相对稳定的个人特点。当代大学生综合素质的提升是一个非常复杂的过程，且持续周期长、投资高，随着学习的不断深入，先天条件的优势逐渐被稀释，后天环境与教育的优势不断被放大。许多家庭经济困难学生在面对海外交流学习项目时外语能力不足、参加人文竞赛时知识积累有限、在才艺展示活动中缺乏拿得出手的才艺，这些都容易导致学生个人出现挫败感，从而给正常学业带来不利影响。虽然他们通过发奋努力，大学期间综合素质有较大的提升，但依旧难以快速弥补数十年的素质教育缺失，种种原因导致家庭经济困难大学生比普通大学生更容易错过提升与发展的机会。

（3）价值观。价值观是基于人的一定的思维感官之上而做出的认知、理解、判断或抉择，是人认定事物、辩定是非的一种思维或取向，它既是人际关系和谐融洽的基础，又是健康良好人际关系搭建维系的保证，具有稳定性、持久性、选择性、历史性、主观性等特点。相较于普通大学生的价值观而言，家庭经济困难大学生的良好价值观培养更为艰辛，容易剧烈波动。他们看重物质资源，时刻关注他人对自己的看法，渴望在大学里努力向上、改变命运、获得他人的认可，在极度的求知欲和求胜心中，其价值观往往容易迷失。在当下物质极大丰富、社交媒体多元化的影响下，他们的价值观更容易走进两极分化的误区，滋生“为什么别人有而我没有”或者“社会太不公平”等不成熟想法，甚至于价值观发生扭曲，引发个人和校园安全事件。

二、 资助育人形式的多样性

资助育人即在落实资助政策、实施资助举措的过程中达到教育人、培养人的目标或效果。资助育人实现的前提是资助工作体系的健全完善。中华人民共和国成立初期，百废待兴，当时的学生难以承受高昂的大学费用，资助育人工作的重点在于物质帮扶，其育人功能并不突出，这一情况在很长一段时间内都并未发生根本性改变。2007 年 5 月，国务院发布了《关于建立健全普通本科高校、高等职业学校和中等职业学校家庭经济困难学生资助政策体系的意见》，标志着我国高校学生资助政策体系的确立，高校资助育人也以不同形式显性或隐性存在。“十三五”期间，江苏省资助育人工作不断丰富和完善，以制度育人、活动育人、榜样育人和研究育人为抓手，充分发挥资助的育人功能①。截至目前，资助育人工作已发展为包含国家、社会、高校三个层次为主，以“奖、助、贷、勤、补、减、免”为核心手段的多元化资助育人工作体系，涵盖大学生物质帮助、道德浸润、能力拓展、精神激励等诸多方面，极大地促进了人才培养质量的提升。

1. 奖学金制度

奖学金制度是指国家有关部门、社会和高校，为奖励品学兼优的学生和学习特殊专业的学生而设立的经济资助制度。国家层面设立国家奖学金和国家励志奖学金，前者面向全体学生，后者主要面向家庭经济困难学生。国家奖学金制度是我国教育体制改革的内容之一，20 世纪八九十年代由人民助学金制度改革而来。由于设立奖学金的目的是奖励大学生努力学习科学文化知识，实现德智体美劳全面发展，同时鼓励学生报考师范、农林、体育等专业和立志毕业后到边疆地区、经济贫困地区工作，其目标与资助育人工作具有极高的契合性，因而奖学金制度也是资助育人工作的先行制度，极大地帮助和激发高校学子的学习热情，提升学习质量。

2. 助学金制度

助学金制度是国家、社会或高校直接提供经费资助家庭经济困难学生完成学业的制度。主要包含国家助学金、社会助学金与高校自设助学金等部分，可用于缴纳学费、补贴生活费及用于拓展素质学习等，一般以现金的方式发放给学生。国家助学金是助学金制度的主力，是大学生免费获得物质帮助的主要渠道。但随着近年来社会对家庭经济困难大学生的关注度越来越高，社会助学金和高校助学金有了较大发展，其资助的内涵也从单纯助困向提高家庭经济困难学生综合竞争力转变，充实资助制度的育人功能，实现人才培养质量的提升。

---

① 江苏省学生资助管理中心、江苏省教育厅财务与资产管理处：《江苏省学生资助“十三五”发展报告》，2021 年 3 月。

相较于国家助学金规范的程序，社会助学金和高校自设助学金更加灵活，是助学金制度不可缺少的一环，极大地充实了助学金制度的育人功能，提高了育人成效。

3. 助学贷款制度

助学贷款专指国家助学贷款，是国家以发放贷学金的形式向家庭经济困难学生提供助学帮助的制度，一般分为生源地国家助学贷款和校园地国家助学贷款。国家助学贷款由政府主导、财政贴息、财政和高校共同给予银行一定风险补偿金，银行、教育行政部门与高校共同操作，帮助高校家庭经济困难学生支付在校学习期间所需的学费、住宿费及生活费等支出。国家助学贷款是一种有偿的资助形式，也是数额较大、覆盖面较广一种资助形式，在物质之外教育、帮助学生树立正确的金钱观，培养自力更生、艰苦奋斗的精神和诚信为本的素质，避免“等、靠、要”等思想的滋生，引导学生正确看待资助育人工作。

4. 勤工助学制度

勤工助学制度也称为工读制度或半工半读制度，是指学生在学有余力的情况下利用课余时间，参加由学校组织的劳动，并获取合法报酬，用于改善学习和生活条件的制度。勤工助学制度是高校学生资助育人工作的重要组成部分，是提高学生综合素质和资助家庭经济困难学生的有效途径，也是高校“劳育”的重要组成部分。除了获取物质减轻家庭负担之外，参与勤工助学的学生一方面可以通过劳动快速掌握一门或多门技术，积累工作经验，收获额外的知识与技能，另一方面锻炼思想品格，提高心理承受能力与社会危机意识，养成良好的自我约束能力与职业道德，树立正确的劳动观，为踏进社会做好准备。

5. 学费补贴制度

学费补贴制度是指国家、社会或高校对特殊情况的家庭经济困难大学生提供物质补偿帮助其完成学业的制度。其主要包含免费师范生、大学生参军入伍补贴等项目，虽然并非完全面向家庭经济困难大学生，但在补贴政策上一般会给予一定的倾斜。作为资助育人的主要手段之一，学费补贴制度鼓励、引导家庭经济困难大学生投身教育、医疗、国防等国家需要的事业，自觉践行当代大学生的社会使命与担当，帮助学生立德、立志、立行，将个人命运与国家发展联合起来。

6. 学费减免制度

学费减免制度是指国家对公办全日制普通高校中部分确因经济条件所限，交纳学费有困难的学生，特别是其中的孤残学生、少数民族学生及烈士子女、优抚家庭子女等，实行减免学费政策的制度。其中在校月收入（包括各种奖学金和各种补贴）已低于学校所在地区居民的平均最低生活水准线，学习和生活经济条件特别困难的学生免收全部学费；对其他一般困难的学生可适当减收部分学费。具体减免办法由省级教育、物价、财政部门制定。学费减免制度是直接帮助大学生的有效手段，尤其是面对家庭经济困难学生群体中的特殊群体，降低入学门槛的同时，提升家庭经济困难学生及其家庭的入学信心。

三、 资助育人任务的艰巨性

中共中央、国务院《关于加强和改进新形势下高校思想政治工作的意见》指出，要以习近平新时代中国特色社会主义思想为指导，坚持和加强党对高校的全面领导，紧紧围绕立德树人根本任务，充分发挥中国特色社会主义教育的育人优势，办好中国特色社会主义大学，培养德智体美劳全面发展的社会主义建设者和接班人。要打造全员、全过程、全方位育人格局，建设课程育人、科研育人、实践育人、文化育人、网络育人、心理育人、管理育人、服务育人、资助育人、组织育人“十大”育人体系，进一步提升育人成效①。“三全育人”格局的建立对当下资助育人工作提出了更高的要求，资助育人工作必须紧紧围绕立德树人根本任务，将培养青年学生全面发展作为工作的核心目标，让受助学生有条件健康成长，有能力建功立业。

1. 坚持立德树人，精准开展工作

习近平总书记在党的十九大报告中指出：“要全面贯彻党的教育方针，落实立德树人根本任务”②，这一要求指出了高校是立德树人的主战场，是学生成长的主阵地。面向家庭经济困难大学生群体，高校资助育人必须坚持立德树

① 中共中央、国务院：《关于加强和改进新形势下高校思想政治工作的意见》，中国政府网，2017年2月27日，http：//www. gov. cn/xinwen/2017 -02/27/content_ 5182502. htm.

② 习近平：《决胜全面建成小康社会 夺取新时代中国特色社会主义伟大胜利——在中国共产党第十九次全国代表大会上的报告》，共产党员网，2017年10月18日，http：//www. 12371. cn/2017/10/27/ARTI1509103656574313. shtml.

人，精准实施帮扶培育工作，时刻不忘学生的实际需求，全面提高家庭经济困难大学生的思想水平、政治觉悟、道德水平、科学素养，培养德智体美劳全面发展的人才。资助育人本质上是服务人、培养人的工作，要求高校不仅要坚持立德树人，更要精准执行，以个性化的方法实现共性化的培养，帮助家庭经济困难学生立鸿鹄志、做奋斗者、求真学问、练真本领、做实干家，成长为社会需要的栋梁之材。

2. 注重扶贫与扶智、扶志全面结合

党的十九大报告提出，坚决打赢脱贫攻坚战，注重扶贫与扶智、扶志相结合①。培养自我“造血”功能，帮助经济困难群众在精神认知层面与科技知识层面实现全面脱贫，稳步提高脱贫质量。高校资助育人工作是脱贫攻坚战的重要组成部分，实现家庭经济困难学生智力与志向的双“重塑”，才能实现人才培养的最终目标。扶智即扶知识、扶技术、扶思路，帮助家庭经济困难大学生尽可能多地弥补过去的“亏空”，掌握现代化知识、提升国际视野，明确“如何读大学”的学习实践路径，完善自身综合素质。扶志即扶思想、扶观念、扶信心，帮助家庭经济困难大学生强化摆脱困境的斗志和勇气，提升精神士气，改善精神面貌，从根本上改变学习认知，明白“为什么要读大学”这一关键问题。扶困与扶智、扶志紧密结合，努力提高家庭经济困难学生的身心素质和发展能力，是实现全面脱贫攻坚战的根本举措之一。

3. 促进教育公平，阻断贫困代际传递

教育公平是社会公平的重要基础，把贫困地区的孩子培养出来，是根本的扶贫之策，是阻断贫困代际传递最为有效的措施。党的十八大以来，以习近平同志为核心的党中央坚持以人民为中心的发展思想，要求大力促进教育公平，全面提高教育质量，优化教育资源配置，逐步缩小地域差距，保障每个人享有平等接受教育的机会。每一个走进大学的学生都是家庭的希望，无数家庭经济困难学生渴望通过大学教育改变命运，但家庭经济困难大学生与普通大学生的学习资源在大学中依旧存在较大差距，资助育人工作的核心要义就是尽可能缩

---

① 习近平：《决胜全面建成小康社会 夺取新时代中国特色社会主义伟大胜利——在中国共产党第十九次全国代表大会上的报告》，共产党员网，2017 年 10 月 18 日，http：//www.12371.cn/2017/10/27/ARTI1509103656574313.shtml.

小这种差距，促进教育公平。资助育人工作一方面给予物质帮助，帮助学生解决现实困难，保障求学之路畅通无阻，另一方面强化育人功能，始终将人的培养放在首位，帮助他们以知识和思想武装身心，破除贫困代际传递的“怪圈”，为后续人生打下坚实的基础。

4．资助育人周期长、成效慢

人才质量是衡量高校立德树人成效的重要指标。习近平总书记在中国科学院第十九次院士大会、中国工程院第十四次院士大会上指出：“要营造良好创新环境，加快形成有利于人才成长的培养机制、有利于人尽其才的使用机制、有利于竞相成长各展其能的激励机制、有利于各类人才脱颖而出的竞争机制，培植好人才成长的沃土。”① 资助育人并非一朝一夕之功，一方面，经济困难的家庭很难在短时间内改变生存现状，尤其是在花费大量金钱供孩子上学的情况下，快速改变家庭情况更为困难，因此资助育人工作往往需要贯穿受助学生整个大学生涯，与之相对应的育人工作也将伴随始终；另一方面，立德立行并非一蹴而就，潜移默化的影响需要时间的积累与沉淀，这种影响受育人行为与实践的双重引导，周期虽然漫长，但影响深远，会伴随学生的一生。资助育人的成效与高校立德树人和社会需求紧密相关，高校培养的人才的价值最终需要经历社会考验。同样，一个家庭经济困难学生改变命运同样需要经历社会的打磨。毕业并不是终点，在阻断贫困代际传递、实现人生理想的道路上，家庭经济困难的有志学子们还有很长的路要走，资助育人的成效将不断延续，他们将为时代赋予中华民族的伟大复兴的中国梦奋斗不息。

第二节　高校资助育人的目标

1997 年国务院办公厅发布《关于做好资助高校经济困难学生工作的通知》，明确提出“不让一个学生因家庭经济困难而失学”的总目标。经过 20 多年的发展，国家、社会、高校三级资助体系进一步保障了大学生的物质需求，在根本上保障了人才培养的工作目标。新形势下，高校确立了深入落实“立德

---

① 习近平：《在中国科学院第十九次院士大会、中国工程院第十四次院士大会上的讲话》，新华网，2018 年 5 月 28 日，http：//www. xinhuanet. com/politics/2018 -05/28/c_ 1122901308. htm.

树人”根本任务的总目标，对高校资助育人目标提出了更高要求，即强化对家庭经济困难学生认知、学识、能力、发展等方面的教育和引导，培养德智体美劳全面发展的社会主义建设者和接班人，让学生享受教育公平带来的发展机会，感受党和国家的关怀，追求自己的人生目标与价值。

一、 育人对象的培育目标

家庭经济困难大学生是高校资助育人工作的帮扶对象，他们的成人成才是资助育人工作的最终目标。在成人成才目标的指引下，家庭经济困难学生可充分利用高校资源提升整体素质，实现个人认知、人格、知识、能力等方面的快速提升，为今后的人生发展奠定坚实的基础。

1. 认知与人格

让学生拥有健全的认知与人格，是高校资助育人工作的首要目标。大学生的认知与人格发展是一个复杂的、潜移默化的过程，认知与人格的发展极其容易受到外界环境的影响，资助育人可以通过长期的教育引导，帮助大学生明确拥有健全认知与人格发展的重要性。在进入大学之前，受助学生的认知与人格已经经历了一定的塑造，但受各方面影响，这些塑造相对简单，部分认知与人格相对闭塞、过分保守，对学生的未来发展帮助较少。大学是走进大社会前的“小社会”，受助学生可以在大学这个“小社会”中充分历练，在学校的帮助下提升认知、重塑人格，进一步增强思想品德、拓宽视野。学生的认知与人格的发展目标会随着他们的成长而经历不同考验，部分学生容易走进死胡同、缺乏心理疏导，部分学生容易在大学海量的信息、独立的生活和复杂的人际关系中迷失自我，资助育人工作必须及时介入，指导学生制定计划、量力而行，降低旧有的认知与人格中的负面因素带来的不利影响。

2. 专业知识

让学生掌握丰富的专业知识，是高校资助育人工作的主要目标。接受高等教育、掌握专业知识是学生在大学阶段的主要任务，掌握一种专业本领是许多大学生的主要目标。大学是学习专业知识的最佳场所，也是学生成体系地掌握专业知识最便捷的场所。在专业老师的指导下，学生系统性地进行学习，能最高效地掌握其相关理论知识，同时储备一定的技能。资助育人工作提供的物质可以最大限度保障家庭经济困难学生的物质需求，受助学生可以借助资助育人的平台实现大学学习目标。但同时我们也要看到，高等知识难度较大，往往需要学生具备较好的学习基础与丰富的课外知识储备，单凭家庭经济困难学生自己弥补往日亏欠难度较大，为了保障受助学生掌握扎实的专业知识，资助育人工作在提供物质支持的同时，应当通过系统性的奖励政策鼓励学生发挥主观能动性，也可以通过直接的课业辅导帮助学生快速掌握专业知识，多管齐下，助力学生达成掌握丰富专业知识的目标。

3. 综合能力

拓展学生个人综合能力，是高校资助育人工作的中心目标。大学之“大”不仅在于有丰富的科学文化知识，还在于它拥有多元化的能力培养体系，这些能力培养体系往往会以学生会和社团等学生组织为载体。大学为家庭经济困难学生提供了更为广阔的舞台，让他们在课堂学习之外有机会经历各种锻炼，接触更多的人和事物。大部分学生在未入学之前就憧憬着能进入各种学生组织，实现结交朋友、锻炼能力的目标，家庭经济困难学生也不例外，甚至这样的目标更为强烈。但相对困难的原生成长环境严重限制了他们个人能力的原始积累，人际关系不畅、协调能力较低、表达能力一般等问题普遍存在，这严重限制了家庭经济困难学生综合能力的提升。高校资助育人工作一方面通过构建家庭经济困难学生的专属平台，为受助学生能力培养提供有效渠道，满足他们综合能力提升发展的诉求；另一方面协调多组织、多平台联动，为家庭经济困难学生提供更多的发展机会，帮助他们达成综合能力提升的目标。综合能力对家庭经济困难学生的成长有着不可替代的作用，因此，为学生提供完善、可持续的综合能力提升渠道将始终是资助育人工作的中心环节。

4. 未来发展

为学生寻找适宜的未来发展，是高校资助育人工作的核心目标。大学是学生人生的“中转站”，数以万计的学子经历高等教育的洗礼后奔赴祖国的四面八方，成长为各行业的中坚力量。无论是找工作走进社会，还是读研继续深造，抑或者选择出国留学，种种选择都是学生成长发展的必经阶段。家庭经济困难学生相较于普通学生有着更为强烈的发展需求，源于对个人命运的关注及对家庭压力的分摊，他们都急需改变生存现状，对未来发展也更为敏感。但受限于个人视野，他们又更为迷茫，对未来发展缺乏规划；同时因为缺少必要的社会支持来帮助他们更好地抉择，未来发展目标也就无从谈起。学生未来发展目标的实现是每个受助学生大学阶段的最终目标与归宿，更是资助育人效果的直接体现。为此，资助育人工作不仅要着眼于学生的现在，更要为他们的将来着想，一方面指导学生开展生涯规划，让学生有计划地为未来发展做准备；另一方面监督帮助学生完善生涯规划的实施，引导学生根据现实情况及时调整生涯规划，以适应不断变化的社会需求。

二、 育人主体的工作目标

习近平总书记强调“立德树人是高校的根本任务”。对资助育人工作而言，立德就是要坚持德育，用教育来激励、引导困难学生发愤图强，树立成人成才的意识，树人就是要坚持以人为本，通过教育来培育高素质人才，帮助家庭经济困难学生掌握过硬本领，实现人生发展。高校是资助育人工作的主体，应构建丰富完善的物质保障体系，搭建强而有力的育人平台，培养更多高质量的社会需要的人才。以物质公平促进教育公平，阻断贫困代际传递。

1. 构建物质保障体系

构建完善的物质保障体系是高校资助育人的首要目标。物质保障体系主要分为三个层次：基本生活需求保障体系、成长需求保障体系和发展需求保障体系。首先，完善的物质保障体系要着眼于学生交得起学费、出得起生活费等基本方面，保障学生的基本需求，确保物质不会成为大学生求学道路上的“拦路虎”；其次，完善的物质保障体系要着眼于学生专业实践、科技竞赛等专业能力的培养，保障家庭经济困难大学生的专业学习不受干扰；再次，完善的物质保障体系更要关注对学生发展有帮助的课外实践、素质教育、国际交流类项目等方面，以奖励的方式保障家庭经济困难学生中的优秀学生的发展机会。物质保障体系没有绝对值，教育资源的公平也是相对公平，在保障基础的同时构筑鼓励学生以自己的能力来争取更多的奖励的制度，激发家庭经济困难学生的学习热情与发展动力，帮助他们更上一层楼。

2. 搭建资助育人平台

搭建科学合理的育人平台是高校资助育人的中心目标。习近平总书记在全国教育大会上强调“坚持中国特色社会主义教育发展道路，培养德智体美劳全面发展的社会主义建设者和接班人”。作为高等教育的一部分，高校育人平台同样要围绕“德智体美劳”五个方面：德育主要培养学生正确的“三观”，帮助学生树立良好的道德品质和正确的政治观念，促使受助学生养成正确的思考方法；智育主要围绕系统的科学文化知识与技能，关注受助学生的智力开发和其他相关的非智力因素；体育是指学生的健康知识与技能，发展体力、增强体质，培养受助学生良好的抗挫能力与坚强的意志力；美育是以培养学生的审美观为核心，提升学生对美的鉴赏、创造能力，帮助学生塑造高尚情操和现代文明素质；劳育主要以培养学生劳动认知和劳动技能的教育，帮助学生树立正确的劳动观念，提升就业创业质量。育人平台是内容与形式的结合，以良好的育人方法帮助家庭经济困难学生实现个人的发展与突破，搭建良好的育人平台不仅是为了帮助学生实现“大学梦”，更是为了高校教育资源的相对公平与资助育人的体系化发展，多重因素共同作用，助力高校立德树人根本任务的完成。

3. 培养、输出高质量人才

培养、输出国家和社会需要的高质量人才是高校资助育人的核心目标。高校是培养高级人才的摇篮，高校里每一项面对学生的工作，其本质都是为人才培养、人才输出服务的。近年来，我国高等教育在内涵发展、质量提升、改革攻坚上都取得了一定的成效，人才培养和输出质量显著提高。资助育人工作要完成高质量人才培养、输出必须达成两个联动：多部门联动，实现人才培养和输出工作全覆盖、无死角；多环节联动，保障人才培养和输出工作延续强、不断档。当前，以高精尖科学技术为主的世界科技革命正在形成新的高潮，科技进步成为经济发展的决定性因素，科技给社会生产和生活方式带来深刻变化，科技浪潮之下，人才对于国家和社会的意义不言而喻，为此资助育人工作必须坚持高质量人才培养、输出的根本目标，在工作中不偏失、讲方法、抓成效。

4. 促进高等教育公平

高等教育公平是社会公平的重要组成部分，追求高等教育公平一直是我国教育发展的重要目标。不同于义务教育阶段，高等教育对学习资源的要求较高，学生与其家庭需要投入的资源成本更多。如果缺乏相应的物质资源支持，学生所获得的高等教育资源也会相应减少。中华人民共和国成立以来，经过70余年的不断建设，高等教育资助育人保障体系有了重大发展，保障了众多家庭经济困难学生的大学学习和生活。在家庭之外，形成了以国家为主，社会和高校为辅的三方合力的现代化资助育人工作体系，为家庭经济困难大学生提供了一定的物质保障，补充了家庭经济困难学生的学习发展所需，同时发挥教育引导功能，最大限度地改善了学生的学习环境，降低了家庭经济困难学生与普通学生之间的学习资源差异，促进了高等教育的相对公平。高等教育不公平是社会不公平在教育领域内的延伸，当前高等教育仍存在一些相对不公平情况，需要国家、社会与高校三方继续推动资助育人工程，加强体制改革、深化制度建设、增加资源投入、强化育人成效，坚持“扶贫帮困”，不断开拓高等教育公平的新局面。

5. 阻断贫困代际传递

阻断贫困代际传递是高校资助育人的总体目标。习近平总书记指出，全面建成小康社会、实现第一个百年奋斗目标，最艰巨的任务是做好脱贫攻坚。随着时间的推移，贫困群体享受的教育资源及对教育的重视程度，都与社会平均水平的差距越来越大。“知识改变命运，教育照亮人生”，教育扶贫承担着阻断贫困代际传递的使命，在脱贫攻坚战中有着举足轻重的地位。让贫困家庭的孩子们能够进入大学，学习高等知识，掌握高级技能，是脱贫攻坚工作的重要任务，也是阻断贫困代际传递的重要途径。资助育人工作作为脱贫攻坚的重要组成部分，同样肩负着阻断贫困代际传递的重要使命：首先从学生的思想入手，帮助学生培养良好的思想品德，树立正确的认知，拓宽自身视野；其次帮扶的过程必须同时关注扶智和扶志，强化以学识与能力为核心的帮扶过程，授之以鱼的同时授之以渔，最大限度地发挥帮扶功效；注重帮扶成效，切实帮助家庭经济困难学生谋发展、找出路，全力做好就业帮扶工作。在脱贫攻坚的关键时期，国家和社会对资助育人工作提出了更高的要求，从保数量到强质量，从扶基础到谋发展，资助育人工作通过全方位的保障教育功能，实现用教育从根本上阻断贫困代际传递的重要作用。

“立德树人”是资助育人的根，“人才培养”是资助育人的魂，高校资助育人工作的目标就是利用国家、社会、高校的一切合理资源，保障家庭经济困难大学生的学习机会与学习资源公平，尽可能缩小家庭经济困难大学生与普通家庭大学生之间的物质与精神差距，提升家庭经济困难大学生的思想品德、思维认知、专业学识、综合能力等素质，帮助家庭经济困难学生成长为国家、社会需要的高素质人才。资助育人目标的实现并非一朝一夕之功，资助育人的目标也在不断提升，为此我们必须坚持“三全育人”工作部署，形成全员、全过程、全方位育人的良好氛围，真正将资助育人工作落到实处，温暖每一个家庭经济困难大学生的心，照亮他们前进的道路。

第三节　高校资助育人的原则

资助育人是做“人”的工作，必须坚持贯彻“以人为本、以生为本”的工作理念，将家庭经济困难学生的合理需求放在首位，注重科学合理的育人方法，关注学生发展，保障“不让一个学生因家庭经济困难而失学”的重要目标，更要力争实现“培养好每一个家庭经济困难大学生”的目标。

资助与育人是高校资助育人工作的两个方面，资助是育人的基础，育人是资助的目的，两者相辅相成，有着共同的原则。缺乏资助，育人会失去根基，成为“空中楼阁”，脱离育人，资助会迷失方向，丢失“工作灵魂”。高校资助育人有以下原则：

一、 尊重自愿原则

尊重自愿是资助育人的首要原则。尊重是一种平等相待的心态及言行。对于资助育人工作者而言，要牢记高校资助育人工作是大学生成人成才工程，保持尊重他人的主观态度，才能摆正育人心态，更好地开展工作。受助学生作为资助育人的对象，同样要尊重资助育人工作，尊重帮扶人和自己，避免盲目自卑，保持自尊、自信、自爱，接受帮扶的同时不断努力奋斗、自强不息，在资助育人平台上快速成长。自愿代表个人的行为源于自身主观意愿，没有受他人强迫地去做。是否申请家庭经济困难学生资格必须是学生的主观意愿且符合国家或学校标准，他人不得强迫学生申请，更不能强迫学生不得申请。当前仍然有许多家庭经济困难学生出于各种原因，选择打工等形式来交学费，高校在充分教育宣传引导的基础上，必须保持尊重自愿的原则，开展资助育人工作，保障资助育人工作成效。

二、 公平正义原则

公平正义是资助育人的基本原则。公平正义是按照一定的社会标准和秩序，合理地待人处世。资助育人的公平正义是构建高校资助育人体系、维持其有效运转的基本原则。资助育人的公平正义必须以人为本，突出“人”的主体地位，保障家庭经济困难大学生的切身利益，同时这也决定了资助育人工作能否为社会大众认可，能否完成教育资源重新分配的重要使命。资助育人工作的公平包含家庭经济困难大学生的申报公平、参与公平、过程公平和结果公平等，正义则包括规则正义、执行正义和结果正义等。公平正义既能帮助家庭经济困难学生获得物质与精神的帮扶，从而进一步获得追求平等生活的机会；又能引导学生公道办事、诚信做人，规范其言行举止，帮助他们追求自主独立的发展，从而实现培养社会需要的人才的目标；还能吸引更多的社会资源，不断丰富高校资助育人体系，提升资助育人内涵。

三、 全面覆盖原则

全面覆盖是资助育人的核心原则。全面覆盖是指资助育人的工作广度与深度，是指资助育人工作必须覆盖到每一个家庭经济困难大学生，这一覆盖既有受助人群的全面覆盖，又有育人内涵的全面覆盖，是高校资助育人工作“顶天立地”的核心。党的十八大以来，全国已基本实现“三个全覆盖”，即各个教育阶段全覆盖、公办民办学校全覆盖、家庭经济困难学生全覆盖，在我国基本实现“不让一个学生因家庭经济困难而失学”的目标。高校立德树人是百年大计，确保高层次人才培养“不断档”，就必须保证每一个大学生能够顺利完成学业，由此决定了高校资助育人必须惠及全体家庭经济困难大学生。当前高校资助育人工作不断延伸，正逐步实现入学前、入学时、入学后“三不愁”，让所有家庭经济困难学生学有所依、学有所思、学有所获、学有所成，保持资助育人的核心不偏离。

四、 奖助结合原则

奖助结合是资助育人的发展原则。中华人民共和国的资助育人工作经历了多次调整，顺应时代浪潮不断发展，从 1950 年召开的“全国第一次高等教育会议”，实行人民助学金制度，到今天国家、社会、高校三个层次，“奖、助、贷、勤、补、减、免”等多元资助育人工作体系，中华人民共和国的资助育人工作已经跨越了 70 余年，形成了一套中国特色社会主义资助育人工作体系。

在此期间，资助育人工作的内涵不断拓展，形成了以高校学生为主体，以人才培育工作为核心，广泛动员与吸纳社会各种资源和力量，不断促进教育公平的格局。高校资助工作也逐步从纯资助工作向奖助结合转变，构筑起以助为基础、以奖为提升的工作态势，其中，尤其重视奖学金的正向引导作用。在校园内营造比优争先的良好学习、科研氛围，促进资助育人体系优化资源配置，实现良性循环，同时调动学生积极性，减少学生群体因纯补助容易滋生的“等、靠、要”思想，引导学生树立“知识改变命运，学习成就未来”的观念。

五、 应助尽助原则

应助尽助是资助育人的中心原则。应助尽助是指在面对家庭经济困难学生主动提出需求时必须积极采取措施予以回应，当出现完成脱贫或突然致贫等情况时能实现及时的进退增补。家庭经济困难学生的性格整体相对内向，部分学生不善表达，走进高校后处于弱势地位，其社会支持系统被严重削弱，容易放大负面因素，影响身心健康。因此在面对他们主动提出需要帮助时，资助育人工作者必须积极回应、应助尽助，帮助他们重构社会支持系统，促进其对资助育人的认知，让他们接纳各项帮扶教育措施，自觉成为资助育人的“参与者”和“代言人”。此外，受各种不可预见的因素影响，时常发生家庭经济好转逐步脱贫，或受自然灾害、大病消耗突然致贫的情况，资助育人体系需要有及时进行家庭经济困难大学生资格的进退增补的能力，减少工作滞后的不良影响影响，同时要教育提醒学生讲诚信、守道德，力争为每一位家庭经济困难大学生提供精细化的资助育人服务。

六、 内外共扶原则

内外共扶是资助育人的工作原则。家庭经济困难大学生个体的内因与外因差异是影响高等教育效果的两重因素，是资助育人必须直面的重要困难。工作中我们必须同时注重学生的内在与外在，双管齐下。内因是指学生的软实力，包括思维方式、求知热情、科学精神、学习方法等层面的因素，是帮助大学生提升学习质量的“催化剂”。与之相对应，外因是学生的硬实力，主要包括身体素质、实践能力、语言沟通能力等因素，是大学生提高学习效果的“动力源”。缺乏内因，容易迷失学习方向，学习缺乏目的性；没有外因，容易产生学习困难，学习缺乏有效支撑。因此必须坚持内外共扶原则，同时加强对家庭经济困难大学生的内在和外在帮扶，内外都要抓，两手都要硬，确保育人工作不缺位、育人成效不掉队，全面提升学生的大学学习质量。

第四节　高校资助育人的方法

资助育人是高校学生工作的重要组成部分，关系到学生的健康成长、高校的稳定及长远发展。高校资助育人工作必须紧紧围绕“立德树人”的根本任务，突出“以人为本”的工作理念，加强物质与精神的有机结合，强化工作机制、分类指导、多元发展、理论实践、朋辈互助、发展档案的协调统一，实现“资助”与“育人”功能的双向畅通，助力家庭经济困难大学生成人成才。

一、优化工作机制

家庭经济困难大学生一直受到社会各方的高度关注，教育部每年都发布专项通知，布置高校家庭经济困难学生的资助育人工作。“三全育人”工作要求提出以来，资助育人的工作要求进一步提高，育人方法也在不断完善，为此各高校都投入了较大精力，全力保障资助育人工作的开展。

1. 完善相关政策

制度政策是优化资助育人机制、实现协调发展的基石。一方面，各个高校在国家资助育人的政策要求下，结合地区与高校实际情况，制定了更为详尽的资助育人工作方案，为国家各项资助育人政策的落地提供了更为具体的政策保障；另一方面，充分挖掘社会资助的育人潜力，强化社会资助制度的完善，规范了社会资助资源的使用效率与工作成效，使之成为高校资助育人的重要组成部分。

2. 加强宣传教育

全面的宣传工作是资助育人的重要前提。一方面，广泛的宣传教育能确保每一个家庭经济困难学生都能了解资助育人政策，掌握申报流程，消除部分学生“上不起大学”的疑虑，目前在学生入学前，宣传教育工作就已经开始，宣传工作已经覆盖大学生学习成长的各个时期。另一方面，有效的宣传能帮助学生正确认识资助育人工作的意义，减少伪贫困难、抢名额及为申请而申请的现象，维护资助育人的工作成效和良好形象。

3. 组建专业队伍

资助育人是一项专业化程度极高的工作，需要一支专业的团队。但因工作人员不足、队伍流动性大、激励措施较少、创新意识不强等问题，组建专业队伍长期困扰着许多高校。随着“三全育人”工作的不断推进，打造一支素质高、业务精、能力强的资助育人专业队伍势在必行。目前大多数高校都在着手建立或已经建立了一支业务精、多层次，覆盖“校、处、院、班（专业）”四级的资助育人队伍，极大地推动了各项工作的有序开展，保障各项资助育人工作无死角。

4. 强化责任监督

资助育人的核心是做“人”的工作，强化责任监督，全面贯彻党的教育方针，落实立德树人根本任务是每个高校的核心工作。2021 年是“十四五”规划开局之年，我国教育进入高质量发展阶段，面临着新形势、新阶段、新理念、新格局、新目标、新要求，高校立德树人工作面临新的发展与挑战。在此关键时期，必须强化资助育人的责任监督，确保资助育人计划和目标一致、数量和质量达标、进程与安排合理、人员分工明确等，尽全力为资助育人工作保驾护航，严防“脱贫后返贫”情况的发生，确保“脱贫不脱政策”。

二、 细化分类指导

家庭经济困难学生本身往往伴随诸多成长问题，这些问题的形成有着非常复杂的背景与过程。进入大学后受主观和客观因素的影响，这些问题容易被放大，对学生学习生活造成负面影响。因此，在资助育人工作中必须重视分类指导，避免“一刀切”的现象，实行个性化的指导，帮助这些渴望得到他人的理解与认同的学生重构社会支持系统。

从客观环境上看，地域发展差距是导致家庭经济困难学生需要分类指导的主要原因，且不同地区文化存在较大差异，不能一概而论。在我国普通高校的学生有近一半来自农村，以及偏远的山区、牧区、少数民族地区或其他自然环境恶劣的地区，这些地区经济发展滞后，学生家庭收入普遍偏低。面对不同地域的学生，高校必须认真了解其文化背景、生活习惯，特别是少数民族学生，需要给予更多的帮助、关怀和尊重，减少环境地域因素对他们学习生活的影响。

从致贫原因上看，导致学生家庭经济困难的原因极为复杂，高校需要详细了解情况，有针对性地给予教育引导。部分学生父母文化素质不高，劳动能力低下，难以找到收入可观的工作，导致经济收入不足；部分家庭受传统观念影响，生育有较多子女，较多的人口导致家庭生活质量低下；部分家庭亲属患有重大疾病或伤残，失去劳动能力，部分学生自身患有先天或后天疾病，治病产生巨大的经济消耗；部分家庭受各种自然灾害或人为事故影响，出现“家道中落”等现象；甚至有部分家庭受到多种因素的影响，生活极度困难。面对不同的致贫原因，需要从根源上帮助学生正确看待生活，帮助学生树立自强不息、奋发有为的观念，用文化知识改变命运。

从社会支持系统上看，部分家庭经济困难学生由于能够获得的社会支持非常有限，从而导致贫困，严重影响大学学习生活质量。部分学生来自单亲家庭，或者由于父母离异或亲人离世致贫，这导致他们长期处于社会支持系统缺失的环境下，甚至极少数家庭经济困难学生是孤儿，由其他亲属抚养长大，社会支持系统缺失严重，极度缺乏关怀与认同；部分家庭经济困难学生长期忍受简单粗暴的家庭教育方式，甚至长期承受家庭暴力，社会支持系统存在巨大隐患。这些学生的内心渴望理解、认同和关怀，但自身性格认知又存在一定偏差，对他们而言，需要的不仅是物质支持，更需要人文关怀，高校应助其重构社会支持系统，树立自尊自爱、自强自立的信念。

不同经历、不同背景的学生，其真实需求存在较大差异，资助育人作为一份要做到学生“心中”去的工作，必须将心比心、以心换心。以上种种因素要求我们必须细化工作要求、梳理学生情况、理清工作头绪，对学生进行分类指导，认真看待每一个家庭经济困难学生的需求与发展问题。

三、 推动多元发展

当代社会多元化程度与日俱增，经济、文化、管理、科技无不呈现出丰富多元的发展态势，顺应时代潮流，大学人才培养工程也逐渐向多元化发展。多元化是时代赋予资助育人工程的课题，资助育人工作是要帮助学生找到适合自己的发展方向，引导家庭经济困难大学生多学习、多实践、多思考。对资助育人工作的开展而言，多元化发展就是要摒弃单一单向的育人工作模式，不断探索发展路径，丰富资助育人内核，不断拓展资助育人的外延，促使资助育人工作与社会发展紧密结合，永不落后。

1. 认知多元化

21 世纪的世界是全球化的世界，是经济文化发展多元化的世界，是和谐共处、互利共赢的世界，社会需要具有国际视野、认知宽广的高素质人才。一些高校家庭经济困难学生存在认知单一等问题，他们很难掌握多元化的认知，时刻有与社会需求脱节、社会发展脱钩的危险。资助育人必须首先从认知入手，帮助学生提高认知水平、实现认知突破，从根本上解决家庭经济困难大学生竞争意识不强、机遇意识薄弱、探索精神缺乏的问题。

2. 知识多元化

大学是知识的海洋，图书馆、素质教育中心、信息化中心等部门为广大学子提供了大量知识和学习知识的途径。从知识接触面上看，大学知识的多元化使家庭经济困难学生有机会接触更为丰富的知识，这为他们的学习提供了更多助力，有利于他们充分发挥主观能动性，寻找自己擅长和感兴趣的事情，从而提高大学学习质量；从知识掌握层面上看，专业学科的交叉融合与社会的客观需要，促使家庭经济困难学生必须掌握更为多元化的知识，一方面补足自身短板，另一方面充分“充电”，缩小与普通大学生之间的差距，追赶时代发展的浩浩洪流。

3. 能力多元化

能力多元化是大学生核心竞争力的重要组成部分，是学生长期学习积累，并通过整合训练与重点发展而获得的个人素养。在学习能力之外，动手能力、思考能力、语言表达能力、就业创业能力、国际化能力等都是学生在大学里可以培养的重要能力，这些能力都可以成为学生的核心竞争力，这些能力的取得也为学生发展提供了多种思路。通过资助育人体系的帮扶引导，家庭经济困难大学生多方面能力的培养可以得到强化，学生可以利用多种资源帮助自己发展，通过不断强化丰富自身能力，实现真正意义上的“读大学”的目标，进而找到新的人生方向，达成新的人生目标。

4. 发展多元化

高校是高级人才成长的“摇篮”，也是学生踏足社会的跳板。这要求资助育人不仅要关注家庭经济困难大学生的在校生活，更要引导他们寻找适合自己发展的去向。家庭经济困难大学生的未来发展是资助育人的最后一公里，抛开未来发展，资助育人工作也会失去其本质意义。对家庭经济困难大学生而言，就业、创业、升学、留学等都是他们发展的现实选择。高校通过资助育人培育帮扶，实现就业质量提升、创业能力提升、升学层次提升、留学质量提升，帮助学生找到适合自己未来的道路，使他们脚踏实地地通过多层次发展改善生活条件，帮助自身家庭，进而回馈社会，实现人生道路本质性的转变与提升。

四、 理论融入实践

马克思主义哲学的实践观强调理论与实践相结合，实践是认识的来源，即理论与实践相辅相成、缺一不可，理论源自实践经验，实践则在科学的理论下得以更好地开展。高校家庭经济困难学生需要的帮助是全方位的，资助育人工作必须在理论帮扶与实践指导上下功夫，如果重视给予学生理论帮扶而轻视实践指导，受助学生难以取得真正的发展；如果重视学生的实践指导而缺乏理论帮扶，受助学生的实践活动极容易遭遇前所未有的困难，出现盲目消极的情况，耽误受助学生的成长。因此，资助育人工作需要重视受助学生的理论帮扶与实践指导的有机结合，实现育人成效的突破。

1. 深化理论指导实践

对实践而言，理论可以指导实践的展开，提升效率。学生在大学所获得的大部分知识是理论知识，对于家庭经济困难学生，他们期盼实践，但实践指导又相对匮乏，资助育人如果单纯给予家庭经济困难学生理论帮扶，那么，这样的指导毫无意义，受助学生会产生眼高手低、动手能力低下等问题。

2. 强化实践提升理论

对理论而言，实践可以推动理论的更新，加深认知。任何实践的发展都需要正确理论的指导，家庭经济困难大学生拥有的资源本就少于其他大学生，单纯寄希望于实践，反复试错，既是一种资源浪费，又容易产生盲目重复、方向不明等问题。因此，必须强化实践提升理论，发挥实践出真知的现实效用。

综合以上，资助育人工作方法必须重视理论与实践的结合作用，只有理论与实践相结合，才能帮助家庭经济困难大学生少走弯路，更高效地追求自我发展的目标，实现资助育人大循环的可持续发展。诚然两者的相互影响不可避免，但我们应始终坚持统筹兼顾、科学育人的方法，依靠理论指导实践，依靠实践提升理论，实现资助育人的长远成效与进步。

五、 朋辈互促共进

朋辈帮扶又名朋辈辅导或朋辈指导，原为大学生心理健康教育的方法之一，是指年龄相当的人为周围需要心理帮助的同学或朋友提供心理开导、安慰和支持，一般具有自发性、义务性、亲情性、友谊性和简便有效性等特点。资助育人的朋辈帮扶是利用朋辈间便于交流沟通、学习模仿的特点，进一步发挥高校励志、励学、励行学生榜样的示范引领作用，实现资助育人的功能。资助育人的朋辈帮扶志愿者在资助育人老师的指导下开展工作，对有需要的同学给予身心健康、生涯规划、学业管理、素质拓展、人际交往等方面的帮助与支持。

1. 朋辈志愿者选拔

资助育人朋辈帮扶的志愿者一般从高校家庭经济困难学生中选拔，要求其信念坚定、作风严谨、品德高尚、素质优异、能力突出，有良好的语言沟通能力，热心帮助他人，在学习、科研、实践等一个或多个方面有特长，在同学中有一定的影响力，能在资助育人工作中实现自我成长。

2. 朋辈志愿者培训

资助育人朋辈帮扶志愿者必须接受一定时间的培训方可上岗，培训内容围绕心理帮扶、学习帮助、生活辅导、学业规划、职业规划、不良行为矫治、危机干预等。通过一定时间的培训，帮助志愿者牢固树立一视同仁、因人而异、助人自助的工作理念，掌握一定的助人方法，充分发挥朋辈志愿者的优势。

3. 朋辈志愿者工作

资助育人朋辈帮扶志愿者必须在资助育人老师的指导下开展工作，借助自身背景相似、年龄相仿、易于接纳等属性，深入了解受助学生，给予帮助指导的同时，及时向相关老师反馈问题。志愿者必须明确自身帮扶的边界，不能脱离老师开展工作，更不能盲目帮助，甚至引发冲突，要时刻牢记维护资助育人工作的形象。

六、 发展有案可考

学生的成长并非朝夕之功，实时做好跟踪记录是实现个性化育人的主要方法。建立良好的跟踪记录档案不仅有助于了解学生的成长历程、发展现状，更有利于总结规律、把握重点、探索特点，研究总结有利于家庭经济困难大学生的培养模式。

1. 建立学生成长档案

建立家庭经济困难学生成长记录手册，保持一人一册，定期更新，实现老师帮扶和学生成长有案可查、有章可循，了解每个学生的发展规律。如遇人事变更或学生转专业等特殊情况，有助于实现工作的快速交接，避免出现育人真空地带和盲区。

2. 定期了解发展情况

定期与受助学生谈话交流，掌握学生学习、生活情况，重点关注学生遇到的困难与取得的成绩，实施正向引导，一方面帮助学生正确面对困难，锻炼抗挫抗压能力，另一方面鼓励学生在取得的成绩上再接再厉，争取更大的收获，积小成绩为大成功，不负大学时光。

3. 总结学生发展规律

资助育人工作并非一成不变，因“生”制宜、因势利导，总结学生发展规律尤为重要。总结可以更好地服务高校家庭经济困难学生，也可以提高资助育人的工作质量，利用有限的资源帮助更多的学生，落实立德树人的根本任务，让每一个家庭经济困难大学生获得更好的成长。

第五节 高校资助育人的要点

随着我国经济的不断发展及高等教育体制改革，高校资助育人工作快速发展。经过 70 余年的改革探索，我国高校资助育人工作取得了一定的成效，其工作要点逐渐凸显，受助学生隐私保护、感恩诚信教育、资助育人内涵及成效都需要高度重视。高校必须站在更高的起点进一步深挖资助育人的工作要点，开拓思路，创新局面，不断推动资助育人工作健康有序发展。

一、 强化受助学生隐私保护

保护高校家庭经济困难学生的隐私信息不受侵害，不仅是资助育人工作的要求，也是高校人文情怀的重要表现，是资助育人工作顺利开展的重要前提。人性化的关怀管理措施不仅能帮助家庭经济困难学生快速适应大学生活，更能帮助学生顺畅接纳各项资助帮扶，避免“二次伤害”，大大提高育人的成效。资助育人的关怀不仅仅是资助帮扶学生，还要给予学生公正的学习生活环境，在资格评定时减少“比困比惨”“自揭伤疤”等情况，在后续资助帮扶过程中降低发生歧视事件的概率，避免受助学生产生自卑心理，规范家庭经济困难学生个人信息管理，促进信息管理平台建设。

1. 规范受助学生信息档案管理

受助学生信息隐私保护的首要工作就是档案管理。2018 年以前，家庭经济困难学生的档案一般由《高等学校学生及家庭情况调查表》《高等学校学生及家庭情况认定表》及相关证明材料原件、复印件等组成；2019 年，教育部等六部门印发《关于做好家庭经济困难学生认定工作的指导意见》（教财〔2018〕16 号），明确高校家庭经济困难学生的档案材料调整为《家庭经济困难学生认定申请表》。这些材料中包含大量学生及其家庭隐私，高校资助育人工作部门应明确归档要求，安排专人管理，做到一人一档，按班级、年级或专业进行归类存档，校级管理部门应定期或不定期开展档案管理检查工作，指导二级部门规范受助学生档案管理。

2. 注重保护受助学生隐私

资助育人工作中，严格控制受助学生的信息使用范围。第一，对信息使用者开展隐私保护教育，帮助使用者树立隐私保护意识；第二，严格控制知晓人员范围，保证专人专事、各司其职，限定人员范围；第三，使用过程中禁止在微信群、QQ 群、微博、贴吧等社交媒体上随意截图、群发、转发，减少隐私的二次传递，降低扩散风险；第四，在公示等环节必须隐去姓名、身份证号码等敏感信息，保护受助学生隐私。

3. 受助学生信息数据化平台建设

资助平台的建设是未来规范学生信息隐私保护的核心。近年来，随着国家、省市和高校的投入与联动，学生资助管理平台建设愈发完善，部分资助系统已经实现“三全三化”，即“信息全、项目全、流程全”和“数字化、标准化、规范化”。受助学生信息学生自己输入，再由统一渠道进行收集整理，各级管理员权限分明，使用记录时时留痕、有案可查。资助平台的建设使受助学生隐私保护工作得到了进一步完善。

二、 浓郁感恩诚信教育氛围

感恩诚信是中华民族的传统美德，是受助学生具备良好思想品德和责任担当的重要表现。资助育人既要引导学生形成心怀感恩、诚信待人、诚信处世、诚信立身的良好品德，更要利用感恩诚信教育帮助学生将感恩诚信“内化于心、外化于行”。强化资助育人感恩诚信教育不仅有助于营造“感恩诚信，立德树人”的良好氛围，更能促进资助育人良性循环，进一步加深大学生对资助育人工作的理解，同时在社会上形成良好的示范效应。

1. 培养感恩之心，培育感恩之行

培养受助学生懂感恩、能感恩、会感恩是资助育人的重要工作之一。学生的感恩是内在心性与外在言行的统一，内外结合才能实现感恩教育的意义。良好的感恩教育不仅能帮助学生正确面对资助育人工作，避免学生出现“不劳而获”等心理，还能教导受助学生力所能及地帮助身边人，传递助人为本的人生之道。但是要特别注意，感恩教育也要适度，要求学生量力而为，既不能让学生反复“比惨”“揭伤疤”来获取同情，更不是要求学生甘为牛马、任劳任怨，而是培养学生品德心性，持尊重、懂敬畏、倡善举。

2. 厚植诚信之心，践行诚信之本

人无信不立，诚信是当代社会的信用基石，被誉为公民的“第二身份证”。诚信一般包含两个部分：为人处世尊重事实、实事求是和个人守承诺、讲信用。诚信是人与人之间以诚相交、以信相交、平等相交的基础。当前资助育人工作开展的诚信教育，行为要求多、心理建设少，大多集中在如实申报家庭情况、按期归还助学贷款等基础行为。强化资助育人诚信教育，首先要立足学生未来。如果学生缺乏诚信这种“身份”伦理，在社会上就容易处处碰壁；其次要将诚信品德根植于学生内心，促使学生自觉抵制失信行为；再次，及时纠正学生的错误行为，营造和谐氛围，为学生的诚信之行树标杆、立榜样。

感恩与诚信的品德往往会伴随学生的一生，资助育人的感恩诚信教育不能停留于一场讲座、一次活动，而是要将感恩诚信融入资助育人工作的方方面面，时刻关注学生动态，培养学生成为具有高级知识与技术的德才兼备的社会人才，将感恩诚信教育工作贯穿资助育人工作的始终。

三、深化资助育人内涵建设

资助育人工作是贯彻立德树人这一高校教育根本任务的重要方法。习近平总书记在与北京大学师生座谈时提出“要把立德树人的成效作为检验学校一切工作的根本标准，真正做到‘以文化人、以德育人’”。高校资助育人是推进教育公平、建设中国特色社会主义大学的重要举措，新时期的资助育人工作是在社会主义核心价值观和发展理念的价值引领下，围绕家庭经济困难学生，以育人为工作核心的保障教育公平的长效机制，但“强物质、弱内涵”的情况依旧存在，资助育人的内涵建设与研究还较为薄弱。资助育人内涵建设是中国特色社会主义高校建设的一部分，是全面提升资助育人效果的内在动力。通过强化内涵建设，不仅有助于吸纳更多人才培养资源，更能为社会培养更多优秀人才。

1. 物质资助从“保障型”向“发展型”转变

经济资助是高校资助育人工作的物质基础，70 年来为许多家庭经济困难大学生完成学业提供了保障。但伴随高校人才培养目标的提升，“保障型”资助育人已经无法满足“学生自我发展、高校培育目标、社会实际需求”三方面的要求，“保障型”资助育人向“发展型”资助育人转变势在必行。“发展型”资助育人是一种在物质之上灵活运用多种资源的培育体系，帮助家庭经济困难学生解决上学难题的同时，系统化地引导学生成长成才，最终实现品格塑造与能力飞跃的资助发展模式。通过“发展型”资助能有效解决人才培养的资源整合与发展目标问题，大幅提升资助育人的功效。

2. 受助学生成长从“输血”向“造血”转变

长久以来，为保障高校家庭经济困难学生的学习生活开支，资助育人工作不断加大资金投入力度、提高物质资助标准、精细化物质使用渠道，为学生持续“输血”，但学生的自我“造血”功能一直较弱，部分学生养成了“等、靠、要”的心理。家庭经济困难学生的“造血”功能并非要求学生脱离资助育人体系，自己“养活”自己，而是要摆脱以“输血”为消耗品的工作模式，激发学生学习热情，将“输血”变成发展的动力，让学生更好地享受大学学习和生活，同时鼓励部分家庭困难程度较低、工作意愿较强的学生以适宜的劳动报酬形式获得资助，最终实现“助人自助”。

3. 教育公平从“物质公平”向“资源公平”“机遇公平”转变

资助育人是教育公平的重要组成部分，一直备受关注，但传统关注重点主要集中在上学机会是否公平、高昂的学费谁来承担等方面。随着投入力度的加大，物质的相对公平已经有所改善，大学生的学费已经不是阻碍学生入学的主要门槛。相比而言，学习资源是否公平、发展机遇是否公平的问题逐渐显露。部分家庭经济困难大学生无力参加各种素质类培训、国际化项目，学习资源和机遇与普通大学生仍有较大差距。因此从教育公平出发，资助育人的内涵建设应当从“物质公平”向“资源公平”“机遇公平”转变，给予家庭经济困难学生相对更多的帮助，制定相关政策保障“资源公平”和“机遇公平”，鼓励他们在政策帮助下多多参与各种学习项目，提升视野，拓展能力。

4. 人才培育目标从“高校型”向“高校社会型”转变

资助育人工作的目标是培养人才，受助学生的发展出路最终需要接受社会的检验。很长一段时间里，资助育人的内涵以学生认真学习高校科学文化知识为核心。随着时间推移，应用型人才逐渐受到社会各方欢迎，资助育人的目标也开始发生调整。不再单纯强调“高校型”人才培养目标，而是鼓励家庭经济困难学生自我选择，以社会需求为导向，以政策辅助为台阶，鼓励他们追求更高、更多样的人生方向。

资助育人的内涵是习近平新时代中国特色社会主义教育事业发展开出的绚丽之花，它随着高校育人责任的丰富而提升，随着社会需求的变化而调整，在“三全育人”工作要求的指引下，其内涵也在不断完善。资助育人工作的深入开展，不仅时刻体现着一切为了学生、为了学生一切和为了一切学生的教育宗旨，更为社会公平提供了坚强的助力。

四、凸显资助育人实践成效

成效是资助育人工作的“果实”，是检验资助育人工作的核心指标之一。在资助育人工作下，高校涌现出许多优秀的励志学生典型。这些典型也成为资助育人成效的标志性符号，激励一批又一批学子勤学好问、孜孜不倦。资助育人工作是惠及全民的事业，资助育人的成效不仅要看典型代表，更要看普通家庭经济困难大学生，后者的认知、学识、能力、发展亟待提升，是资助育人成效的主要组成部分。

1. 认知成效

大学生处于思维十分活跃但认知又相对稚嫩的年龄，其认知能力提升速度快、可塑性强。关注受助学生认知成效，一方面要关注学生“三观”成长，提高他们明是非、辨对错、知好坏的能力，另一方面要关注学生抗挫发展，有承受压力、应对挑战、自我调适的能力。

2. 学识成效

大学生通过不同的学习途径快速积累知识，提升自身学识水平。当前学识成效往往依靠纸面考试来检验，但随着翻转课堂、网络课堂、慕课（MOOC）等新型教学模式的兴起，检验学识的手段和方法也逐渐丰富。关注学识成效，其核心就是关注学生对所学所获知识的综合运用能力。学识成效不仅是专业知识的积累，更是对专业知识的领悟与运用，避免“死读书”“读死书”的情况，切实增强学生的专业能力。

3. 能力成效

能力是大学生课堂之外的发展提升，是学生综合素质的主要体现。检验能力成效的方法很多，写作能力、协调能力、语言表达能力、资源整合能力等都是学生能力的体现，但当前能综合量化学生能力的体系还较为缺乏。关注受助学生的能力成效就是要关注学生课堂之外的生活和发展，既要建立指导体系，帮助学生有意识地提升能力水平，又要避免过度干预，剥夺学生的自我发展意愿，降低能力成效。

4. 发展成效

学生的发展成效是所有成效中周期最长、显效最慢，但又最为重要的成效之一，学生的发展成效决定了资助育人工作的最终效果，是资助育人的工作本质。关注发展成效可以从学业规划、职业规划入手，引导学生明确学习目标，制定学习、发展计划，同时做好检查与监督工作，及时帮助学生缓解操之过急、懒散懈怠等问题，助力学生有条不紊地实现大学的发展目标。

资助育人的成效是一项长期工程，受助学生情况千差万别，资助帮扶成效也因人而异。关注资助育人工作成效就是关注学生现在和未来的发展，作为资助育人的工作者，切不可过于操切，更不能任其发展，科学合理的引导才能实现资助育人成效的飞跃。

第五章　高校资助育人的组织实施

随着高校资助育人思路理念的深入拓展，不断丰富和发展高校资助育人的组织实施是新时代的迫切要求，是建设人力资源强国的迫切需要，是全面建成小康社会的必然要求，是加快教育现代化的重要基础，关系教育公平、人民福祉和社会稳定。2021 年是两个百年交汇与转换之年，站在新时代更高的历史起点上，高校必须深刻理解资助育人的内容，推动资助与育人工作深度融合，改进和创新高校资助育人的实施路径，不断推进向精准型、发展型资助育人体系转变，持续完善各类重要的保障，实现高校资助育人工作从“量”到“质”的转变。

第一节　高校资助育人的内容概述

教育扶贫是我国扶贫工作的重要组成部分，其中面向学生的资助育人工作是教育扶贫工作的关键所在，也是保障教育质量的一项重要举措。大学教育扶贫工作是我国教育扶贫领域中的一项重要工作，同时也是高校开展各项学生工作的基础①。资助育人是学生资助的最终目标，也是教育扶贫工作的重要构成。高校资助育人工作作为一项重要的民生工程，一直以来都是国家和社会重视的热点问题，也是科教兴国、人才强国的重要保证。教育部党组印发的《高校思想政治工作质量提升工程实施纲要》把资助育人作为“十大”育人工作体系之一②。在“三全育人”理念的指引下，推动思想教育与专业教育、课堂教育与课外教育、共性教育与个性教育的有机结合，实现因材施教和个性化培养，多措并举，务求实效，将高校资助育人工作与学生成长成才紧密结合，促进学生

① 陈利娟：《“三全育人”视域下民办高校资助育人工作模式探究》，《就业与保障》，2020 年第 7 期。
② 教育部：《高校思想政治工作质量提升工程实施纲要》，《高等职业教育探索》，2017 年第 6 期。

全面发展，实现立德树人的目标①。

一、 高校资助育人工作的内容

习近平总书记在全国高校思想政治工作会议上的讲话中强调："要坚持不懈促进高校和谐稳定，培育理性平和的健康心态，加强人文关怀和心理疏导。"② 高校资助育人工作不仅是单纯的物质扶助，更要注重资助的育人功能。高校的资助育人活动不只是一种物质财富的传递，更是人类精神文明的延续。高校资助育人作为高等教育中的重要隐性教育方式之一，它的终极诉求是培养能够服务社会和改造世界的人才。高校资助育人体系通过阶段资助向学生传递社会主义核心价值观念，使他们在潜移默化中接受思想引导，在理想信念塑造和价值追求上形成正确的价值取向、自觉的行为规范和浓厚的人文素养。高校资助育人工作实现育人功能，不是学生某一生命发展阶段的短暂现象，而是贯穿学生未来发展始终的一种真正的价值追求和精神理念③。2018 年，教育部部长陈宝生在《进一步加强学生资助工作》中指出，要把学生资助工作摆在更加重要的位置，全面推进学生资助精准化，做到资助对象精准、资助标准精准、资金发放精准；切实发挥学生资助育人功效，形成全员参与、各部门配合、各个教育教学环节统筹协调的资助育人机制，把社会主义核心价值观融入资助育人全过程；努力提升学生资助科学化水平，进一步提高资助队伍的执行力，不断创新资助工作方式方法，进一步加大学生资助工作监管力度④。这些为当前推进高校资助育人工作指明了要求。

高校资助育人工作是解决我国社会区域性贫困问题的重要抓手，党中央高度关注贫困地区学生，旨在通过资助手段帮助学生解决上学难、发展难的问题，合理配置教育资源，为学生创造平等上学机会，使每个家庭经济困难的学生都能成人成才。资助育人工作也需要不断完善，要由最初的保障型转向精准型及发展型，让学生在解决经济困难问题的同时强化个人技能，促进资助育人

---

① 兰华、王强龙：《"三全育人"视角下师范类院校资助育人体系的构建——以内江师范学院为例》，《内江师范学院学报》，2020 年第 9 期。

② 习近平：《把思想政治工作贯穿教育教学全过程 开创我国高等教育事业发展新局面》，《人民日报》，2019 年 12 月 9 日。

③ 王慧、徐新华：《高校资助育人思想研究》，《教育评论》，2020 年第 4 期。

④ 陈宝生：《进一步加强学生资助工作》，《人民日报》，2018 年 3 月 1 日。

工作的良性循环。精准型资助通过精准识别、精准帮扶、精准管理等方式，提升资助育人质量，发挥资助育人的效果；发展型资助以“育人”为目标，在完善当前的资助育人工作机制的基础上，将“助人”与“育人”有机融合，培养具有社会责任感、高素质的新时代人才①。在“美好生活需要”的导向下，高校家庭经济困难学生的生活需要也在不断变化，他们面临的问题已经由生存型问题转变为发展型问题，高校传统资助育人工作模式已无法满足他们的实际需求。与此同时，资助育人工作供需两侧发生着深刻转化：一方面是供给侧正面临着由保障型资助向精准型资助和发展型资助转变；另一方面是需求侧呈现出多元化、个性化、高层次需求的发展态势②。根据教育部公布的《2019 年中国学生资助发展报告》相关内容显示，新时代我国学生资助工作从过去主要解决学生学习费用的经济资助，转变为更加注重资助育人的新模式上③。高校更加重视对家庭经济困难学生的学业指导和心理疏导，把帮助家庭经济困难学生能力提升和就业摆在资助育人工作的突出位置，强化资助工作中的人文关怀；始终坚持把德育放在资助育人工作的首位，加强家庭经济困难学生思想政治教育，充分发挥社会主义核心价值观的引领作用，着力培养学生拥党爱国、自立自强、诚实守信、知恩感恩、勇于担当的良好品质。

从资助主体来说，当前我国高校资助育人对高校家庭经济困难学生的资助主体可以分为四个，包括政府主体、社会主体、学校主体和学生主体；从资助方式来说，当前资助方式包括奖、助、贷、勤、补、减、免等；从资助对象来说，总体上分为特殊困难与一般困难（也分为特殊困难、困难与一般困难）；从资助的外部环境来说，包括经济环境、公共政策环境、社会环境。高校资助育人旨在为贫寒家庭子女接受大学教育提供经济援助，保障其大学期间学习生活，为他们搭建接受公平教育的平台，对促进高等教育机会均等具有重要作用。高校资助育人的最终目的就是关怀家庭经济困难学生的学习生活并助其成长成才，其价值追求在于促进人的发展，改善人的发展方式，也是高校资助育人的本质要求。资助育人的合理性始终与学生的幸福、尊严、发展等价值诉求

① 孔飞：《新时期高校资助育人工作机制探析》，《法制与社会》，2020 年第 19 期。

② 徐灿琪：《“美好生活需要”导向下高校资助育人工作平台构建》，《长江丛刊》，2020 年第 4 期。

③ 全国学生资助管理中心：《2019 年中国学生资助发展报告》，《人民日报》，2020 年 5 月 21 日。

相联系，原则就是满足家庭经济困难学生的基本物质需要和精神需要。

二、 高校资助育人工作的意义

资助育人是高校贯彻党和国家资助政策的重要举措，也是高校育人工作的重要组成部分，关系着家庭贫困代际传递的有效阻断，通过促进教育公平来完成高校立德树人的使命，确保困难学生成长成才、享受社会发展成果。立足社会发展实际，完善高校资助育人体系，从而在高校内实现精准扶贫，满足学生物质、精神层面的发展需求，营造良好的育人氛围，确保不同学生群体能够成长成才。

1. 建设人才强国的迫切需要

人才是实现民族振兴、赢得国际竞争主动权的战略资源，教育强则国家强，高等教育发展水平是一个国家发展水平和发展潜力的重要标志。人才是实施人才强国战略和实现中华民族伟大复兴的重要基础，贫困落后地区很多适龄青少年无法接受高等教育，一方面是因为经济条件有限，受到世代积累下来的“书生无用论”残余思想影响，家长更愿意让适龄青少年尽早步入社会打工挣钱；另一方面是因为贫困落后地区的基础教育资源不够优越，接受基础教育的学生无法在选拔性考试的激烈竞争中脱颖而出，有时即使勉强得到高等教育的机会，也可能因为缺乏自信、能力不足等因素难以激发和施展才华①。因此，资助育人是实现贫困落后地区教育公平的重要保障，也是建设人才强国的迫切需要。

2. 实现教育脱贫的重要手段

教育部部长陈宝生 2019 年 3 月 1 日在《人民日报》发文指出，学生资助既是脱贫攻坚的重要内容，也是脱贫攻坚的重要措施②。现有贫困人口贫困程度深，自我发展能力弱，要通过学生资助解决他们子女的上学费用问题，帮助这些家庭摆脱贫困。学生资助工作可以帮助他们避免因学致贫、因学返贫。同时，要通过学生资助工作帮助贫困家庭子女接受教育、提高科技文化素质、掌握一技之长、提高自我发展能力，帮助他们实现稳定脱贫、高质量脱贫。资助

① 高雪梅：《高校资助育人的路径和机制探讨》，《教育现代化》，2020 年第 49 期。

② 陈宝生：《进一步加强学生资助工作》，《人民日报》，2018 年 3 月 1 日。

育人工作做得好能够很大程度上阻断贫困的代际传递，贫困家庭的子女接受优质的高等教育后承担相应的社会角色，得到来之不易的认同感和满足感，在为下一代提供更优质的教育环境的同时，也会积极引导下一代子女追求更高更优质的教育和生活品质，从而实现良性循环①。

3. 实现立德树人的必然要求

表面上看，高校资助工作主要是解决大学生上学期间的学费、生活费等费用不足问题，使家庭经济困难学生都能上得起学，但其最终目的是保证每一名学生都有平等接受高等教育的机会，是促进教育公平和社会公平的重要举措。高校立身之本在于立德树人，高校资助工作也必然要服务于立德树人。高校资助工作的内涵与目的让其具有了育人功能，这也是资助工作的固有功能。资助育人是对高校资助工作功能的深层次认知，资助育人受限于高校资助工作的发展阶段，在相当长一段时间内，高校开展资助工作往往聚焦在解决学生“上学钱不够”的问题上，这就导致了高校资助工作仅仅停留在经济资助层面，其显性与隐性的育人功能没有被充分挖掘与强化。高校资助工作只有充分实现其经济资助基本功能，才能为实现育人功能奠定良好基础，进而充分彰显其育人本质。

4. 贯彻“三全育人”的内在要求

资助育人是“三全育人”体系中的重要一环，是高校贯彻落实“立德树人”总任务的具体举措。从《2018 年中国学生资助发展报告》中可以看出，新修订的《高等学校勤工助学管理办法（2018 年修订）》（教财〔2018〕12 号）中强调要通过勤工助学培养学生自立自强、创新创业精神，增强学生社会实践能力，进一步加强了勤工助学的育人导向。另外，国家资助政策体系更加健全，资助工作实现了“三个全覆盖”，各地各校紧紧围绕立德树人这一根本任务，以培育和践行社会主义核心价值观为核心，重视培养受助学生的创新精神和实践能力，加强励志教育、诚信教育和社会责任感教育，着力构建包括物质帮助、道德浸润、能力拓展、精神激励等方面的长效机制②。

① 高雪梅：《高校资助育人的路径和机制探讨》，《教育现代化》，2020 年第 49 期。

② 全国学生资助管理中心：《2018 年中国学生资助发展报告》，《人民政协报》，2019 年 3 月 7 日。

5. 实现思想政治教育的对接与融合

“资助育人”作为伴随着高校资助工作发展而产生的专有名词，具有鲜明的大学生思想政治教育属性，是对资助工作话语的丰富与创新，实现了资助工作的话语体系与大学生思想政治教育的话语体系的对接与融合，让高校资助工作在大学生思想政治教育话语方面具有了主动性。近年来，部分高校积极探索物质资助与精神激励相结合的做法，更加关注家庭经济困难学生的高层次需求，注重心理疏导与人文关怀，如为提升学生国际视野和增长社会阅历，资助家庭经济困难学生出国出境访学、开展社会实践与调研等，目的是让家庭经济困难学生赢得尊重和自我实现，促进家庭经济困难学生综合素质提升、全面发展、成长成才。

三、 高校资助育人工作的路径

1. 加强政治引领

扶贫要扶智、扶志，治贫要先治愚。要把立德树人融入学生的思想道德教育、文化知识教育和社会实践教育的各个环节，构建“三全育人”体系，促进德智体美劳教育的全面发展。教育是脱贫致富的有效手段，高校作为人才培养的主阵地，要回应人民的期待，引导大学生认同社会主义制度，践行社会主义核心价值观，塑造健全人格、向上人性和高尚人品①。加强政治引领，引导学生勇担时代使命，自觉将个人理想融入到党和国家事业中。

2. 筑牢育人根基

资助育人不仅仅是满足学生物质生活需求，还要引导学生成长成才。一方面，要完善工作法规；另一方面，要建好资助育人工作队伍。要针对全国脱贫工作带来的新变化，会同与高校资助育人工作相关的部门，对高校资助育人领域中的新情况、新问题及时开展研讨，出台指导高校做好资助育人工作的政策措施，使资助育人工作有章可循、有据可依。通过“三下乡”暑期社会实践项目，大学生创新创业项目及资助育人相关项目，引导大学生全面了解党和国家的法规、政策等，要特别注重向家庭困难学生的家长宣传资助政策，让家长了

① 贺剑：《“精准脱贫”思想指导下的高校资助育人工作研究》，《青年与社会》，2020 年第 18 期。

解对家庭经济困难大学生的具体帮扶措施，依法依规开展资助申请①。

3. 创新工作方法

高校资助育人工作的基本依据是基础信息采集，要把信息技术运用到资助育人工作中。充分发挥高校科技前沿、技术力量雄厚的优势，在国家学生资助信息化平台的架构下，把与资助育人工作相关的信息数据核准核实，将科学方法与逻辑理念有效融合，做到资助资源与学生需求最佳匹配，提高资助资金和资源的使用效率。资助评估要科学，资助育人工作的效果怎样，除了学生和社会的评价，还需要用数据去评估验证。高校要依据资助育人工作的内容、目的、要求，出台高校资助育人工作效果评估细则，开展以学院为单位的评估，督促做好高校资助育人工作②，将资助育人工作纳入学院学生工作者考评指标。

4. 提高资助效益

资助效益要体现在“程序优化”和“效果双赢”上。一是资助育人工作要科学谋划。高校资助育人工作要想取得最佳效益，就要重视对资助育人工作全过程的科学规划，注意流程节点管理和程序整合，科学配置各类资源，统筹协调各类问题，把政策理解透彻，把程序梳理清楚。二是资助教育要与时俱进。对资助学生进行全面的教育是提高资助育人工作效益不可缺少的环节，要结合全国高校思想政治工作和全国教育大会的会议精神，以及全国两会关于教育类的方针、政策，对学生进行爱党爱国爱校爱同学的“四热爱”教育；要在校园开展一系列的资助育人活动，打造“感恩、励志和成才”的主题活动，让学生树立自尊、自强、自立、自信的意识。三是资助育人过程要依法实施。要自觉把高校资助育人工作纳入法制轨道和政策轨道；要遵守学校和各级政府的相关规定，结合学校具体情况，落实会议精神，让学法、守法成为学生必修课和一生恪守的底线③。

第二节　高校资助育人的实施现状

高校资助育人工作是一项重大的民生工程，是高校思想政治工作的重要组

① 贺剑：《“精准脱贫”思想指导下的高校资助育人工作研究》，《青年与社会》，2020年第18期。
② 贺剑：《“精准脱贫”思想指导下的高校资助育人工作研究》，《青年与社会》，2020年第18期。
③ 贺剑：《“精准脱贫”思想指导下的高校资助育人工作研究》，《青年与社会》，2020年第18期。

成部分，是我国社会主义制度优势的生动体现。资助育人工作不但能帮助学生及其家庭克服经济困难，而且还能温暖人心、催人奋进。当前，各高校围绕资助育人工作开展了积极的探索，逐渐实现从保障型资助育人向精准型资助育人、发展型资助育人的转变。

一、高校资助育人“经济资助+成长扶助”模式

面对新时代赋予高校资助育人的新要求，面对学生成长发展的新期待，高校进行了积极的尝试，丰富了“经济资助＋成长扶助”（以下简称“双助”）模式的时代内涵，探索构建了具有保障性与发展性相结合、主导性与主体性相统一、整体性与针对性相结合等主要特点的资助育人“双助”模式。资助育人“双助”模式创新了思路和方式，实现了资助与育人的深度融合，有效促进了家庭经济困难学生成长成才，推动了资助育人工作质量不断提升①。

1．以“三全育人”理念引领“双助”模式

实施“三全育人”是新时代高校育人工作的基本要求。在“三全育人”理念引领下，高校大力提升资助工作队伍的育人能力，深刻把握高校资助育人工作规律和学生成长规律，坚持改革创新，健全体制机制，在全员、全过程、全方位资助育人中推进了经济资助与成长扶助深度融合，不断完善“双助”模式，增强资助育人时代感和实效性，更好地为家庭经济困难学生的成长成才保驾护航。

2．以“智慧资助”方式促进“双助”模式

在大数据时代，高校借力“互联网＋”技术优势，打造健全的“智慧资助”平台，通过数据开发、分析手段，实现数据全方位对接与数据全方面共享，提升经济资助的精准化水平；同时，高校积极地依靠信息技术打造多维度、动态化的资助育人“大数据中心”，准确把握家庭经济困难学生成长发展的状态及变化，及时解决其成长中的困惑和问题，为他们提供更多智能化、实时化的成长扶助。

---

① 何旭娟、吴晓君、周艳玲：《高校资助育人“双助”模式的建构与实践——以南华大学为例》，《思想教育研究》，2020年第9期。

3. 以劳动教育提升“双助”模式效能

《高等学校学生勤工助学管理办法（2018 年修订）》提出，勤工助学是高校资助育人工作的重要组成部分，是提高学生综合素质和资助家庭经济困难学生的有效途径，是实现全过程育人、全方位育人的有效平台。高校针对新时代培养社会主义建设者和接班人对加强劳动教育的新要求，在“双助”模式中，积极探索勤工助学、实践服务等劳动锻炼的新形式、新载体，引导家庭经济困难学生树立正确的劳动观，勤于劳动、善于劳动，自立自强、全面发展，进一步提升育人效能。

二、 高校资助育人 “三位一体” 三维资助体系

在家庭经济困难学生比例常年居高不下、家庭经济困难学生心理问题凸显、资助和就业难度加大、专业化要求越来越高的现实背景下，高校积极地构建了“济困、立志、强能”三位一体的资助育人模式。

1. 济困体系①

济困体系是“三位一体”资助育人模式正常运行的基础，是一切资助育人方式的起点，只有在完善家庭经济困难学生认定工作的基础上，整合各类资助方式，才能更好地解决他们最为紧迫的生活和学习问题。

（1）完善家庭经济困难学生认定标准及分级管理方式。认定工作是实施资助的基础，直接影响高校资助育人工作的效果。高校要充分考虑学生差异，进行分级分类管理，积极进行合理有效的资助。除充分了解学生、进行客观评价外，还需利用辅助方法，如北京某高校将学生在食堂就餐的频率和单次消费水平作为家庭经济困难学生认定的参考依据，就是很好的尝试。

（2）突出助学贷款主体地位，整合各类资助方式。部分家庭经济困难学生认为只有无偿补助才是真正资助，而需要个人偿还的助学贷款不算是资助。事实上，助学贷款是解决家庭经济困难学生学费、生活费的最直接有效的手段，高校积极引导学生认识到助学贷款的“隐性补助”性质，首先通过助学贷款解决经济困难。同时，高校合理运用其他各类资助方式，如建立爱心暂借款、临

① 俞森：《高校资助育人“济困、立志、强能”发展性辅导三维模式探析》，《智库时代》，2020 年第 2 期。

时困难补助等机制，解决学生燃眉之急。

（3）确保资助底线，实行额度封顶。对家庭经济困难学生进行资助前，高校充分调查、了解学生最基本的学习、生活开销，确保每一位家庭经济困难学生通过一定资助和个人努力后，能达到这一“最低生活标准”。与此同时，高校对每人每学年的资助总额进行“额度封顶”，防止资助向少数人过度集中。

2．立志体系①

调查显示，家庭经济困难学生中不同程度地存在自卑、焦虑、孤僻、虚荣、嫉妒、敏感等心理现象，而感恩和诚信意识不仅是人格基础，更是每个人立足社会的重要基石。在家庭经济困难学生中开展针对性的教育，有助于其健康成长。

（1）发放助学金时加入“立志”教育，鼓励奖助结合。部分家庭经济困难学生存在“等、要、靠”的思想，认为各类资助是应得的利益，社会责任感和自立意识不强。对此，高校设立专门奖学金，培养家庭经济困难学生的能力、素质，在实行资助时加强感恩教育与社会责任感教育。

（2）树立身边典型，鼓励自强自立。高校大力鼓励和表彰自立自强的学生典型，选拔“自强之星”并定期举行事迹报告会或交流会，形成“朋辈帮扶”效应，激发学生思想情感共鸣，培养其努力拼搏的性格和健康向上的心理特征，激励家庭经济困难学生养成自强自立的精神。

（3）加强心理辅导，优化育人环境。针对家庭经济困难学生的心理特点开展相应的心理讲座、辅导。高校在建立家庭经济困难学生库的同时建立心理档案，充分利用学校特有的感染力和约束力，为他们创造公正平等、互助互爱的氛围，给予更多的人文关怀，潜移默化地优化家庭经济困难学生的心理品质与素养。

3．强能体系②

增加勤工助学比重，扩展勤工助学渠道，增加勤工助学岗位。高校在保持资助总金额不变的前提下扩大勤工助学在资助体系中的比例，同时缩减助学金

---

① 俞淼：《高校资助育人“济困、立志、强能”发展性辅导三维模式探析》，《智库时代》，2020年第2期。

② 俞淼：《高校资助育人“济困、立志、强能”发展性辅导三维模式探析》，《智库时代》，2020年第2期。

比例。此外，在中低年级中设立助学金项目，学生获得资助的同时，需完成相应的勤工助学或志愿服务工作，培养学生自立自强精神。校内勤工助学岗位由单一的劳务型向知识型、技能型甚至创业型转变，增加锻炼能力、增长才干的勤工助学岗位，如开办爱心超市、报刊亭、书屋、文印社等助学实体，既有助于家庭经济困难学生积累经验，又有助于培养吃苦耐劳的精神。同时，整合社会资源，与社会机构建立合作，扩展校外勤工助学渠道。

（1）加强职业技能指导，系统提升个人能力。在学业上，专门开设英语听说、计算机操作人际交往等课程，在英语口语、计算机能力、技能培训等方面进行“一对一”结对帮扶，由优秀的技能学生组成社团进行针对性练习，发挥朋辈互助的作用。

（2）校企资源整合，助力就业实效化。整合就业咨询机构、就业培训班、校内外就业导师等校企合作资源，构建全面支持体系，从大一至大四循序渐进对其进行帮扶，力促就业实效化。

三、“三全育人”视域下高校资助育人模式

基于“三全育人”理念下的高校资助育人工作，不仅是帮助家庭经济困难大学生提升整体心理素质，引导他们改善人际关系、完善人格、提升自我的基本途径，也是检验高校育人工作是否全面，是否满足时代需要、满足学生发展需要的重要指标。

1. 现实意义

“三全育人”理念不仅是对当下育人项目、载体、资源的整合，更是对长远育人格局、体系、标准的重新建构。做好“三全育人”理念与资助育人工作相结合，不仅有利于巩固、扩大资助育人成效和影响，更有利于构建一体化资助育人体系，为办好中国特色社会主义大学、培养德智体美劳全面发展的社会主义建设者和接班人贡献力量。“三全育人”资助模式将“三全育人”理念与高校资助育人工作有效结合，形成新时期资助育人的最大合力，使资助育人更好地成为立德树人重要抓手的新模式，即拓宽资助育人途径实现“全员育人”，健全资助育人机制达到“全过程育人”，丰富资助育人内容确保“全方位育人”。

2. 构成要素

“三全育人”资助模式是坚持立德树人这一根本任务，将“三全育人”理

念与高校资助育人工作紧密结合形成的资助育人模式，更好地体现“育人”作为高校资助育人工作的本质归属和目标导向。“三全育人”资助模式的构成要素包括四个方面：第一，核心要素是立德树人，将立德树人贯穿资助育人工作的始终；第二，主体要素是全员参与，整合校内外资源，形成资助合力；第三，纵向要素是资助育人全过程跟踪，做好前期宣传、过程精准、后期跟踪反馈，凸显育人成效；第四，横向要素是全方位协同，经济资助、精神激励、心理疏导、能力提高，实现家庭经济困难学生的德智体美劳全面发展①。

3. 育人路径

“三全育人”视域下的高校资助育人路径主要分为三部分：第一，全员视域，引入导师制，创建“师生共同体”，实行物质与精神“两手抓”，建立科学合理的质量监控标准与全员育人评价机制；第二，全过程视域，把握教育规律与学生成长规律，设计从新生入学至毕业后“受助—自助—助人”有效递进的工作链条，形成全过程闭环式进阶引导体系；第三，全方位视域，将育人内涵深入家庭经济困难学生德智体美劳全面发展的各领域，统筹线上线下资源，凸显青年主体性的教育地位。创设了一套奖学与助学并重、物质与精神同步、感恩与奉献并进的发展型爱心教育体系，以实现广大家庭经济困难学生的成长成才②。

四、 当前高校资助育人典型案例

1. 东南大学：“四措四准”精准资助工作机制③

东南大学以“不让一个学生因家庭经济困难而失学”为总体目标，以“实现家庭经济困难学生资助全覆盖”为总体要求，建立起国家奖学金、国家励志奖学金、国家助学金、国家助学贷款、退役士兵教育资助、基层就业学费补偿助学贷款代偿、服义务兵役国家资助、学校奖助学金、勤工助学、困难补助、学费减免、新生入学资助项目等多种形式有机结合的高校资助育人政策体系，

---

① 赵云芳、姜秉权：《“三全育人”资助模式的构建与实践探索》，《亚太教育》，2020 年第 4 期。

② 陈远宏：《基于三全育人理念高校助困育人创新路径研究》，《湖南邮电职业技术学院学报》，2020 年第 1 期。

③ 全国学生资助管理中心：《东南大学构建“四措四准”精准资助工作机制，实现资助全过程精准》，全国资助管理中心网站，http：//www. csa. cee. edu. cn/index. php/shows/62/3665. html.

保障了家庭经济困难学生在大学期间的学习和生活。在落实资助政策中时刻以“精准资助”为根本要求，构建了“四措四准”精准资助工作机制——指标体系科学化保障资助对象精准、信息手段智能化保障资助力度精准、统筹规划系统化保障资助分配精准、项目设计人性化保障资助需求精准。

（1）指标体系科学化保障资助对象精准

要实现资助对象精准，必须要求家庭经济困难学生认定精准。东南大学根据《教育部办公厅关于进一步加强和规范高校家庭经济困难学生认定工作的通知》（教财厅〔2016〕6号）修订了《东南大学家庭经济困难学生认定工作办法》，制定了更为科学化的认定指标体系，规范了四级认定工作程序，并要求通过电话家访和实地家访确保家庭经济困难学生认定精准。

精准认定家庭经济困难学生的困难之处就在于如何精准定级、如何确保真实、如何动态管理三个方面，该校经过长期的研究和探索，用行之有效的方法解决了这三个问题，形成了“科学、真实、动态”的家庭经济困难学生认定工作体系。确保科学：该校根据南京市经济发展水平、居民最低生活保障标准、物价水平、学校收费水平、学生家庭经济状况等因素，通过对兄弟高校的深入调研和多年积累，制订了科学的认定指标体系。学生通过认定系统完成信息采集，系统得到计算所需量化指标，量化指标通过系统准确计算得出学生家庭经济困难系数，并根据系数所属范围确定困难学生的等级。确保真实：该校通过“双线审核 + 疑点排查 + 数据验证 + 家访核实”的方式确保家庭经济困难学生认定结果的真实性。双线审核：当地村委和乡镇以上民政部门对调查表内容审核并盖章、班级认定评议小组根据平时对该生的生活了解对调查表内容审核并签字。疑点排查：认定系统中还有定性指标，如果出现明显与家庭经济困难学生家庭情况不相符的情形，如父母有本科以上学历、事业单位工作、家里有小汽车、购买商品房、学生使用奢侈品牌的手机和电脑等，系统会进行“预警”，学院将通过面谈的形式对有疑点的情况一一排查，该方式在确保认定精准度的同时提高认定工作的效率，数据的真实性得到了保障。数据验证：认定系统会将学生在校内的一卡通数据（食堂、超市等消费）与认定情况做对比验证，不相符时系统会“报警”，这也是学校学生资助管理中心审核时的重要依据。家访核实：该校在每年寒暑假都会开展家庭经济困难学生家访工作了解学生家庭实际情况，确保认定工作的真实有效。通过家访和调查，如发现存在虚假证明材料、夸大经济困难程度等情况，及时开展思想教育，并要求学生重新进行认定。动态管理：老生在校期间要求每年复核认定，如学生家庭经济情况有变，要求重新提交证明材料并重新完成认定程序；家访中发现与系统认定不符的情况也要求学生重新认定，困难系数也将重新计算并重新定级。家庭经济困难学生信息通过系统进行动态管理，系统随时为因突发情况致贫的学生开放认定系统。

（2）信息手段智能化保障资助力度精准

根据学生家庭经济困难程度进行相应资助是实现精准资助的有效途径，该校根据家庭经济困难学生不同的认定级别一级、二级、三级，确定全年目标资助额度，一级为家庭经济特别困难学生，二级为家庭经济比较困难学生，三级为家庭经济一般困难学生，各类型的目标资助额度是通过校内家庭经济困难学生在线调查得出的。

该校学生资助管理系统起步于2008年，近十余年来，该校以学生为本不断对资助管理系统进行完善和升级。2016年，该系统为了进一步满足精准资助要求进行了新一轮的升级，新系统以智能化手段为精准资助工作提供了技术保障。资助管理系统之所以精准，在于它可以直观显示学生的目标资助额、已获资助额、应予资助额。因此学校和学院在评定奖助学金等各项资助时，通过精准资助管理系统可以一目了然地了解所有家庭经济困难学生的受资助情况，并根据系统计算得出的应予资助额精确地发放其他应予资助。目标资助额：系统根据学生家庭经济困难类别自动算出目标资助额。已获资助额：系统显示学生当年已获得的各项奖学金、助学金、勤工助学酬金、学费减免、困难补助及其他特色资助等，并计算出已获资助总额。应予资助额：系统根据学生目标资助额和已获资助额，计算得出还应该给予的资助额。

（3）统筹规划系统化保障资助分配精准

创新“家—地—校”资助模式，形成三方合力。该校建立“家庭—当地资助管理中心—高校”三方精准资助模式，整合三方资源，统筹规划，形成合力。从家开始：该校每年假期开展家庭经济困难新生家访工作，家访覆盖江苏、安徽、山西、山东、河北、云南、吉林、宁夏、新疆、四川、重庆等多个省、市、自治区。家访小组通过电话家访主动了解学生家庭真实情况和困难，根据电话家访情况开展实地家访，发放生活补助，并赠送行李箱、书包等学生用品。地方保障：该校资助中心暑期走访县学生资助管理中心，将新生名单反馈给县学生资助管理中心，并对部分家庭经济困难学生进行摸底了解，调研生源地贷款办理流程和管理办法、建档立卡情况，共同探讨在“家校连动”基础上物质、精神资助及人才培养等方面的创新举措；该校发动全国各地校友力量，开展“学长助新生，启航向东大”活动，专门用于资助家庭经济困难新生路费，解决多个偏远省份家庭经济困难新生报到的实际困难，尤其是暑期自然灾害多发，该校第一时间启动紧急救助机制，与受灾地区学生沟通并联系当地校友将受灾补助及时送达学生家庭，解决燃眉之急。校园无忧：该校专门设立“新生圆梦基金”，通过媒体、电话家访、实地家访等手段，寻找家庭经济特别困难新生，开学后根据家庭经济困难程度给予精准资助，发放 1000 元至 3000 元的新生助学金，帮助他们实现自己的大学梦。为新生发放爱心大礼包，大礼包包含公寓化用品、军训服、洗漱包、公交卡、书包、U 盘、文具等，保证学生入学后生活、学习、出行三无忧。

结合专业特点，全盘考虑，科学分配。该校在分配各项资助项目、资金、名额时，不是简单地划比例、“一刀切”，而是根据不同学科专业特点、学生家庭经济困难学生人数和困难程度，全盘考虑，统筹规划，通过“奖助有别、两级分配”科学地对各项资助进行分配。奖助有别：该校有些强势专业中成绩优秀的比例较高，在分配资助项目时应该倾向于奖学金；对于少数民族学生比例特别高的专业，而很多少数民族学生学习成绩不能评选奖学金，在分配资助项目时应该更多地倾向于助学金。两级分配：不同学院的困难生比例相差很大，并且困难程度也不尽相同，因此该校在分配助学金等各项资助时先分配总额至各学院，各学院再根据不同类别困难生的人数进行二次分配。

（4）项目设计人性化保障资助需求精准

为了满足不同家庭经济困难学生在关键节点的实际需求，该校精准地设计了“多节点、多对象”的极具针对性的特色资助项目，充分彰显该校人性化、精细化的资助理念，也令学生更加真切地感受到来自该校的温暖。新生入学：通过家访为家庭经济困难学生送去新生路费和行李箱，解决学生入学报到的经济负担；新生到校后，为通过“绿色通道”缓缴学费的学生发放新生爱心大礼包，保证学生入学后生活、学习、出行全面无忧；对家庭经济特别困难的学生发放新生圆梦助学金，解决生活费问题。寒假过年：为了解决家庭经济困难学生过年返乡实际困难，发放一定的路费补助；对寒假留校过春节的学生，发放新年大礼包、压岁红包、春节餐券，该校领导与留校过春节的学生共进年夜饭。毕业求职：考虑到家庭经济困难学生在求职过程中会承担较大经济压力，该校特别为家庭经济困难学生毕业生发放求职补贴。抵御寒冬：经过微信平台发布、个人申请和自主选择、现场申领等程序，为新生特困生和建档立卡家庭经济困难学生发放冬季棉衣。突发事件：为家庭发生突发事件、重大疾病、自然灾害的学生发放临时生活补助。除了做好在关键节点的特色资助外，该校还对少数民族和建档立卡家庭经济困难学生资助给予高度重视。为少数民族学生发放服装补贴，在少数民族学生重大民族节日发放活动补贴，还为家庭经济特别困难的少数民族学生发放爱心电脑。为建档立卡家庭经济困难学生发放生活补助。

（资料来源：全国学生资助管理中心，2019 年 7 月 8 日）

2. 华南理工大学："互联网 +" 五步曲助力学校精准资助①

近年来，华南理工大学学生资助工作一直探索学生资助新模式和新思路，对家庭经济困难学生实施精准资助。从学生家庭经济情况认定，到家庭经济困难学生获得资助及他们的成长成才，以及到他们的毕业就业，该校利用"互联网 +"，将学生管理系统与传统资助方式紧密结合，全面跟踪每一个家庭经济困难学生的成长成才情况，使学生资助工作真正做到精准资助。

（1）夯实精准资助基础——家庭经济认定系统 + 实地走访

近年来，该校利用自身技术资源，搭建开发了适合该校实际情况的学生家庭经济情况认定系统，对全校本科生进行家庭经济情况认定。该学生家庭经济情况认定系统采取一级指标和二级指标进行评定，通过赋予各项指标相应分数得出学生总的认定分数。一级指标包括：家庭所在地、家庭人员工作情况、家庭收入情况、家庭人员受教育情况、学生本人健康状况、家庭成员健康状况、家庭遭受自然灾害状况及家庭遭受突发意外状况等 8 项，每个一级指标包含若干二级指标，并赋予相应分值。系统根据学生填写家庭信息自动计算分数并得出学生家庭经济类别：良好、一般、困难或特困。为进一步核实学生特别是困难或特困学生家庭经济的真实性，该校近年来每年寒暑假组织各二级学院开展

① 全国学生资助管理中心：《华南理工大学"互联网 +" 五步曲助力学校精准资助》，全国资助管理中心网站，http：//www. csa. cee. edu. cn/index. php/shows/62/2529. html.

实地走访考察工作，更加真实全面掌握学生的家庭经济情况。实地走访反馈结果显示，该校家庭经济认定系统对学生的家庭经济状况评定的准确率超过90%，对该校学生资助工作实施精准资助提供了强有力的辅助。

（2）找准精准资助关键——助学金申请系统＋校园一卡通消费系统

精准资助的关键就是要保证每一个家庭经济困难学生得到应有的资助。近年来，该校开发了与家庭经济认定系统绑定的助学金申请系统，保证每一个家庭经济困难学生都能得到助学金资助。助学金申请系统根据学生家庭经济困难等级，对困难或特困学生自动分配金额较大助学金供他们申请，最大程度上保证了困难及特困学生得到较高资助，缓解他们的经济压力。同时，该校积极宣传国家资助政策，动员家庭经济困难学生申请国家助学贷款，解决他们的后顾之忧，让他们更加专心投入学习当中。为进一步了解这些获得资助的家庭经济困难学生的生活情况，特别是他们在校日常饮食情况，该校利用校园一卡通系统，每月对这些学生在校的消费情况进行跟踪了解，对存在异常消费（每月消费少于300元）家庭经济困难学生进行电话、面谈等方式了解学生家庭或个人动态，并根据学生的实际情况进行二次资助，确保学生在校期间生活无忧。

（3）优化精准资助手段——勤工助学管理系统＋勤工助学阳光成长计划

近年来，该校学生资助工作在帮助家庭经济困难学生成长成才方面不断探索，积极创新。该校强化对家庭经济困难学生灌输“自助、自立、自强、自信”理念，鼓励学生通过勤工助学等方式树立自强自立的意识，砥砺自我，笃行有为。目前，该校有校内固定勤工助学岗位近2500个，临时岗位近3000个，可以满足所有家庭经济困难学生勤工助学上岗。为更好管理家庭经济困难学生勤工助学，该校搭建开发了勤工助学管理系统。该系统包含校内所有勤工助学岗位、勤工助学学生信息、考勤记录、人员变动、补助发放等信息，可以精确动态掌握勤工助学学生情况，及时对他们进行跟踪管理。对存在不在岗的家庭经济困难学生，该校将采取电话、面谈等方式了解学生情况和不在岗原因，确保他们“一人一岗和在职在岗”。

同时，该校开展实施“勤工助学阳光成长计划”，该计划把学生在岗业务培训与成才教育有机结合起来，进一步拓展资助育人新思路。通过定期开展形式多样的在岗学生培训，举办理想信念教育、心理健康教育、职业发展教育、诚信教育、感恩教育等内容丰富的主题教育活动，组织开展励志电影展播、

“励志杯”征文比赛、勤工助学风采摄影大赛、勤工助学岗暨羽毛球团体赛，创办勤工助学《牵手》杂志，同时还开设了瑜伽、摄影、办公软件技能、礼仪、公关、素描和书法等勤工助学文化品牌活动，培养学生自助、自立、自强、自信的优良品质，积极促进学生健康成长成才。

（4）凸显精准资助成效——综合测评系统 + 帮扶举措

近几年来，该校育人工作不断创新工作方法和载体，努力打造符合人才培养规律、得到师生高度认同的“七色的彩虹 榜样的力量”——学生工作创先争优“标杆工程”。

该校学生工作标杆工程作为一种持续性、制度性的创先争优活动，努力塑造具有时代特征、学校特色和学生特点的校园精神，促进校园文化建设，营造和谐、积极、进取的校园人文氛围，为学生的健康成长创造良好的校园环境，不仅有效地激励、引导和促进了学生知识的增长、能力的提升和素质的拓展，引导广大青年学生全面成长成才，更是反映了当代大学生自强不息、艰苦奋斗的精神品格和“求真务实，追求卓越”的价值追求，凝练、提升和丰富了华南理工“博学慎思 明辨笃行”的校训内涵，引领了学生正确的价值追求，提高了广大青年学生的精神境界。

该校每年通过综合测评工作，对表现优秀的学生进行积极宣传。利用学生工作创先争优“标杆工程”对他们进行广泛宣传，并开展“十大三好学生”及“十大优秀班集体”等活动，吸引广大学生参与其中，在校内掀起了一股创先争优风潮。在新生入学教育中安排“标杆工程”先进事迹报告会，宣传优秀班集体、优秀学生的事迹，树立学生身边的榜样，充分发挥优秀学生的榜样激励作用。

同时，该校积极以立德树人为根本，不断深化全员育人、全过程育人和全方位育人的工作理念，大力实施学风建设“卓越工程”，并在各院系中实施学风建设“卓越工程”帮扶工程，对存在学习困难的学生实施学业帮扶。各学院结合自身特点，开展了形式多样、内容丰富的帮扶工作：土木与交通学院学风建设“卓越砼人”计划和“砼人互助课堂”，通过“自习课堂”和“帮扶课堂”两种活动形式的开展，给学生提供了一个良好的自习环境，同时对存在学习困难的学生开展“一帮一”或“多帮一”的互助计划，引导学习困难学生养成良好学习习惯。建筑学院建立后进生档案，完善“一帮一”“多帮一”制度，帮助学习困难学生树立信心，优化学习方法，提高学业成绩，制定了《建筑学院公共课单科奖励及考勤奖惩试行办法》，邀请建筑学院院长、中国工程院院士何镜堂教授给学生做激励讲座，取得很好效果，学生进步喜人；理学院制定《理学院学生班级管理办法》《理学院班级工作手册》《理学院本科生班主任管理办法》及《理学院学生党员考核评估办法》等规章制度；化学与化工学院通过“大学生涯规划”“松果分享会职业沙龙系列活动”“飞扬奖学金及十大帮扶义工评选”“学生导师计划”及“一帮一学风帮扶计划”等措施加强学风建设；公共管理学院实施“少数民族学生学业困难帮扶计划”项目，对少数民族学生开展系列帮扶活动。

（5）注重精准资助成果——学生就业管理系统+就业补贴

帮助家庭经济困难学生提高业务技能、塑造优良品格，锻炼他们成为中国特色社会主义事业的合格建设者和可靠接班人是高校学生资助育人工作的目标和任务。近年来，该校秉承“博学慎思 明辨笃行”的校训，坚持高素质、“三创型”、具有国际视野的拔尖创新人才的培养目标，着力培养创新型、复合型人才，为我们国家的军政系统、产业系统和学术系统输送高素质拔尖创新人才。该校学生资助部门紧紧围绕学校的中心工作勤勤恳恳，兢兢业业，全力做好人才输送工作。为做好家庭经济困难学生的就业工作，学生资助部门联同学生就业部门及各二级学院，在每年9月开始对翌年家庭经济困难毕业生进行跟踪，掌握他们的就业情况，通过学生就业管理系统对他们定向推送就业信息，使得他们更加有针对性地了解就业形势和就业单位。

此外，为给家庭经济困难毕业生争取更加广泛的就业机会，该校给每一个家庭经济困难毕业生提供800元的就业补贴，以便他们能够更加安心地走出校门，积极寻找就业机会。同时，各二级学院对家庭经济困难毕业生进行定期辅导和帮扶，做好各方面的预案工作，全力帮助家庭经济困难毕业生增强就业筹码，提高就业竞争力。在各部门的通力合作下，该校家庭经济困难毕业生每年就业率都达到100%，很好地完成了“迎进来，送出去”的育人工作任务。

（资料来源：全国学生资助管理中心，2016年5月9日）

3．东北师范大学："四维驱动"发展型资助育人①

近年来，东北师范大学立足新时代高校资助育人新情况新任务，坚持以立德树人为引领，把"扶困"与"扶智""扶志"更好地结合起来，更加注重精准资助，不断完善一体化育人机制，积极构建高校发展型资助育人体系，充分发挥资助育人工作对促进大学生全面发展、阻断贫困代际传递、推动实现教育公平的重要作用。

（1）更加注重立德树人的理念引领

为充分发挥高校学生资助的育人功能，满足家庭经济困难学生长远的深层发展需求，2006 年，东北师范大学率先提出物质支持与素质支持并举的"双线资助"模式。"物质支持"旨在为家庭经济困难学生提供物质帮助，确保家庭经济困难学生顺利完成学业，这是高校学生资助工作的根本所在；"素质支持"旨在加强对家庭经济困难学生的能力培养和价值引领，将思想教育贯穿在奖、贷、助、补、勤、减、免等各个环节，有效引导家庭经济困难学生立鸿鹄志、做奋斗者，努力成为德智体美劳全面发展的社会主义建设者和接班人，这是高校学生资助的终极目标。党的十八大以来，东北师范大学紧紧围绕立德树人根本任务，在"双线资助"模式基础上，不断探索创新，推动构建以立德树人为根本宗旨，以国家和学生需求为导向，多维共进、多措并举的"四维驱动"资助育人新模式。这一模式以精准资助为"根"，以素质资助为"干"，以人文资助为"枝"，以信仰资助为"果"，有效解决了资助育人工作中长期存在的"两张皮"现象，有力促进了家庭经济困难学生全面成长成才。

（2）更加注重"扶困"与"扶智""扶志"的内容拓展

注重"扶困"与"扶智"相结合。"扶智"就是要通过丰富的育人项目和活动，全面提升家庭经济困难学生的综合能力。多年来，东北师范大学坚持"扶困"与"扶智"有机融合，积极推动学生资助工作从"输血"向"造血"、从"授鱼"向"授渔"转变。着眼家庭经济困难学生的能力拓展，学校探索搭建"就业齐飞"平台，开展"援飞助翔"求职援助活动，为家庭经济困难的毕业生提供求职正装、求职路费补助等实物资助，并针对就业能力不强、求

---

① 《"四维驱动"资助育人——东北师范大学探索高校发展型资助育人体系》，中国教育新闻网，http：//paper. jyb. cn/zgjyb/html/2020 －08/04/content_ 582963. htm？ div = －1.

职技能偏弱、岗位信息缺乏等各类就业困难，通过专题讲座、线上辅导等方式，提供求职面试技巧、简历制作技巧等相关性指导，以切实增强家庭经济困难学生的发展能力。

推动“扶困”与“扶志”相统一。“扶志”旨在为家庭经济困难学生提供强有力的精神支撑，通过培育其健康心理与健全人格，点燃学生自立自强、拼搏奋斗的激情和热情。近年来，东北师范大学坚持“扶困”与“扶志”相统一，着眼家庭经济困难学生成长成才的内在需求，通过思想引导、人格养成、情感激励等多样化支持形式，开展立体式、个性化帮扶，不断给予其积极乐观、奋发有为的精神动力和情感力量，充分调动其自我发展的积极性与主动性。该校努力将“书院制”引入资助育人体系中，积极搭建“励志书院”平台，并开设意识觉醒、案例示范、共同成长等系统性励志课程，选树励志典型，进而为家庭经济困难学生补精神的“钙”，解决“志短”的问题。

（3）更加注重精准资助的方法举措

在原有二维“量化测评模型”基础上，采用人工智能技术，进一步研发出了三维“智能动态认定模型”，实现了家庭经济困难程度由传统的人工排序向智能化认定的转变。

按需分配丰富多样的资助资源，精准配置资源是实现精准资助的重要环节。为精准把握学生的资助需求，避免学生资助工作在资源分配上存在例如对不同区域、不同院系、不同专业学生的资助标准缺少精细化、差异化的制度设计，以及资助经费发放的时间和力度与学生的现实需求之间存在一定的误差和错位等精准性不足的问题，东北师范大学建立了家庭经济困难学生上学成本测算机制。依据高等教育成本分担相关理论，综合考虑学生家庭经济状况、学杂费用标准、基本学习生活成本和长远发展需求等因素，研究构建了家庭经济困难学生资助需求测评模型，形成针对不同困难程度、不同年级专业学生而设立的多个资助等级，确保更准确地满足家庭经济困难学生差异化的资助需求。此外，学校高度关注资助经费发放节点与使用效益，注重在家庭经济困难学生需要的时刻发放、紧迫的地方发力，切实解决资助标准与资金发放的精准性问题。

精准实施多元化资助育人对策。精准资助并非单纯的物质资助，更要在育人策略的实施上体现精准要求，有针对性地根据家庭经济困难学生的个性化发展需求进行教育和引导。围绕家庭经济困难学生价值观塑造、道德品格养成、发展能力提升、精神状态培育等，东北师范大学通过教育引导、实践体验、项目激励等多种方式，切实满足家庭经济困难学生的成长成才需求。学校针对不同学生的个性化发展方向，实施“九个一工程”，即记录一次勤工助学经历、参加一个志愿服务组织、撰写一份职业生涯规划书、参加一系列职业技能培训、参与一系列素质拓展训练、观看一系列高水平艺术展演、承担一项科研实践项目、参加一次红色体验活动、参加一次国际化大都市调研考察。多元化资助育人形式有效推动了学生资助工作从“大水漫灌”向“精准滴灌”的转变。

（4）更加注重一体化育人的机制建设

加强高校资助育人体系内部协同机制建设。高校资助育人工作具有内容多、难度高、任务重、系统性强等特点，要想取得育人实效必须加强内部协同，推动各育人力量、各育人环节协同发力。在育人队伍上，东北师范大学在2006年就成立了独立的、正处级建制的学生资助管理中心，将学生资助从一般性学生工作中独立设置、细分职能，并在每个学院配备资助专员，显著提高了学生资助质量和效率。在育人资源上，东北师范大学积极打造“UGEM结对助学计划”，努力推动学校、政府、企业、媒体四方协同联动，并为家庭经济困难学生配备助学导师，提供贯穿4年的职业生涯发展指导和实习、实践机会，从而为家庭经济困难学生未来的职业发展奠定坚实的基础。

统筹推进高校资助育人与其他育人的有效联动。当前，我国高校立德树人工作已初步形成了课程、科研、实践、文化、网络、心理、管理、服务、资助、组织的“‘十大’育人体系”，这些体系之间既各有侧重，又密切联系，迫切需要相互联动、同向同行、协同发力。因此，东北师范大学积极推进资助工作与思想教育、就业创业等协调互动、齐头并进，探索构建“大资助”“大思政”的育人格局。推动资助育人与实践育人相结合，每年组织开展“红色体验行”“祖国建设成就体验行”，引导家庭经济困难学生接受红色文化洗礼，唤醒他们对党和国家的情感归属与认同。推动资助育人与组织育人相结合，在勤工助学服务团等组织成立临时党支部，引导家庭经济困难学生积极向党组织靠拢，激发他们的荣誉感和使命感。

（资料来源：中国教育报，2020年8月4日）

4. 吉林大学：搭建“三个平台”，促进受助学生全面发展①

吉林大学紧紧围绕立德树人这个根本任务，落实资助育人，积极为家庭经济困难学生搭建“三个平台”，促进家庭经济困难学生全面发展，建立起“解困、育人、成才、回馈”的良性通道。

（1）搭建助学实践平台，使学生实践能力得到全面提高

学校提供专项经费在校内设置兼职岗位，每年举办校内勤工助学岗位招聘会，且全部面向家庭经济困难学生，吸引上百个校内用工单位前来招聘，实现用工单位与学生间的双向选择，既锻炼了学生的沟通、表达及现场应变能力，也间接提升了学生的就业能力与职业素养。每年暑期，学校还举办校外兼职岗位招聘会，使广大学生更好地走出校园，认识社会、了解社会，为今后更好服务社会打好基础。同时，积极拓展社会资源，与企业多方合作，建立起移动公司、吉大致远等多个校内外助学实践基地，为学生搭建集勤工助学、实习实训、工作就业为一体的综合实践平台。

（2）搭建思想教育平台，提升学生思想品德和人文素养

通过开展感恩教育，引导学生感恩国家、学校和社会。由家庭经济困难学生组建的支教团，每年都会选派志愿者队伍分赴 30 余所学校开展支教活动，为偏远地区儿童传递关爱、启迪梦想。通过开展自强自立教育，引导学生继承发扬中华民族精神，自强不息，努力奋斗，以积极向上的人生态度面对生活中的困难。学校开展“自强自立大学生”“自强自立大学生标兵”评选活动，评选自强自立典型，营造起学典型、争先进的良好氛围。通过开展诚信教育，每年开展形式多样的诚信教育主题活动，引导学生树立诚实守信的道德观和法治观，坚守道德准则和法律规范，诚实做人，踏实做事，做一个社会需要的合格人才。

（3）搭建就业帮扶平台，使学生顺利步入社会

帮助家庭经济困难学生顺利就业是阻断代际贫困的重要手段。学校从满足家庭经济困难学生的多样化就业需要出发，为家庭经济困难且就业困难学生发放求职补贴，切实解决学生求职过程中的经济难题，消除影响其就业的经济障

① 全国学生资助管理中心：《吉林大学搭建“三个平台”，促进家庭经济困难学生全面发展》，全国资助管理中心网站，http：//www. csa. cee. edu. cn/index. php/shows/62/2767. html.

碍。依托“蒲公英计划”，将家庭经济困难学生在校期间所能够涉及的所有学科竞赛、相关专业认证考试、出国英语能力考试等均列入梦想基金资助育人项目，增加学生能力储备，提升学生就业竞争力；对家庭经济困难及就业困难的“双困学生”开展就业能力提升培训会，加大对家庭经济困难且就业困难毕业生的就业帮扶力度，力争使每一名家庭经济困难学生都能顺利就业，走向社会。

通过搭建三个平台，使学生能力有提高、品质有升华、就业有促进，引导家庭经济困难学生树立正确的世界观、人生观和价值观，最终实现成长成才。

（资料来源：全国学生资助管理中心，2016 年 12 月 19 日）

5. 山东理工大学：“时间银行”资助育人平台①

山东理工大学创建资助育人实践平台——“时间银行”。该平台坚持立德树人，增强大学生的感恩意识、奉献意识、责任意识，弘扬奉献、友爱、互助的志愿服务精神，通过实施以“储蓄时间、奉献爱心”为主题的志愿服务活动，从志愿服务思想引领、激励式参与、多样化服务平台、多重监督保障体制和志愿服务活动效果评价等层面对资助育人工作进行探索，总结出适合推广的志愿服务体系和模式，凸显资助育人的现实意义。“时间银行”在整个“三全育人”过程中，紧抓“志愿服务”一个点，带动德智体美劳全面发展，探索出相应的、有效的资助育人途径，其具体策略如下：

（1）思想引领志愿服务

在大学新生接到入学通知书时，各学院领导、教师和辅导员加强对大学生的志愿服务教育，深化大学生对“志愿服务”内涵的理解，引导大学生积极参与志愿服务活动，并在培养“五有”人才时将其视为一个重要衡量指标，努力做到科学育人的教育目标。“时间银行”资助育人平台的一个重要功能在于引导受资助大学生乐于奉献，在社会实践中体验现实的意义和奋斗的价值，进而培养其感恩意识，激发其奋发图强的斗志。

（2）激励优化志愿服务

为激励和表彰受资助大学生的志愿服务精神，“时间银行”对积极参加志

---

① 郭洪涛：《“后脱贫时代”高校资助育人工作策略研究——以山东理工大学“时间银行”资助育人平台为例》，《黑龙江教师发展学院学报》，2020 年第 4 期。

愿服务活动的同学进行“时间银行储蓄卡”准确记录，并将其作为评奖评优的一个重要参考。同时，在具体的实施过程中要注意避免形式化，注重学生的主观感受。学生是资助工作的对象，也是资助育人工作的主体，处在青春期的大学生自尊心强，内心敏感，在开展资助育人工作时应充分考虑不同年级学生的身心特点，通过无差别化报名、网格化管理等人文关怀，让学生感受到国家对青年学生的关心。人性化的资助育人是高校资助育人工作的发展趋势，也是当前的研究热点。

（3）多样化丰富志愿服务

“时间银行”整合社会、学校、学院各部门的岗位需求，不断创建新的志愿服务基地，为志愿者提供多样化的个人素质提升机会，更好地吸引更多学生加入。志愿服务的岗位以校内为主、校外为辅。其中常设岗位主要包括校内的办公楼、教学楼等日常管理、卫生保洁、纪律维持等。同时，在校外创建更多志愿服务基地，比如到福利院、敬老院、医院等地方开展志愿服务活动。目前，除校内基础志愿服务岗位和临时性志愿服务岗位，学院已在淄博市图书馆、中心医院、妇幼保健院、火车站、汽车站等建立了长期的志愿服务基地，提供了多样化的服务岗位，丰富了受资助大学的志愿服务时间和场所。

（4）多重保障志愿服务

“时间银行”设立了志愿服务领导小组，专职辅导员领导学生会志愿服务部组织并监督志愿服务活动的完成过程。为保证志愿者在志愿活动过程中的服务真实有效，“时间银行”创新制作了“时间银行储蓄卡”，明确了使用办法，同时要求在志愿者完成志愿服务活动后，活动主办方及时对志愿者的服务给予反馈。志愿服务部工作人员经过核对后签字盖章认证，严格的认证流程不仅保证了活动的有效开展，也是对志愿者服务的一种肯定。为了系统地深入研究志愿服务现状，“时间银行”对参与的每一位志愿者信息进行了采集并注册了志愿者编号，注册制使得活动更加公开透明及便于记录，方便对志愿服务整体的调查研究，有利于将资助育人工作科学化、规范化。“时间银行”不断完善工作激励机制，将各专业、班级开展大学生志愿服务活动情况列入年度考核评价指标参考体系，对开展志愿服务活动并表现优异的班级和个人进行表彰，授予“志愿服务标兵”等荣誉称号，通过多方合力，推动资助育人工作的全面开展。

（5）志愿服务及时评价

根据班级活动开展、“时间银行储蓄卡”记录情况、志愿者服务积极性评价、主办机构反馈等多方面信息，综合分析志愿服务活动开展的有效性。

“时间银行”资助育人平台提升了新时代大学生的志愿服务精神，取得了社会、学校、学生共赢的效果。与庞大的学生数量相比，大学生志愿服务仍存在参与率相对不足、志愿服务意识薄弱等问题。除了加强思想引导、正向引导与反向倒逼相结合外，以“时间银行”的方式将参与志愿服务作为获奖受助的必要参考条件之一，一方面可以为热心志愿服务活动的学生搭建多样化的志愿服务平台，提高志愿服务质量；另一方面应该进一步宣传、激发、督促新时代大学生增强感恩奉献意识，更加主动地参与各类志愿服务活动，真正做到感恩生命、受助思源、获奖思进、传递爱心、回报社会。

（资料来源：黑龙江教师发展学院学报，2020 年 4 月 15 日）

第三节 高校资助育人的制约因素

随着时代的进步，高校资助育人工作已由原来单纯的经济帮扶向培养受助学生能力发展转变。新时代对资助育人工作的育人功能提出了更高要求，要将“扶困”与“扶智”、“扶困”与“扶志”相结合，构建物质帮助、精神帮扶有效融合的资助育人长效机制，培养学生诚实守信、知恩感恩、励志进取、自信乐观的良好品质与精神面貌。然而，在实际工作中，高校资助和育人并未真正融合，存在一定的制约因素，剖析当前高校资助育人制约因素是推动高校资助育人工作更加成熟、完善的必然要求。

一、 育人合力尚未形成

1. 协同育人工作机制尚未建立

新时代资助育人要在“三全育人”的理念下发挥资助育人的实效，然而当前高校资助育人工作中协同育人工作机制尚未建立。第一，在全员育人上，学校工作是一个整体，学校中每一成员都应承担起资助育人的重要责任，分别有教学岗、教学辅助岗、党政管理岗、后勤服务岗及接受教育者学生，缺一不可。但当前许多高校资助育人工作主要由校级资助育人主体部门牵头、二级学院辅导员具体落实，教学、科研、管理、服务等部门并未融入学生资助工作体系，尚未落实各部门各岗位的育人能力，尚未汇聚广大教职员工协同育人合力。第二，在全方位育人上，当前高校家庭经济困难学生的诚信、感恩、励志、奋斗等品质有待重视并进一步提升，且资助帮扶项目较为单一，并未融合政府资源、社会力量、校际资源等不同来源、不同领域、不同类型、不同层次、不同内容的资助帮扶项目。高校亟须进一步完善国家、社会、学校、家庭多方协同机制，为家庭经济困难学生提供全方位服务。第三，在全过程育人上，资助育人工作具有整体性，当前高校资助育人工作普遍存在着“条块分割”的现象，尚未将育人工作贯穿学生从入学到毕业的各阶段，没有融入学生学习生活各方面。当前，高校如何协调不同部门做好家庭经济困难学生经济、学业、心智、实践、就业创业赋能等是日常资助育人工作中的一项难点、薄弱点，亟须围绕家庭经济困难学生的发展需求，重新梳理校内各部门、各院系的资助育人资源，再造新的资助育人工作流程、工作方法和工作内容。

2. 校院联动机制还不够完善

当前，高校间基本已成立了由有关校领导担任组长的资助工作领导小组，构建起“学校资助工作领导小组、学生资助管理中心、学院资助工作小组、班级帮扶小组”四级资助育人工作机制，但四级工作机制的推进、落实中还存在着诸多困难，制约着校院联动四级资助育人工作机制的科学化运行，具体如下：第一，在学校资助育人工作领导小组层面上，当前许多高校资助工作的顶层设计不够全面，学生资助管理工作规范不够健全，缺乏精准资助的制度保障，尚未制定科学全面的资助育人工作考核评价办法。第二，在学生资助管理中心层面上，高校资助育人当前主要依托学校学生工作部等校级部门牵头，但许多高校学生资助管理中心的监督机制还不够完善，学生资助工作规范化水平不高，不能有效保障资助育人政策措施落地。第三，在学院资助工作小组层面上，二级学院领导、组织、审核、监督家庭经济困难学生的资助帮扶工作建设动力不足，学院是家庭经济困难学生学习、生活的主要场域，辅导员也是最接近、最了解家庭经济困难学生的育人主体，但由于人力不足、业务量大等客观原因，二级学院往往重视资助育人工作中的管理服务，在资助育人工作中的教育投入积极性和主动性有待提高。第四，在班级帮扶小组层面上，当前班级帮扶小组建设不够完备，班级资助信息员不能发挥实效。

二、 育人对象界定困难

1. 认定标准不够完善

客观上，由于资助对象的认定体系不够完善，资助对象的认定一直以来都是高校资助育人工作的重点和难点。高校实现精准资助的基础是对资助对象的精准认定，一方面是定性把握家庭经济困难学生群体，另一方面还要定量判断其家庭经济困难程度。当前，各个高校在资源分配过程中较多是按照学生人数比例来进行切分，这就导致资源在整体层面的错位分配。从 2020 年起，根据国家政策的调整，家庭经济困难的认定工作不再需要提交《高等学校学生及家庭情况调查表》，而是由大学生自己申请，向学校提交相关证明材料，学校根据学生提供的相应家庭经济情况的证明材料进行核实，逐级进行民主评议。有建档立卡、低保、特困供养、残疾、孤儿情况的学生，一般视为特殊困难等级，属于优先必给范围，剩下的名额再分给一般困难的学生。高校往往根据消费程度和最低生活保障认定一般困难学生，这就对学生申请资料的真实性、目前家庭经济情况的匹配度的考究，以及评议工作的客观性有更高的要求，工作进展难度大，精准度不高。此外，在家庭经济困难学生认定的具体操作中，班级和院系的评议小组进行认定的方式主观性很强，对家庭经济困难学生的情况并非十分了解，容易受先入为主的思想影响，进而导致评判的公平性缺失，且无法规避学生在材料上弄虚作假和评议小组的人情帮扶。

2. 存在“隐性困难”“伪贫困”现象

主观上，高校学生群体中“隐性困难”“伪贫困”现象一直存在。虽然国家、社会对高校资助的资金投入逐年增大，且投入来源不断扩大，每年受资助的学生数量也在增加，但高校存在家庭经济困难学生因自卑、自尊心强等原因不愿申请资助，使需要资助的学生丧失受助资格，这部分“隐性困难”学生因未主动申请而未得到资助；此外，还有部分家庭经济不困难的“伪贫困”学生获得资助、部分家庭经济困难学生多次获助等问题①。

---

① 杨志增、林雪迎：《大学生精准资助下育人体系构建研究》，《科教文汇》，2020 年第 4 期。

三、 育人队伍建设不够有力

高校资助育人队伍的能力和素质需进一步提升。资助工作人员的能力素质越高，对学生的影响力和示范力就越强。但当前高校部分资助工作人员存在精力有限、能力不足、育人意识不强等问题，在精确了解每位学生的个性特点和成才需求等方面做得不够到位。

1. 专职工作人员配备不足

根据《教育部关于进一步加强高等学校学生资助工作机构建设的规定》（教人〔2006〕6号）相关要求，原则上高校资助管理中心人员数量要达到学校全日制普通本科生、研究生在校生规模1∶2500。现阶段，许多高校未能严格按照要求配备相应人员，资助管理队伍职能比较分散，各自完成精准资助相关事务性工作。相对而言，因人手不充足，发展型资助育人的成效相对较弱。

2. 资助工作人员流动性大

目前，高校二级学院资助工作人员主要由专职辅导员担任。受岗位晋升和职称评定等因素影响，在从事辅导员工作后，部分年轻人认为辅导员工作偏向于行政岗位，没有发展空间，职称难晋升，将辅导员岗位作为事业的敲门砖，或继续考博深造，或寻求调岗机遇，或选择离职，原本负责资助工作的人员转岗现象频繁，流动性较大，使得已熟悉了资助工作内容和掌握了工作方法的工作人员调任不同部门的新工作岗位，影响资助工作队伍的职业化建设。

3. 资助工作人员创新和研究不足

资助育人工作有固定的要求和程序，工作方法及工作要求变化性较小，重复性工作耗费了资助人员较多精力与时间，导致工作缺乏积极性、主动性，对工作的思考和理解不够深入，对于资助育人的理论创新和研究动力不足。

四、 育人工作制度亟待完善

无规矩不成方圆，遵循制度能促进事务有效运转，是事业成功不可或缺的条件。目前，高校资助育人制度还存在着保障制度不够完善和监督考核制度不够完善两个方面的制约。

1. 保障制度不够完善

随着社会经济形势的迅猛变化，现有资助制度中存在一些不适应当前时代发展和大学生生活实际的内容，部分制度缺乏配套实施细则或操作办法，一些资助政策和制度需要修改完善。财政部和教育部规定，各高校应从事业收入中拿出4%～6%的经费用于助学，但当前高校保障高校事业收入资金提取还存在着诸多困难，且当今社会还未能形成捐资助学的良好风气，社会资助在区域之间、学校之间捐助资源分配不平等①。此外，物质资助应遵循适度原则，由于家庭经济困难学生的困难程度不同，高校如何精准控制资助力度并按照学生所在家庭经济困难程度进行按需资助，也是当前高校亟须完善的工作。当前高校还存在着资助力度不够精准的问题，具体表现在：部分家庭经济困难学生因资助过少而解决不了问题、达不到帮扶效果；部分家庭经济困难学生资助过多浪费了资源，给别有用心的人以可乘之机，从而影响了物质资助工作的公信力。

2. 监督考核制度不健全

高校资助育人建设就是要求及时、高效地达到资助育人的效果。在当前的高校资助育人实践中，许多高校仅仅停留在资助的表面上，把大量精力花费在奖学金、助学贷款的评选上，只是把助学金按时发放到学生手中而已，缺乏相应的监督考核制度，资助育人效果还很不理想。由于缺乏监督考核机制，部分家庭经济困难学生获得资助后消费大手大脚，甚至沉迷于网络，获得资助的同时并没有顺利完成自己的学习任务，反而出现多门次的不及格，更有甚者被学校学业警告或退学，严重制约了资助育人的实效，影响了校园和谐。这也体现出当前家庭经济困难学生的后续监督考核机制不够完善，没有正确引导学生努力学习、提升自身能力。

五、育人理念导向不明

1. 重资助轻育人

上级部门对高校资助育人工作的考核检查更加注重资助体系的建设完善和

---

① 中华人民共和国教育部：《财政部：高校需提取4%～6%事业收入用于助学》，人民网，http://www.moe.gov.cn/jyb_xwfb/xw_fbh/moe_2069/moe_2095/moe_2118/moe_1543/tnull_24055.html.

资助政策的落实，较少涉及资助育人的成效。在此背景下，许多高校只是保证在资助政策的落实上不出问题，把工作简单划归学生资助中心负责，对于育人没有给予充分重视，没有投入足够精力，导致资助和育人分离现象的发生①。在学生受到资助后，并没有建立相对完善的机制对受助学生进行经济帮扶外的育人层面帮扶，导致出现“扶困没能扶智”现象。这样的保障型资助模式，只是“授人以鱼”，帮助学生接受了经济的帮扶，没有“授人以渔”，没有提高学生摆脱困境的综合素质技能，从而引发学生的安逸、懈怠心理，不求自身的能力提高，安于国家与社会资助的现状，导致出现“争贫不争优”现象。此外，随着网络技术的发展，有很多不良思潮入侵了大学生的意识，部分受助大学生失去了学习的目标，感恩意识淡薄，有的甚至形成了不好的价值观，严重偏离了资助育人的初衷，背离了高校立德树人的根本目标，高校在物质帮扶之后对学生的价值观引导和感恩意识的教育还存在不足，对精神资助投入较少。

2. 育人方式单一

在健全和完善高校资助育人工作体系中，模式僵化与流于形式等问题使得学生资助工作中的育人效果难以得到有效发挥。对受助学生的帮扶一部分是教学课堂上的思想政治教育，另一部分是辅导员日常的管理。但是很多高校在资助育人工作中总强调加强受助学生的思想政治教育，“乐衷”于对学生进行诚信或者感恩方面的思想引导，无法将资助育人和人才培养有机结合；而辅导员、班主任等进行资助育人工作时，大部分也是采取主题班会、谈心谈话等形式，形式单一而又缺乏针对性，往往忽略了对家庭经济困难学生专业能力与综合素质的培养；事后也没有形成专门的育人档案，对家庭经济困难学生的帮扶大部分停留在表面，没有进行后期追踪，导致育人的效果不理想，极难发挥资助育人的功效。因此，高校在开展教育时更应注意方式，要根据不同学生的具体情况制定相应的帮扶方式和策略。

六、 育人成效检验困难

1. 育人成效具有漫长性和艰巨性

资助育人始于资助，成于育人。但育人工作具有漫长性和艰巨性等特征，

① 李晓敏：《“三全育人”理念下高校资助育人模式的构建》，《科教导刊》，2020 年第 20 期。

育人效果的检验难以在短期内呈现。高校资助育人工作“十年树木”的长期性特质，以及作为促进家庭经济困难学生德智体美劳全面发展的长效机制，其成效难于量化考核、难于直接呈现，也难于出现工作中的亮点与成绩，影响育人工作的落实。

2. 跟踪评价机制不完备

当前，高校缺乏具体详细的资助育人效果跟踪评价，缺乏育人效果的长期动态反馈机制，加之高校资助育人效果的评价标准不够科学、方式不够合理、反馈不够充分等，也制约着高校资助育人效果的充分发挥。

第四节　高校资助育人的实施路径

长期以来，我国高校始终站在实现教育现代化、实现“两个一百年”奋斗目标的战略高度，紧紧围绕立德树人根本任务，不断提高资助育人水平，确保家庭经济困难学生能够成长成才。习近平总书记曾在多个场合强调教育扶贫的重要意义，并强调要把发展教育扶贫作为治本之计，促进教育公平，切断贫困代际传递。高校资助育人作为一项重要的保民生、暖民心工程，是脱贫攻坚、促进社会公平的重要内容和重要举措。资助是手段，目的在育人。高校资助育人工作绝不是简单地发钱、发物，除了对资助有经济需求，家庭经济困难学生也有更高的成长发展需求，高校资助育人的实施路径应全面推动精准型资助育人、发展型资助育人体系的构建。

一、 精准型资助育人

高校资助育人是脱贫攻坚工作的重要内容，也是教育扶贫的关键任务。精准资助是高校资助育人工作追求的目标，更是一项长期工作，要想实现对家庭经济困难学生的精准认定，以及资助资源配置的优化，离不开国家与高校相关制度的保障，也需要相应的软硬配套力量支持，只有始终秉持“精准”“资助”“育人”三者不可分离的理念，才能朝着资助育人更加精准、资助育人更加有效的目标不断前进，更好地完成新时期的资助育人工作①。推进高校“精

① 赵晓萌：《高校精准资助育人工作优化探析》，《就业与保障》，2020 年第 6 期。

准资助”的育人工作，不断将育人工作精准化、精细化、精致化，家庭经济困难学生经济上才能得到有效帮助，个人素质才能得到有效提高，成长成才能得到有效保证。在全面建成小康社会的关键时期，实施精准资助育人，在理论和实践方面都有积极的意义。高校所承担的责任极其重大，高校学子作为祖国的未来和民族的希望，他们是否能够顺利完成学业，是否能有一技之长，不仅关系到个人的长远发展，也关系到国家的未来命运。

1. 内涵特点

实现“该资助的学生一个不能少，不该资助的学生一个不能有”，就必须精准认定家庭经济困难学生，根据其贫困程度实行资助，精准安排资助项目、精准使用资助资金。精准型资助育人让资助能够精确落实到每一位符合条件的家庭经济困难学生身上，使其能够通过合法程序获得足够支撑其完成高等教育的资金资助，让每一分资助资金都不被滥用或克扣，精准分配到每位有需求的学生手上。因此，高校精准型资助育人是指在对家庭经济困难学生精准识别的基础上，给予精准数量的资助资金来承担其在受高等教育过程中的基本开销①。

（1）精准型资助育人的根本是精准

高校家庭经济困难学生精准型资助育人的精准体现在三个方面：一是资助对象的精准认定。采用科学有效方法，依托大数据精准认定家庭经济困难学生，实现资助学生动态管理，做到资助对象有进有出。二是资助育人项目的精准安排。既要根据家庭经济困难学生的实际需求，统筹各项奖助资源，灵活安排资助育人项目，实现资助育人项目与学生实际状况高度契合，又要在解决学生经济问题的同时，尽力帮助其成长成才，以确保成功就业，从根本上实现学生所在家庭的可持续脱贫。三是资助资金的精准使用，既要根据经济困难学生所在家庭的困难程度合理确定资助力度，使有限的资助资金发挥最大作用，又要及时足额发放各项奖助资金，将每一项资助都能合理地资助给家庭经济困难学生②。

---

① 冯雨佳：《高校家庭经济困难学生资助困境与精准应对——基于数据库管理的视角》，《市场周刊》，2020 年第 10 期。

② 薛丽华、李雨健：《高校家庭经济困难学生资助体系的精准化路径探析》，《改革与开放》，2020 年第 10 期。

（2）精准型资助育人的宗旨是服务

由学生资助管理变为学生资助服务是一个大的跨越，从机械式的数据整理、流程认定、打卡发钱转变为饱含深情的温暖、关心、关爱，转换固有的资助育人模式，变“授人以鱼”为“授人以渔”，根据受助对象每个家庭的独特环境和学生成长成才过程中的鲜明个性，重点从心理和精神层面给家庭经济困难学生提供“定制服务”。心理上主要克服家庭经济困难学生因家庭经济不好产生的自卑自怯、不敢与人交流、不想团队协作的一些固化“顽疾”。精神上在于充分肯定每个人的生长和发展，认可他们的独特魅力，从而增强家庭经济困难学生的人格自信和精神独立①。

2. 工作理念

（1）坚持把精准资助作为育人内容

《国家中长期教育改革和发展规划纲要（2010—2020 年）》中明确指出：“坚持教育的公益性，不让每一名因家庭经济困难的学生失学是党对教育工作者的要求。”② 面对我国进入小康社会，实现全面脱贫的大好形势，高校资助育人工作要与时俱进、超前谋划、精心施工。首先，用“精准”指导资助育人工作全过程，用“精准”检验资助育人新成果③。以学生需求为准绳，促进高校“资助育人”精准化。完善困难生认定制度，从源头保证公平公正，这也是践行社会主义核心价值观的重要体现。家庭经济困难学生的困难程度也是发展变化的，高校资助育人工作者应根据困难生提供的材料，通过与家庭经济困难学生访谈、家访等多种方式对困难程度进行摸底定位，分析家庭经济困难原因、特殊群体因素、家庭经济困难学生所在地的经济发展水平及其他相关因素，划分家庭经济困难等级，再根据跟踪观察，在下一年度重新界定困难群体。其次，严格规范奖惩机制，最大程度实现公平公正，对于提供虚假材料、以不正当途径骗取助学金的行为予以严惩，一旦发现，取消评优资格。班主任、学业导师、辅导员、班委要始终跟进困难学生动态变化过程，科学、精准界定困难

---

① 鹿奎奎：《高校家庭经济困难学生精准资助路径研究》，《湖南邮电职业技术学院学报》，2020 年第 3 期。

② 国家中长期教育改革和发展规划纲要工作小组办公室：《国家中长期教育改革和发展规划纲要（2010—2020 年）》，中华人民共和国教育部，http：//www. moe. gov. cn/srcsite/A01/s7048/201007/t20100729_ 171904. html.

③ 贺剑：《“精准脱贫”思想指导下的高校资助育人工作研究》，《青年与社会》，2020 年第 18 期。

生群体，配合学校做到家庭经济困难学生认定精准、突发情况处理精准、资金划分精准、调查反馈精准，真正实现将有限的资源分配给需要的人，进而促进资助育人工作效益最大化。精准型资助育人还需要实行学校负责制，通过“建档立卡家庭经济困难学生信息自采集”模块，精准了解困难生的实际家庭情况，确定“有针对性和时效性的个性化资助方案”，及时做出方案调整，在资助育人实践中实现由“大水漫灌”到“精准滴灌”的转化①。

（2）坚持“三全育人”的要求

高校资助育人是高校思想政治工作的重要内容，是立德树人教育理念在高校的延伸和深化。构建以人本为主线，以教育人、培养人、塑造人为目标的育人模式，就要坚持经济资助与人本教育相结合、物质抚慰与精神疏导相结合、勤工助学与自强自立相结合、诚信教育与感恩教育相结合、社会实践与能力提升相结合、育人环境与成长环境相结合的全方位、立体化的人本育人网络。把资助育人工作做成充满人文情怀、充满关爱感恩的暖心工程。不仅让学生从资助中受益，也要体验幸福感和归属感。激发他们内心的感恩意识，重塑自信、自立、自强的人生信念②。通过建设高校资助性社团，将社会主义核心价值观融入社团理念当中。其优势在于社团本身是一个集体组织，组成人员多为家庭经济困难学生，有相似的生活经历和经济状况，相互之间更容易打开心扉，产生情感共鸣，有利于培养共同的兴趣爱好，在“朋辈效应”下参与社会实践的效果也更为显著。资助性社团作为家庭经济困难学生成长成才的一个重要平台，必须有正确的社团理念和科学的运转方式，不仅需要学生发挥主观能动性，还需要专业的老师参与经营管理，共同打造高质量的社团文化。高校还应充分发挥党团组织在资助育人工作中的重要作用。主题党日活动和主题团日活动是高校学生学习党的理论知识和参与实践活动的主要方式，也是高校思想政治教育的主要载体，在学生的日常生活中起着思想引领的作用。将高校资助育人理念引入党团组织建设中，有助于端正学生的学习态度，引导学生进一步树立爱国意识③。总之，精准型资助育人应坚持“三全育人”的要求，注重在

① 郝娜娜：《高校“资助育人”工作的瓶颈及提升探析》，《科教文汇》（中旬刊），2020年第5期。

② 贺剑：《“精准脱贫”思想指导下的高校资助育人工作研究》，《青年与社会》，2020年第18期。

③ 郝娜娜：《高校“资助育人”工作的瓶颈及提升探析》，《科教文汇》（中旬刊），2020年第5期。

“三全育人”的理念下发挥资助育人的实效。

（3）坚持把先进技术作为育人手段

把先进手段运用到高校资助育人中，是高校资助育人工作可持续发展的路径。高校资助育人工作要针对经济社会发展的新趋势，以及学生对成长成才的新希望，把信息科学技术与演绎推理方法进行融合，用信息技术和大数据技术手段，把申请资助学生的相关数据进行统计、分类、梳理、汇总，形成数据模块。从数据的抓取、分析、评价和结果有机地统一起来，智推优选出与资助对象最匹配的资助资源及资助方式，使高校学生精准资助向科学化、人本化的方向发展①。

3. 构建路径

（1）提升资助育人对象的精准性

高校家庭经济困难学生的精准认定是精准资助育人的第一步，也是开展资助育人工作的前提，是资助工作的首要环节。2016 年颁布的《教育部办公厅关于进一步加强和规范高校家庭经济困难学生认定工作的通知》提出，要求资助对象精准、资助力度精准和发放时间精准。我国家庭经济困难学生资助育人体系应按照高校认定标准，精准认定家庭经济困难学生，根据认定等级和特殊困难学生类型，切实将助学金用于家庭经济困难学生身上②。高校家庭经济困难学生认定工作是做好高校资助育人工作尤其是精准资助育人工作的前提，科学的认定方法和程序能够有效提高精准资助水平，更有利于资助育人工作的开展。传统单纯依靠学生提交家庭经济情况说明材料已经满足不了精准资助的需求，科学化应用信息手段才是未来精准资助的潮流。目前世界已进入大数据时代，在这个浪潮下，单纯的人工数据收集已满足不了时代化的应用需求，资助育人工作也需要大数据的应用。大数据时代下，数据资源是海量的，学校可以通过数据中心收集到学生的绝大部分信息，高校可以充分利用机构优势有组织地通过对各类数据源的定位和连接，实现数据的采集、传输和汇聚。通过大数据平台有组织地收集学生卡、无线支付平台、购物软件等的消费数据，分析学生的经济状况，对消费明显低于正常平均消费的情况及时预警，引导辅导员和

① 贺剑：《“精准脱贫”思想指导下的高校资助育人工作研究》，《青年与社会》，2020 年第 18 期。
② 薛丽华、李雨健：《高校贫困生资助体系的精准化路径探析》，《改革与开放》，2020 年第 10 期。

班主任隐性关注，并进行动态管理，这在一定程度上能更科学地进行困难认定和精准资助。

（2）加大资助育人力度的精准性

精准的帮扶力度是精准资助育人的基础。唯有精准解决家庭经济困难学生的物质需求，才能为后续的教育提供保障。在精准识别的基础上，必须整合多种物质资助形势，为不同类别的困难学生提供个性化的物质帮扶，增强物质帮扶力度精准，确保“不让任何一个大学生因为家庭经济困难而失学”。针对高校资助育人工作中存在的问题，要精准控制资助力度，按照学生所在家庭经济困难程度进行按需资助；公平、公正、规范地管理使用资助资源，切实保证高校各项资助政策和措施真正落实到家庭经济困难学生身上；发挥高校资助育人体系的效用，让家庭经济困难学生获得充分的资助和关爱①。此外，发放时间要精准，某些高校已经把按学期发放的国家助学金改为按月发放，社会资助的助学金一次性发放，解决学生的现实需要，让家庭经济困难学生能安心学习、踏实生活、快乐成长。

（3）完善资助帮扶措施的精准性

精准的帮扶措施与方法是精准资助育人的核心。资助育人必须明确方法，根据学生不同类型、不同阶段、不同需求，精心设计资助育人工作内容，精准开展工作，时时关注共性需求，及时关注个性问题，“精、准、稳”直击学生的成长需求，确保精准资助育人工作符合学生发展规律。精准帮扶的价值理念要求高校在资助育人工作中做到“因生施策”，在对家庭经济困难学生进行经济上精准帮扶的同时，注重培养学生的综合素质能力，对家庭经济困难学生多样化发展需求进行精准识别，明晰家庭经济困难学生在成长发展的多样化需求，开展“阶梯式”的差别化资助，既保证学生不会因经济问题产生学业困扰，也做到满足学生发展的多样化需求②。

（4）加强资助资金支持的精准性

做好新时期高校资助育人工作，一是高校要保持基本的学校奖助，形成有效的综合评价激励机制，充分调动学生的积极性、主动性，培养学生的感恩之心，形成良好的校园文化资助氛围。二是高校应积极拓展社会捐助渠道，通过

---

① 薛丽华、李雨健：《高校贫困生资助体系的精准化路径探析》，《改革与开放》，2020 年第 10 期。

② 刘泽：《高校资助工作在乡村人才振兴中的角色定位与实践路径》，《教育评论》，2020 年第 9 期。

校友会主动联系校友资源、企事业单位及个人捐资助学，增强高校与企业之间的合作。根据高校家庭经济困难学生的学习状况、生源地情况、专业设置情况和就业去向设立企业奖助学金，实现多元化社会捐资助学，形成浓厚的社会助学氛围。三是建立学生自助机制，通过提供校内、校外勤工助学岗位为学生搭建自助服务平台，使学生在获取一定报酬的同时提升自身的综合能力，更好地彰显资助育人成效，最大限度地满足经济困难学生学习、生活和成长的需要①。

（5）完善资助育人机制的精准性

高校在精准资助目标下，需要不断完善和优化资助机制，在原有资助对象的判定基础上融入信用档案方法。高校对受到资助的困难学生群体建立信用档案，档案当中的信息会跟随学生走入社会，这样可以使一些带有投机取巧心理的学生约束行为。另外，高校还可以建立资助信息系统，通过在系统当中对受助学生信息进行一定范围和程度的公示，在校园当中形成群众参与评价的模式，这样可以避免受助学生将资助款项拿去高消费等现象的出现，同时也能够使资助信息更加透明，提高高校精确资助育人的有效水平②。

建立监督和考核体系。首先，监督识别要精准化，对家庭经济困难学生认定程序的公平公正进行监督，以实事求是为原则，不搞关系化、特殊化；其次，向全体学生公开通知各类资助资金发放的时间，按时发放，将党和政府对家庭经济困难学生成长发展的关心及时送达；再者，要对资助育人工作的过程进行监督，确保每一笔资金落实到最需要的学生手中，实现高校资助育人工作动态的实时监测和评价③；最后，要对学生多样化需求满足的情况进行考核，从家庭经济困难学生主体出发，考评学生全面发展的状况，彻底落实好资助育人工作全过程的精准化。

建立长效资助育人工作师资力量。实现高校精准资助育人离不开一支优秀的管理服务团队，其中业务素养、思想情操和实践经验是重中之重。为保证资助育人工作的稳定性，高校学生资助管理中心须满编配备资助专员，并开展常态化培训，明晰各项资助政策，深化资助专员的使命与担当，提升服务意识，

---

① 薛丽华、李雨健：《高校贫困生资助体系的精准化路径探析》，《改革与开放》，2020 年第 10 期。

② 唐丽军：《精准扶贫视角下高校资助育人工作的实践与探析》，《科学咨询（科技·管理）》，2020 年第 32 期。

③ 刘泽：《高校资助工作在乡村人才振兴中的角色定位与实践路径》，《教育评论》，2020 年第 9 期。

增强业务素养。二级学院专职资助工作的辅导员和班主任应建立健全本学院或本班级家庭经济困难学生资料数据库，密切关注学生的思想动态和日常消费行为。资助专员和资助育人工作辅导员要经常性与学校大学生心理健康中心交流，实时掌握家庭经济困难学生的心理动态，及时进行谈心谈话和心理疏导。

（6）健全资助育人模式的精准性

高校资助育人方式需要进行丰富，并根据受助学生的意愿和实际情况来提供不同的资助内容①。对于短期家庭遭遇造成经济困境的学生，高校可以适当提高资助金额帮助学生尽快渡过难关；对于长期困难的学生，高校可以提供助学岗位，让学生有一个长期稳定的生活来源，同时也能够帮助学生树立正确的思想意识，通过劳动换来报酬，而不是一味地依赖于资助。高校还可以与银行机构进行合作，通过为困难学生提供助学贷款的方式来解决学生的生活和学习困难。学生在走入社会参加工作后，可以通过自己的劳动所得来偿还贷款，这样不仅能够减轻国家的负担，还能够让学生缓解经济压力。

（7）强化资助育人效果的精准性

对于受助学生，高校应当重视对他们的思想引导和心理教育，鼓励他们积极参与校园公益活动，并在力所能及之处为他人提供帮助，从而将受到的关爱传递给他人。通过这样的心理强化教育，高校能够帮助家庭经济困难学生重拾信心，敞开心扉与其他同学建立良好的交流关系，从而提高受助学生的身心健康水平②。资助育人工作是春风化雨的好事，是“帮助一名学生、改变一家人命运”的大事，要将好事、大事变成有温度、有深度的事，需要充分融合精准资助和资助育人。物质帮扶和精神慰藉共同发力，在保证学生不会因经济问题辍学的同时，要更深层次地挖掘学生的内生动力，以他们的未来需求为导向，在家庭经济困难学生心理健康、职业规划、就创业指导、专业发展、技术技能培训等方面下大力气、花大心思，根据学生的各自特点，结合不同的情况，精准安排适合学生自己的资助形式，让他们实实在在获得安身立命的本领，从根本上解决贫困问题。

---

① 唐丽军：《精准扶贫视角下高校资助育人工作的实践与探析》，《科学咨询（科技·管理）》，2020 年第 32 期。

② 唐丽军：《精准扶贫视角下高校资助育人工作的实践与探析》，《科学咨询（科技·管理）》，2020 年第 32 期。

注重道德浸润，培养感恩奉献人才。一是把感恩作为教育的主题，通过举行隆重的颁奖典礼等形式，充分肯定学生在学业生涯的成绩，同时也让学生更加直观地感受到学校对于学生的关怀和帮助。引导学生铭记饮水思源、反哺母校的教育之恩，将来能够回馈社会、回报母校。二是把诚信作为教育的重要内容，举办“诚信签名”活动，活动志愿者引导受助学生在签名横幅上签下自己的名字，简单的一个签名动作，许下的是庄严的诚信约定。利用新媒体如易班平台设计“诚信”题库，通过扫码答题及现场的诚信抽卡答题，吸引许多同学问答互动，加深了对诚信教育的理解。受助学生诚实申报家庭经济情况，积极履行贷款合同，维护个人及学校信贷信誉，认真履行各项受助义务。引导学生做到经济诚信、恪守生活诚信、严守网络诚信、坚持就业诚信。三是把懂奉献作为奋斗目标，积极参与志愿服务工作，教育学生懂得知恩图报，鼓励这些获助的学生积极参与校内外各项志愿者活动。组织受助学生在学有余力的情况下，进入街道社区为小学生们辅导作业、一起玩游戏等，通过组织志愿服务活动，让受助学生懂得“薪火相传、生生不息”，在未来贡献出自己应有的力量①。

二、 发展型资助育人

发展型资助育人是一种新型资助模式，这不仅是名称上的改变，更是资助内涵、理念、模式上的转变和发展，是传统资助工作的升华，基础是经济资助，核心是实现学生发展，最终实现高等教育立德树人的根本任务。发展型资助育人是经济社会发展到特定阶段对高等教育和资助工作育人提出的新的必然要求，发展型资助育人作为高校资助育人工作的新范式，必将引起更多重视并取得资助育人新成效。高校发展型资助育人工作旨在培养家庭经济困难学生感恩、自强、奋斗、诚信等品质，引导其成长成才②。

1. 内涵特点

所谓发展型资助育人，是指为实现高等教育立德树人的根本任务和国家资

① 高世杰、刘俊杰：《“精准资助”理念下高校资助育人工作的实践研究》，《劳动保障世界》，2020 年第 8 期。

② 林瀛：《高校发展性资助育人存在的问题与对策》，《黎明职业大学学报》，2020 年第 1 期。

助政策总体目标，在经济资助的基础上，高校结合各自实际，通过自强自立教育、学业指导、心理辅导、科研和竞赛参与等多样化、成体系的育人方式，激发家庭经济困难学生内生动力，帮助学生养成积极乐观心态、健全人格、良好人际关系能力，以及适应时代发展的职业能力等，助力学生全面发展、成长成才的资助育人模式①。发展型资助育人有别于一般育人工作，其在进行资助的同时对家庭经济困难学生进行经济帮扶后续工作，帮助其在德智体美劳各方面全面综合发展。发展型资助育人保证受资助人群不会因家庭经济困难而无法完成学业，同时在校期间接受各类帮扶并能够克服困难，最终顺利成长成才。

（1）突出受助学生的主体性

高等学校资助育人工作的最终目的是育人，这与高等教育的育人内在逻辑性是一致的。青年大学生是祖国的未来，是我国社会主义现代化建设的重要力量。发展型资助育人是在保障经济资助的基础上，更多关注每个家庭经济困难学生个体发展，突出学生在发展中的主体地位。一方面，在设计发展型资助育人体系时，充分尊重、了解受资助者的发展型需求和意愿，同时，遵循大学生成长发展规律，结合不同个体特点实施科学资助。另一方面，在实施过程中，注重引导受助学生主动参与，激发受助学生的主体意识和主动发展的内生动力，而内生动力是持久的发展潜力②。

（2）强调资助育人理念的发展性

发展是本质属性，也是核心特征。一方面，发展型资助育人关注不同学生的不同发展需求，以及同一学生在大学不同阶段的发展需求，鼓励受助学生在充分认知自我的前提下，明确目标，不断寻求自我发展、自我提升的方法和途径。另一方面，在体系构建上，强调以发展的理念为指导，聚焦受助学生发展需求，以发展型资助育人的新理念统筹资助育人工作体制机制、工作方式、内容供给等体系建设，围绕“构建物质帮助、道德浸润、能力拓展和精神激励有效融合的资助育人长效机制”，帮助受助学生科学实现自我发展，打造高等教

---

① 陈荣桂：《高校学生发展型资助内涵特征、动因及构建路径》，《山东农业工程学院学报》，2020 年第 10 期。

② 陈荣桂：《高校学生发展型资助内涵特征、动因及构建路径》，《山东农业工程学院学报》，2020 年第 10 期。

育发展型资助育人工作全新格局，把每位家庭经济困难学生都培养成有用之才①。

（3）重视资助育人内容和方式的多样性

发展型资助育人内容和方式存在着多样性的显著特征。一方面，高校受助学生均为独立的个体，每个人成长的背景、家庭情况、个性特征、能力状况等都有差异，在实施发展型资助育人时，必然要求根据个体差异提供心理辅导、专业指导、自强自立教育、职业发展规划等多方面的内容，以满足受资助对象多样化的需求。另一方面，在资助方式上，除传统的经济资助外，人文关怀、团体辅导、学业指导、竞赛参与、榜样事迹报告会等多样化方式，为学生提供乐于参与、满足其个体发展需求的资助形式。实现资助内容供给、供给形式与资助需求的吻合，提升发展型资助育人的实效性②。

（4）体现实施过程的多元参与性

发展型资助育人重点关注受助学生的发展，通过心理辅导、学业指导等多样化的方式，帮助受助学生实现综合能力的提升和发展。发展型资助育人在内容供给和供给形式上的多样性，必然需要各方的多元参与。一方面，高等学校各部门均承担育人功能，在实施发展型资助育人的过程中，高校部门间统筹协调、通力合作，形成高校教育资助和育人工作的合力；另一方面，高校资助育人工作是国家脱贫攻坚工作在教育领域的体现，是国家脱贫攻坚工作的重要组成部分，具有独特的价值效用，发展型资助育人必然包含政府、社会的积极参与，总体格局上呈多元化、多层次、全方位参与的特征③。

2. 工作理念

发展型资助育人是以充满人性的、发展的眼光看待资助育人工作和学生成长，其工作理念主要体现在三个方面的导向特征：

（1）凸显学生主体地位，变“输血”为“造血”

保障型资助使家庭经济困难学生处于一种被动接受资助的状态，这种资助

---

① 陈荣桂：《高校学生发展型资助内涵特征、动因及构建路径》，《山东农业工程学院学报》，2020 年第 10 期。

② 陈荣桂：《高校学生发展型资助内涵特征、动因及构建路径》，《山东农业工程学院学报》，2020 年第 10 期。

③ 陈荣桂：《高校学生发展型资助内涵特征、动因及构建路径》，《山东农业工程学院学报》，2020 年第 10 期。

方式不利于他们自身潜力的发挥。发展型资助育人改变了家庭经济困难学生这种被动接受资助的局面，让他们认识到自己的主观能动性，主动提升自己的能力，培养他们脱贫的信心，使他们相信可以通过自己的努力改变目前贫困的状况①。

（2）体现差异性原则，共性与个性相结合

发展型资助育人以经济资助为基本保障，解决了家庭经济困难学生共同存在的经济问题，同时又改变了往常的单一型资助形式，有针对性地对由于致贫原因、性格特点、能力差异而造成不同情况的家庭经济困难学生进行区分，根据他们的不同需求，开展不同内容、不同方式的资助，做到共性与个性的统一②。

（3）坚持发展性原则，注重学生可持续发展

发展型资助育人以培养家庭经济困难学生的心理素质和综合能力为取向，着重对其进行思想引导、心理辅导、就业培训、人文素养培养、社会实践训练，促进其全方位发展成才，不仅在学校能够健康快乐地学习和生活，也能更好地走向社会，真正实现全面发展③。

3．构建路径

从教育部印发的《高校思想政治工作质量提升工程实施纲要》看，发展型资助育人体系的建构主体是由国家、社会、学校和受助学生共同构成的，要求将国家资助、学校奖助、社会捐助、学生自助统一起来；发展型资助育人的内容包括物质帮助、道德浸润、能力拓展、精神激励四个方面；发展型资助育人的目标是实现资助育人④。

（1）转变观念，推进资助育人工作理念

创新理念是行动的先导，指导政策、制度、组织和支撑体系等建设。马斯洛认为，人的需要是从低到高不断递进的，当一个人较低层次的需要得到满足后，会产生一个更高层次的需要，直至自我实现的需要。随着我国经济社会不断发展，国家经济建设取得了巨大的成就，人民生活越来越好，国家在高等教

① 周明晶：《发展型资助理念下高校贫困生心理扶贫探析》，浙江大学硕士学位论文，2019年。
② 周明晶：《发展型资助理念下高校贫困生心理扶贫探析》，浙江大学硕士学位论文，2019年。
③ 周明晶：《发展型资助理念下高校贫困生心理扶贫探析》，浙江大学硕士学位论文，2019年。
④ 周明晶：《发展型资助理念下高校贫困生心理扶贫探析》，浙江大学硕士学位论文，2019年。

育和学生资助方面的资金投入也越来越高，从经济方面基本保障了受助学生顺利完成学业的总体需求，但现有的保障型资助工作理念和措施等已经不能完全满足受助学生的需求，发展型资助育人的需求越来越迫切。首先，高校应全面树立起发展型资助育人理念，准确把握高等教育立德树人的根本要求，准确把握国家教育领域精准扶贫的核心要义，不仅重视对学生的经济资助，还要将“扶困与扶智”“扶困与扶志”相结合，重视高校资助工作的育人功效。其次，坚持以人为本、以生为本，尊重学生个体差异，重视学生个体发展，依照发展型资助育人要求，构建内容丰富、形式多样的发展型资助育人体系。再者，倡导提升有偿资助的比例，杜绝学生“等、靠、要”的不良心态，鼓励困难学生通过勤工俭学、项目参与等形式，在劳动的同时，既锻炼了能力、拓展了阅历，又获得了报酬，提升了学生自强自立的优秀品质①。转变资助育人工作理念是发展型资助育人工作的内在要求。

（2）加强研究，推进资助育人工作制度创新

制度是实现既定目标任务的重要保障。目前，一些高校已经开展了部分针对家庭经济困难学生的发展型资助育人活动，也有些高校形成了项目化的推进举措，但总体来看，高校层面推进发展型资助育人工作相对乏力，制度缺失是首要原因。党的十九大明确提出，要“健全学生资助制度”，制度可以系统明确目标任务，规范工作实施，强化过程保障，并对工作达成度进行考核。做好发展型资助育人工作，高校应加强领导和研究，做好顶层设计，建立学校层面发展型资助育人工作大格局，加强对发展型资助育人工作的领导，统筹协调全校各职能部门、各二级单位资源，形成联动机制，确保形成合力。研究出台实现发展型资助育人目标任务的一系列制度，如组织领导制度、统筹校内各部门间协调联动的管理制度、支撑保障制度、考核制度等，形成制度体系，促进发展型资助育人理念落地、推进，保障发展型资助育人工作有效规范运行。另外，高等教育为社会培养了众多人才，为助力企业创新发展、服务企业转型升级提供了重要的智力和人才支撑。根据经济学家 D. Bruce. Johnstone 教育成本分担理论“谁受益，谁付款；多收益，多付款”的原则，作为高等教育重要受益方的企业，理应参与高等教育成本的分担，企业可以通过捐赠或设立奖学金等

① 陈荣桂：《高校学生发展型资助内涵特征、动因及构建路径》，《山东农业工程学院学报》，2020 年第 10 期。

方式为高等教育发展提供资助。高校要加强社会多元参与的制度建设，吸引更多社会资源参与到高校发展型资助育人工作中来，以制度创新推进高校发展型资助育人工作整体创新发展①。创新资助育人工作制度是发展型资助育人工作的核心要义。

（3）多措并举，推进资助育人工作内容创新

内容供给是发展型资助育人的关键要素。实现发展型资助育人，对内容创新提出了相当高的要求。保障型资助以经济资助为主，帮助减轻困难学生经济负担，使他们不至于因为贫困问题而失学，失去受教育的机会，重点在于保证他们平等享受高等教育的权利，体现教育公平价值和理念。习近平总书记指出："教育公平是社会公平的重要基础，要不断促进教育发展成果更多更公平惠及全体人民，以教育公平促进社会公平正义。"发展型资助育人，主要是在经济资助的基础上，着力于学生发展这个核心，通过实施内容丰富的教育和实践活动，实现发展型育人的目的。内容创新主要体现在两个方面：一是分类规划好发展型资助育人的内容属性，如有关受助学生品格提升的自强自立、诚实守信、勇于担当的人格品质教育等，有助于受助学生学业提升的学业规划、学业指导等，有助于受助学生专业能力提升的创新创业教育、竞赛参与、实训等，有助于受助学生职业能力提升的社会实践、就业创业指导、校企联合人才培养等。二是在发展型资助育人的育人环节，与时俱进，注重供给内容的创新，从学生长远发展角度考虑，科学设置供给内容，提升系统性、专业性和连贯性，提升内涵②。完善资助育人工作内容是发展型资助育人工作的关键要素。

（4）改进方法，推进资助育人工作方式创新

实施发展型资助育人，必然要求高校在原有的保障型资助工作基础上创新资助工作方式，采取更加丰富、更加多样化的工作形式，满足受助学生个性化的发展需求，实现学生个体的全面发展。首先，要建立家庭经济困难学生精准档案，尽可能多地掌握受助学生相关资料和信息，如学生家庭基本概况、致贫原因等，做好资助的基础准备工作，这也是实施发展型资助育人的重要前提。

① 陈荣桂：《高校学生发展型资助内涵特征、动因及构建路径》，《山东农业工程学院学报》，2020 年第 10 期。

② 陈荣桂：《高校学生发展型资助内涵特征、动因及构建路径》，《山东农业工程学院学报》，2020 年第 10 期。

其次，要实现精准分类，每个学生都是独立的个体，他们的成长经历、个性心理和致贫原因各不相同，因此，有必要进行全面梳理并精准分类，掌握发展型资助育人需求侧的准确意愿，根据不同个体精准提供不同发展型资助育人方案，这是确保发展型资助育人工作取得实效的重要环节。最后，要做好两个统筹，全面打造发展型资助育人工作体系，一是统筹高校内部各部门、各单位的力量，深挖党团工作、心理健康工作、创新创业工作、学生工作等育人的有效功能和举措，培育发展型资助的育人项目，协调联动，形成合力；二是统筹政府和社会的力量，争取政府、银行、企业等的支持，拓展创新创业实践平台建设，拓宽资助资金来源渠道，强化受助学生责任心、社会竞争力、发展能力等建设，通过多种形式，培养学生健全人格、进取心态、健康心理、专业能力、职业素养等，形成全员、全过程、全方位发展型资助育人的科学模式①。改进资助育人工作方式是发展型资助育人工作的必然要求。

高校学生发展型资助育人工作是一项系统的育人工程，事关家庭经济困难学生发展，是高校人才培养的重要环节。实施发展型资助育人，需要坚持运用马克思人的全面发展理论，坚持以人为本、以生为本的原则。高校作为人才培养的主阵地，承担着资助育人的重要职责，做好这项工作需要高校创新资助育人工作理念、制度建设、工作内容和工作方式，挖掘资助育人的有效资源，优化资源配置，帮助家庭经济困难学生提升综合素质与能力，使其适应社会发展，成长成才，有效促进教育公平，最大化体现社会公平正义。

第五节　高校资助育人的保障机制

高校资助育人工作是一项系统工程，关系到教育公平、人民福祉和社会稳定，其顺利开展和不断完善，需要一整套与之相匹配的体制合力运作。囿于学校重视程度有限、资助对象难以界定、资助育人制度不完善、资助育人导向不明显、资助育人效果参差不齐等，当前高校资助育人工作还存在较大提升空间。高校资助育人工作的发展和完善，有赖于其组织保障、制度保障、人员保障、物质保障四个维度的共同作用，从而提高高校资助育人资源转化效率，为

① 陈荣桂：《高校学生发展型资助内涵特征、动因及构建路径》，《山东农业工程学院学报》，2020年第10期。

高校资助育人工作提供各类重要的保障。

一、资助育人组织保障

组织建设是事业发展的基石和关键，缺少良好的组织建设难以维系日常工作的运转。高校资助育人工作的开展离不开扎实的组织建设①。

1. 建立资助育人工作领导小组

高校应强化资助育人工作认识，建立高校资助育人工作领导小组，学校领导任组长，并由学生工作部、研究生工作部、宣传部、财务处、后勤保障处、校团委等部门主要负责人任副组长，设立专门的资助工作部门，提高工作效率，更好地推动资助工作的发展，形成全员、全过程、全方位的育人机制。

2. 形成“校—处—院—年级（专业）”四级工作体制

形成较为完备的“校—处—院—年级（专业）”四级资助育人工作体制。第一，围绕四级资助育人工作体制，明确各级岗位职责，注重氛围营造与价值引导。第二，构建科学的转交机制，确保工作交接与人员流动的合理性，做到“人换事不断”。第三，围绕四级工作体制打造一套完整的考核体系，带动我国高校资助育人工作的可持续发展。

3. 建立高校资助育人工作信息化平台

高校资助育人工作以大量的学生和资助信息为基础，这需要运用当前大数据分析、互联网等理论和技术，加强学生资助信息化建设，提升资助工作的效率。将科学方法与逻辑理念有效融合，依靠信息技术打造多维度、动态化的资助育人“大数据中心”，建立高校资助育人工作信息化平台。

二、资助育人制度保障

资助育人制度的建立和完善是高校资助育人工作持续、有序开展的根本保障，只有通过有效的制度建设才能使资助育人工作更加规范和完善。教育部部长陈宝生2019年在《五年来学生资助工作成效显著》中指出，要在规范管理上下功夫。学生资助政策多元、学段多元、对象多元，迫切需要进一步法制

① 王岩：《广东高校资助育人工作研究》，广州：广东高等教育出版社，2019年，第136页。

化、规范化。要规范学生资助管理制度，规范各级监管责任，规范学生资助程序，规范资金管理，规范信息管理，规范机构队伍建设，不断提高学生资助管理水平。目前，高校关于奖助学金评选和发放方面的制度较为完善，但资助育人方面的制度很少，为提高资助育人工作的规范性和成效，资助育人工作制度建设显得很有必要。

1. 建立“三全育人”理念下的资助育人工作机制

建立资助育人工作机制，突出“三全育人”。第一，全员资助育人上，强化“一把手”负责制，建立完善在学校党委领导、学生资助育人工作领导组组织实施的以学生资助管理中心、各学院及相关部门协同配合的资助管理职责体系。第二，全过程资助育人上，依据家庭经济困难学生大学期间的各个阶段的不同特点和需求，要建立“奖、助、贷、勤、补、减、免”多元化学生资助体系。第三，全方位资助育人上，将诚信、感恩、励志、奋斗等品德要求写进高校奖助学金评定制度，在高校奖助学金申请、评选、发放等各环节，全面考查学生的学习成绩、创新发展、社会实践及道德品质等方面的综合表现。

2. 建立资助育人监督机制

为建立健全运行监督机制，充分实现其育人效果，资助育人工作需要持久、长效的监管保障，建立健全大学生资助工作的事前、事中、事后监督机制，其主要内容包括：对象认定、对象日常生活情况、评定过程、评定方式、受助对象的资金使用情况、个人信用状况等内容①。

3. 建立资助育人考核评价机制

高校资助育人评价考核机制也是资助育人工作能否取得良好成效的重点所在。根据资助育人的目标和要求，在系统、科学、全面地收集、整理、分析资助育人相关信息的基础上，运用一整套的评价标准和科学的评价方法，对高校资助育人工作的实施过程及最终效果进行评议。强化资助育人考核定性和定量考核目标，高校要建立奖惩机制，对资助育人实行赏罚分明，充分调动资助工作者的积极性。在相关主题工作（助学金评选、绿色通道办理、铸梦工程实施等）上，要制定具体的评判标准，综合考虑上级评价、同行评价、被帮扶学生

① 张春玲：《提升资助育人工作效果探索》，《理论观察》，2013 年第 4 期。

评价及育人实效等因素评判工作效果，鼓励工作积极性，形成良性循环。

三、 资助育人人员保障

高校资助育人工作人员是高校资助育人工作的领导核心，其育人意识、工作方法、水平的高低直接影响着全校资助育人工作的开展。高校学生资助专职工作人员及各院系资助工作人员队伍是高校资助育人工作的主体实施者，其人员配备及队伍建设情况直接决定着高校资助工作的开展效果。

1. 人员配备

学生资助工作任务繁多、责任重大，专职资助工作人员需要用大量的时间和精力来处理事务性工作，同时还要用心做好家庭经济困难学生的思想引领、精准帮扶。需要配足专职工作人员，并结合高校实际情况，依托专兼职辅导员、学业导师、资助类学生社团等，构建责任心强、业务熟练、组织管理能力强的资助育人工作队伍。一方面，根据学校职能部门工作职责划分，统筹完善并落实学生资助工作机构职能配置，安排专人负责学生资助管理工作。根据《教育部关于进一步加强高等学校学生资助工作机构建设的规定》（教人〔2006〕6 号）相关要求，原则上高校资助管理中心人员数量要达到学校全日制普通本科生、研究生在校生规模 1∶2500。高校要严格按照国家规定，配备数量充足、专兼结合、结构合理的专业化人员，尤其要选聘教育学、心理学、经济学、社会学、计算机科学等专业背景的人员充实到资助育人工作中。另一方面，高校要尽可能保障负责资助工作的人员的稳定性和专业性。学院资助工作人员主要由专职辅导员担任，对家庭经济困难学生更为了解，能有效保障资助育人工作的成效。受岗位晋升和职称评定等因素影响，原本负责资助工作的人员转岗现象频繁，流动性较大，使得已熟悉了资助工作内容和掌握了工作方法的工作人员调任到不同部门的新工作岗位，从而降低了资助育人的成效。因此，高校要尽可能在合理的范围内控制岗位的流动，以保证校院层面资助工作队伍的稳定性。

2. 队伍建设

学生资助工作政策性强，涉及条块多，面广量大，对学生资助工作队伍人员素质要求较高，因此，加强高校资助育人专职工作人员队伍建设显得尤为重要。第一，加强学习，提升思想认识。资助工作者首先要提高思想认识，通过对国家政策、形势的学习和了解，以及对高等教育人才培养目标的深刻理解，将高校资助工作摆在服务立德树人根本任务的高度上来，而不仅仅是把它当作一项工作去完成。思想是行为的先导，思想上有高度，资助育人的效果才能有保证。展开相应的培训工作，加强对相关工作人员的专业培训，不定期开展相关业务交流活动，帮助资助工作人员增强工作能力。第二，强化管理，提升业务能力。高校在选拔资助工作人员时要注重其专业能力，确保选拔的人才敬业、专业、爱业。要对资助团队成员进行能力提升培训，定期召开内部交流会，提升对资助政策的解读能力，以及对学生实际情况的研究能力；同时，高校要加强与兄弟院校、同行的工作交流，共同探讨提高资助育人实效的方法。第三，争先创优，强化典范引领。通过榜样示范作用，提升高校资助育人工作专职人员育人理念，并从其他高校的育人工作中受到启发，促进工作开展。高校可由学生资助中心牵头汇编育人典型做法和育人成效，以纸质版册子下发到各学院，将电子版推送到微信公众号、网站上，促使全校深入思考并相互交流最终提升全校资助育人工作的科学性和育人成效。第四，加强研究，提升理论水平。强化资助育人工作的规律性研究，引导资助工作者把资助工作当成一门学问，从学生资助的基本原理、历史经验、科学方法和国际比较等方面，构建中国特色的高校学生资助理论体系和实践模式。

四、 资助育人物质保障

高校资助育人工作要扩大资助覆盖的“奖、助、贷、勤、补、减、免”一体化资助体系，建立长期有效的资助育人物质保障尤为重要。2007 年 5 月，国务院出台了《关于建立健全普通本科高校、高等职业学校和中等职业学校家庭经济困难学生资助政策体系的意见》（国发〔2007〕13 号），文件指出，按照建立公共财政体制的要求，大幅度增加财政投入，建立以政府为主导的家庭经济困难学生资助政策体系。随后，财政部和教育部于 2007 年 7 月规定各高校应从事业收入中拿出 4%~6% 的经费用于助学①。

① 国务院：《国务院关于建立健全普通本科高校高等职业学校和中等职业学校家庭经济困难学生资助政策体系的意见》，中华人民共和国中央人民政府，http：//www. gov. cn/zhuanti/2015 -06/13/content_ 2878971. htm.

1. 保障高校事业收入资金提取

高校要加强对学生资助工作的认识与管理，在脱贫攻坚战略大背景下，持续推进高校学生资助工作建设，将其纳入学校的民生工程中科学合理规划，从人力、物力等方面提供相应支持。一方面，积极落实按一定比例从事业收入中提取资助资金，并加大高校资助育人经费投入，调动高校资助育人工作的主动性和积极性。在做好家庭经济困难学生认定工作的基础上，对真正家庭经济困难的学生根据其实际情况进行励志奖学金、助学金、勤工助学、特殊困难补助、学费减免方面的物质资助；为强化对家庭经济困难学生的受助资金使用情况的管理，物质资助应逐步向学费减免倾斜。另一方面，根据国家精准扶贫政策，加强对学生资助工作机制的建设，划分学生资助专项资金，扩大学生资助工作的投入比例，精准有效地落实帮扶工作。此外，物质资助应遵循适度原则，资助过少解决不了家庭经济困难学生的问题、达不到帮扶效果，过多则会浪费资源，给别有用心的人以可乘之机，影响物质资助工作的公信力。

2. 保障发挥社会资金作用

社会资金的帮扶在解决高等教育上学难问题上具有重要作用，社会捐助是对资助育人工作的重要补充。第一，高校积极保障发挥社会资金作用，发挥学校基金会、校友会等各方面力量，广泛发动争取企业、校友的社会爱心捐助力量，充分激发和引导企业、团体和个人等社会捐资助学的活力，动员社会力量，以设立社会奖助学金等形式拓宽资源渠道，构筑政府、学校、社会共同资助家庭经济困难的多重物质保障。第二，增强社会捐资助学氛围，充分运用新旧媒介，加强高校资助育人工作的宣传，以激发社会反响，促进资助育人工作发展。鼓励企业积极承担社会责任，并对积极捐资助学的单位和个人实施表彰、激励等，发挥典型引领作用。第三，积极探索社会奖助学金项目化管理模式，将物质帮助和项目资助相结合，服务人才培养，强化育人目标。

第六章 高校资助育人的评价方案

高校资助育人评价是对高校资助育人工作实施价值及效果进行评测的一项重要工作，是落实高校资助育人各项措施的重要保障，是完善高校资助育人理论体系及实践体系的基础，是推进高校资助育人工作不断前进的必由之路。以高校资助育人评价结果为杠杆，能够充分发挥其较强的导向功能，激发高校资助育人工作深化改革的内生动力和发展活力，引导其积极“以评促改、以评促进、以评促发展”，不断提升资助育人成效。因此，如何建立科学合理的高校资助育人评价体系，建立完善的资助育人评价机制，全面且兼顾重点地反映高校资助育人工作的实际效果，这也成为当前高校资助育人工作亟待解决的问题。

第一节 高校资助育人评价概述

近年来，我国高校资助育人工作快速发展，资助政策体系不断完善，资助育人成效显著。但是，全国高校资助育人工作的开展和落实确实存在良莠不齐的现象，发展极不平衡，还远远没有达到最佳的效果，主要表现在如下几个方面：国家资助政策没有完全落实落地、学校资助专项资金分配不够合理、家庭经济困难学生信息档案建立不完善、社会力量参与度不够、资助育人方式陈旧、资助育人重物质轻育人等。资助育人的实效性是衡量资助育人工作水平和成效的关键，其评价机制则成为两者的“桥梁”①。评价是检验资助育人工作效果的关键环节，科学合理的评价机制是一种促进手段，可以有效推进工作开展，提升参与者的积极性与责任感，最终促进工作质量的提升，资助育人评价为进一步完善资助育人工作产生了积极的推动效应。

---

① 刘少军、王瑜瑜：《模糊综合评价法在高校学生资助绩效评价中的设计与实现》，《国外电子测量技术》，2018 年第 8 期。

一、 高校资助育人评价的内涵

从管理学角度来说，评价是指通过科学的计算方法、调研与咨询，对某个对象进行一系列的研究与测评，最终确定对象的意义与价值状态。从哲学角度来讲，所谓评价，就是主体在对客体属性、本质和规律进行认识的基础上，把自身需要的内在尺度运用于客体，对主体与客体之间的价值关系进行评判①。以上两个维度的定义均揭示了在评价过程中要正确处理评价主体与客体的关系，在追求评价主体目的的同时，还要尊重被评价客体的客观规律，体现规律性和目的性的统一。一般而言，高校资助育人评价主体是指对高校资助育人工作进行价值判断的人或部门，可以是大学生自身，也可以是高校或其他机构；被评价客体主要由高校资助育人要素、资助育人过程等方面组成。

在当前学术界研究中，关于高校资助育人评价的表述有所不同，还有学者表述为资助绩效评价、资助评价、资助工作评价等。虽表述不同，但其与高校资助育人评价本质相同，都是对高校资助育人工作的实施过程及最终效果进行评议，衡量了高校资助育人工作的实效性，是对高校资助育人工作是否满足人和社会发展需要，以及满足这种需要的程度做出的价值判断。

为更好诠释高校资助育人评价的内涵，需从以下三个并列的层次来剖析。一是高校资助育人评价是关于高校资助育人价值与效果的评判，其作用在于发掘资助育人工作存在的优点与不足，以期对今后工作的开展提供指导建议，体现了明确的目的性与指向性特征。二是高校资助育人工作“育人功能”的实现需要从多方面去精准考量。资助育人评价客体多元化的发展趋向是否符合资助育人的目的；评价资助育人功能实现的指标能否全面地反映评价客体的成长与发展；资助育人效果何时能在评价客体上体现，体现程度如何。这些问题的存在凸显了高校资助育人评价的综合性与长期性特征。三是高校资助育人评价必须制定明确的评价标准。通常采用定性或定量的研究方法，借助控制论、信息技术、数理统计等研究理论及工具，对所采取的数据信息按照科学严谨的程序进行分析和判断，这就排除了主观臆测的可能，体现了鲜明的科学性与客观性

① 李秀林、王于、李淮春：《辩证唯物主义和历史唯物主义原理（第5版）》，北京：中国人民大学出版社，2004年，第312页。

特征。综上所述，高校资助育人评价是根据资助育人的目标和要求，在系统、科学、全面地收集、整理、分析资助育人相关信息的基础上，运用一整套的评价标准和科学的评价方法，对高校资助育人工作的实施过程及最终效果进行评议，从而对高校资助育人工作是否满足人和社会发展需要，以及满足这种需要的程度做出价值判断①。

二、 高校资助育人评价的特点

高校资助育人具有实践性、目的性、长期性、超越性等特点，因此，高校资助育人评价除了具备客观性、科学性、系统性等基本特点外，还具有自己独有的特征。

1. 现实评价与潜在评价相统一②

高校资助育人由两方面组成：一是资助，是立足当前，帮助学生解决实际困难的工作，体现了资助育人的实践性；二是育人，是面向未来，教育引导学生成长成才的工作，体现了资助育人的超越性。因此，资助育人评价也由立足当前的现实性评价和面向未来的潜在性评价组成。

高校资助育人评价要重视现实评价，这是开展其他评价工作的基础。资助育人本身是一个系统性工程，需要调动政府、社会、个人等多方面的积极性，通过高校系统性的教育活动对受助对象施加影响。资助育人的支持要素、作用机制及最终的落实效果都具备很强的现实性。高校资助育人评价首先要注重考查资助育人工作开展的现实要素是否完备、资助育人主体是否优质、开发要素的使用效率是否充分、资助育人方法是否公平合理、资助育人体系是否完善等。其次要考察资助育人实施过程中各阶段，包括政策宣传、政策落实、效果反馈等工作环节的组织与衔接情况，是否将资助育人工作做到扎实到位，是否能有效推进育人进度。由于资助育人的工作环节紧密相扣，因此，工作要严谨，办事流程要分清主次，科学发力，在强化资助育人主体教育主导地位的同时，积极发挥受助学生在受教育过程中的主动性，正确处理好育人过程中的主客体关系。最后，尤其要重视资助育人的最终效果，这直接决定了资助育人工

① 王岩：《广东高校资助育人工作研究》，广州：广东高等教育出版社，2019 年，第 161 页。
② 王岩：《广东高校资助育人工作研究》，广州：广东高等教育出版社，2019 年，第 161 页。

作是否真正落到了实处、是否达到了立德树人的根本目的，凸显了资助育人的现实意义。这一最终效果实际就是受助学生的思想行为是否产生了符合社会主义发展要求的积极变化，受助学生自身综合素质与能力是否有了显著提升。

高校资助育人评价还必须注重潜在评价，这意味着要对资助育人的潜在效果与价值进行评价。资助育人包含在思想政治教育的范畴中，同样具备超越性的特点。资助育人既要立足于当前受教育对象的实际情况，为其解决实际困难，又要突破受教育者当前所受到的各种思想认识限制，以更为宽广高远的视野开展工作，为社会培养符合其发展需要的人才，这就决定了资助育人目的的实现必然需要经历漫长的过程。资助育人能否达到目的的关键在于其产生的效果，即表现为人的思想政治素质的提高和人的全面协调可持续发展，这只有在长期的实践中才能表现出来，在现实中很大程度上只能以潜在的形态存在着。因此，受助学生思想政治素质的提高和综合素质的质量只有在长期的社会实践中才能得到体现与检验。

由此可见，资助育人评价要坚持现实评价与潜在评价相结合，既要注重考察当前资助育人工作实效，又要注重长期跟踪育人效果，统筹兼顾，这样才能全面客观地对资助育人效果与价值做出准确评价。

2. 个体评价与社会评价相统一①

个体评价是高校资助育人评价的重要组成部分。它直接影响着资助育人工作主客体的劳动力投入和价值取向。由于受教育者自身思想政治素质处于不同的发展水平，为最大限度地激发思想政治教育的效果和价值，教育者要端正工作态度，积极调动各方面要素，努力完善自身知识结构和扩充知识储备，创新工作方法，投入育人工作。在构筑良性育人主客体关系过程中，要确立教育者主体地位，尊重其教育方法的差异化和独特性。同时，要关注作为个体存在的受助对象，思想政治教育的效果如何，最终表现在受教育者思想政治素质和综合素质的发展变化上，表现在受教育者思想的提升并外化在个人行为和行为习惯上。思想政治教育只有找到满足了个体主体的主观性需要与主体性需要的契合点，才可能被主体所接受，并将思想政治教育倡导的思想、观点、内容内化为自己的价值观。因此，在资助育人评价过程中，要立足多个评价角度，建立教

① 王岩：《广东高校资助育人工作研究》，广州：广东高等教育出版社，2019 年，第 161 页。

育者与受教育者的反馈系统，重视二者的个体意见，注重考察受助对象所呈现的不同思想政治教育效果，并以此作为评价资助育人的个体发展价值的重要依据。

高校资助育人评价还要注重社会评价。思想政治教育作为一种社会意识形态领域中的工作，从本质上讲，是运用科学理论和高尚思想，以及科学的世界观和方法论培养人的实践活动，就是通过思想政治教育直接提高学生的思想道德素质和科学文化素质，增强学生认识世界和改造世界的能力，充分调动人的积极性、主动性和创造性的工作，从而影响社会的经济生产活动，最后影响整个社会的经济生活、经济运行和经济行为的价值取向，直至影响到整个社会的经济发展状况。资助育人的最终目的是体现思想政治教育的社会价值。

资助育人需要社会、学校和家庭等多个支持系统协同合作，形成合力，才能完成立德树人的目标。评价资助育人，要将学校教育、家庭教育和社会教育纳入评价体系，不仅要评价这些支持系统的情况，更要评估它们的最终教育效果；要评估资助育人活动是否对受教育者有价值、是否有助于受教育者思想政治素质的提升，以及有多大程度的提升；要评估资助育人工作是否坚持社会主义方向不动摇、育人理念是否紧扣社会主义核心价值观、育人活动是否符合社会发展需求。个体评价和社会评价是资助育人评价的重要抓手，只有把二者有机统一起来，才能全面准确地对资助育人价值做出判断，才能将资助育人更好地融入思想政治教育的宏大范畴中，才能为社会主义共同理想和共产主义远大理想的实现提供源源不断的人力支持。

3. 定性评价与定量评价相统一①

思想政治教育测评要遵循定性评价与定量评价相结合的原则，资助育人评价同样要注重二者的统一。定性评价是对评价对象的整体及其性质进行分析、综合乃至鉴别和确认，以把握高校资助育人的实践和价值；定量评价是运用数据的形式，通过对评价对象表现出来的一些关系的整理和分析，从数量上相对精确地反映评价对象的局部或整体面貌。

当进行定性评价时，要注重从宏观角度对资助育人工作做出方向性、倾向性的价值判断。当前，定性评价的方法主要有比较分析法和系统分析法。比较分析法主要通过对受助对象接受资助前后的行为进行比较来确定资助育人的实

① 王岩：《广东高校资助育人工作研究》，广州：广东高等教育出版社，2019 年，第 161 页。

施效果。系统分析法主要依据系统论的基本原理和方法对资助育人进行分析和评价。资助育人的定性评价侧重对受助对象“质”的发展的分析与解释，主要通过对受助对象的跟踪观察，来判定受助对象思想政治素质和综合能力是否得到了提升和取得了多大程度的提升，是一种趋势性判断。定性评价多采用观察分析、经验判断等方式，评价主体本身的主观色彩在一定程度上会影响评价结果，存在评价结果模糊不清、难以精确把握的缺陷，影响了资助育人评价的科学性和客观性。

为克服定性评价的主观性和模糊性，资助育人评价需要借助定量评价来进行一定程度的修正。定量评价主要运用数据的形式，侧重考察评价对象可量化的方面。资助工作的财政投入、资助范围、资助标准等指标，受助对象的学业成绩、获奖情况及就业比例等指标均可通过调查进行精确的量化，借助数理统计工具即可判断资助育人实效性的高低、育人程度的轻重，判定资助育人对受助对象思想和行为影响程度的深浅，能够较为真实、客观地反映资助育人工作的开展情况。定量评价具有系统性、可量化等特点，基于这种评价方式所得到的资助育人评价结果更为精准和科学，不仅有利于优化资助育人工作的资源配置，更有利于育人工作效度的提升。

定性评价与定量评价的评价侧重点不同。资助育人可量化的部分可采用定量评价，而相对抽象的部分可采用定性评价。在进行资助育人评价时要融合二者的优势，力求将主观性降低，从而实现对资助育人的科学评价。

4. 短期评价与长期评价相统一①

高校资助育人的短期评价是指在一定时期内对资助育人成效的考核。在高校资助育人体系中，这个短期通常被定义为6年以内，意味着资助育人主体能够持续对受助学生发挥作用。在这一时期，受助学生一般处于高校学习阶段，或毕业两年仍旧处于国家助学贷款的还款阶段。资助育人主体要对受助学生的成长发展进行指导和监督，对发现的问题及时予以解决，并注重调整和推进育人计划，确保育人目标的实现。短期评价结果可用于资助育人主体工作绩效和工作技能的提高。但需要注意的是，由于受助学生在短期内受到高校管理制度的管辖，其短期的言谈及行为表现不足以充分反映资助育人的效果，受助学生

① 王岩：《广东高校资助育人工作研究》，广州：广东高等教育出版社，2019年，第169－174页。

存在主观刻意“表现”的可能性，这就导致短期评价具有失真的缺陷。

高校资助育人的长期评价实际上侧重于对受助学生思想政治素质成长的长期考察，这一过程可以是终身性的，体现了育人长期性的特点。在这一时期，受助学生几乎已经不在高校的管理之下，并且高校资助育人主体的构成也会因为时间的推移在人员调整上发生很多变化，无法有效监督和跟踪受助学生的成长发展，受助学生的成长发展更多地体现在自我教育方面。长期评价考察的是高校对其进行思想政治教育后，受助学生是否完成了思想政治理论的内化并自觉践行正确的人生观、世界观和价值观。在长期评价中，受助学生要秉承“路漫漫其修远兮，吾将上下而求索”的进取心态，努力将自己打造成为符合社会主义发展要求的有用人才。长期评价的结果有助于高校审视立德树人的目标是否完成。

由此可见，高校资助育人评价要注重短期评价与长期评价相统一，二者要相互促进，不断完善。以短期评价夯实高校资助育人工作基础，以长期评价推动高校资助育人目标的实现，切实将高校人才培养工作落到实处。

5．主观评价与客观评价相统一①

高校资助育人评价过程分为两方面：一是评价受助学生接受资助时能否积极将资助育人主体的教育理念进行内化，这一过程具有一定的主观性；二是受助学生能否以实际行动体现自身思想政治素质的提升，即外化思想政治教育效果，这一过程由具体实践组成，具有一定的客观性。

高校资助育人的主观评价由两部分评价构成，即资助育人主体的主观评价和受助学生的主观评价。资助育人主体的主观评价表现在资助育人主体要对受助学生接受思想政治教育的内容、方法及效果进行评估。资助育人主体要引导受助学生深入学习习近平新时代中国特色社会主义思想，深入开展中国特色社会主义、“中国梦”宣传教育和社会主义核心价值观教育，帮助学生不断坚定中国特色社会主义道路自信、理论自信、制度自信和文化自信，牢固树立正确的世界观、人生观、价值观；要努力推进受助学生内化思想政治理论的进程，促进他们自觉地改造自身主观世界；要对受助学生接受思想政治教育后所形成的思想政治素质水平、道德情操高度等方面进行对比评价。受助学生的主观评

① 王岩：《广东高校资助育人工作研究》，广州：广东高等教育出版社，2019 年，第 169－174 页。

价表现在受助学生对资助育人工作实施内容、过程及效果的评价。受助学生注重资助政策是否能够宣传到位、贯彻落实，注重资助育人过程是否公平公正，注重资助是否能减轻家庭经济压力、育人能否使自身素质切实得到提高等方面。因此，资助育人主观评价需要资助育人主体和受助学生双方对思想政治育人效果进行互评，具有主观性的特点。

资助育人的客观评价，就是对受助学生接受思想政治教育后所体现的行为及表现进行评价。当受助学生积极自觉完成思想政治理论的内化后，其行为表现必将体现为构建正确的主观世界。王守仁提出的“知行合一”思想认为：知中有行，行中有知，以知为行，知决定行。判断一个人的思想素质高低不在于一时一事的刻意，而在于持之以恒的纯粹；不在于夸夸其谈，而在于自觉实践，实现“改造主观世界—改造客观世界—进一步改造主观世界”的螺旋上升。实践是检验真理的唯一标准。因此，资助育人的客观评价要注重考察受教育者长期的行为表现，注重思想政治教育“内化”与“外化”的统一，做到主观评价与客观评价相结合。

三、 高校资助育人评价的意义

资助育人对促进教育公平和社会公正具有重要意义，其工作成效影响着高校思想政治工作质量和育人能力的提升。资助育人评价是检验高校思想政治教育工作成效的重要指标，是优化思想政治教育环境的重要途径，是监督高校落实国家资助政策的重要举措，是考核高校资助育人工作实施效果的必备环节。这项工作的落实能够让高校资助育人实现由软变硬、由弱变强、由虚到实、由从属变为主导、由隐性到显性的跨越和转变①。

1. 资助育人评价是检验高校思想政治教育工作成效的重要指标

思想政治教育为社会主义现代化建设服务，最根本的是将社会政治、经济、文化发展的基本要求转化为思想政治教育的内容和要求，再将思想政治教育的内容和要求转化为认识和行为实践，通过提高学生思想政治素质，调动学生的积极性、主动性和创造性，实现思想政治教育的个体价值。资助育人评价检验高校思想政治教育工作成效就是检验高校资助育人工作的育人效果，不仅

① 敬坤：《大学生日常生活管理育人研究》，武汉大学博士学位论文，2015 年。

要判断资助育人工作能否满足人的全面发展的需要，还要考察资助育人工作促进人的思想政治素质和综合素质提高的效果，判断其满足人的全面发展的需要的程度①。

育人是一个复杂漫长的过程。人的思想形成受到诸多外界因素的影响，而这些外界因素既有积极的方面，也有消极的方面，充满了不确定性。因此，高校资助育人工作必定不是一劳永逸的事情，需要按照资助育人的计划和目标逐步推进，实现受助对象思想品德和政治素质从量变到质变的飞跃。如何将受助对象培养成符合社会发展需要、具备良好思想政治素养的个体，成为检验高校资助工作育人效果的唯一标准。资助育人评价要注重实效，建立标准，及时考核。一是要看受助学生责任意识是否明显提高，言行举止是否体现社会主义核心价值观；二是要看受助学生创新意识实践能力是否明显提高，就业本领是否明显增强；三是要看受助学生成长成才比重是否逐年提高，回馈社会比重是否逐年提高；校风、学风、班风是否健康，学校政治生态是否风清气正。这就要求高校通过资助育人评价机制，紧扣立德树人的目标，牢固树立资助是基础、育人是价值回归的工作意识，立足受助对象不同水平的思想政治素质开展个性化育人工作，长期跟踪受助对象的思想动态，确保育人工作坚持社会主义方向不偏离②。

2. 资助育人评价是优化思想政治教育环境的重要途径

人的思想品德是在一定环境里形成和发展的，思想政治教育活动也是在一定环境里进行的，环境状况对人的思想品德状况及思想政治教育活动有着重要影响，良好的思想政治环境为高校资助育人工作的顺利开展提供了先决条件，资助育人评价又反作用于思想政治环境的建设，二者相辅相成、相互推进③。

思想政治教育环境分为宏观环境和微观环境两大类。宏观环境主要指社会、政治、经济和文化环境。微观环境是指影响人的思想、行为和心理成长的局部小环境。资助育人评价能够有效优化思想政治教育环境。从宏观角度讲，资助育人评价有利于宣传党和政府全心全意为人民服务的宗旨，是推动我国民

---

① 教育部思想政治工作司：《思想政治教育原理与方法》，北京：高等教育出版社，2010 年，第 219 页。

② 王岩：《广东高校资助育人工作研究》，广州：广东高等教育出版社，2019 年，第 162－165 页。

③ 陈万柏、张耀灿：《思想政治教育学原理》，北京：高等教育出版社，2015 年，第 99 页。

主进程和法治建设的重要举措；有利于营造公平的社会资助环境，动员社会力量汇集资助育人资源，更好地反映受助学生诉求、保障受助学生权益；有利于在全社会范围内构筑诚信的社会风气，营造积极的舆论导向，倡导学生树立高尚的道德情操和良好的生活方式。从微观角度讲，资助育人评价有利于高校加强人力财力的投入，为学生的成长成才打造舒适的物质环境；有利于高校强化自身职业道德教育，在打造团结进取的校园工作氛围的同时，实现全员、全过程、全方位育人；有利于夯实高校资助育人工作的理论基础，推动理论创新，为资助育人工作提供理论指导；有利于优化学生家庭环境，在减轻家庭经济压力的同时，能够使父母更重视对孩子的人生观、世界观、价值观的培养①。

3. 资助育人评价是监督高校落实国家资助政策的重要举措

“不让一个学生因家庭经济困难而失学”，不仅是党和政府对人民的庄严承诺，也是党和政府对高校落实资助政策的要求。资助育人是一个庞大的系统工程，资助政策是否得到准确解读、宣传是否落实到位在一定程度上影响着高校资助育人工作效果是否实现了育人为本。

2017 年财政部发布的《关于进一步落实高等教育学生资助政策的通知》明确指出，要进一步完善高等教育学生资助政策，进一步提高资助精准度，进一步优化高等教育学生资助工作机制，进一步加强资助育人工作；要加大对各地区、各培养单位学生资助工作的监督检查力度，将资助工作落实情况作为相关绩效评价和资金安排的重要依据②。因此，高校资助育人评价将在监督高校落实国家资助政策方面发挥重要作用：一是资助育人评价能够确保高校认真研读国家资助政策，深刻领会政策精神，做到因地制宜，最大限度地扫除资助政策落实存在的盲区，着力扩大资助育人体系覆盖面的途径，维护教育公平公正。二是资助育人评价能够加强高校资助育人工作力度，提升资助育人工作质量，严格规范资助育人资金的使用，推进资助育人工作的标准化，切实保障每笔资金落实到受助学生手中。三是资助育人评价能够促使高校构建物质帮助、道德浸润、能力拓展、精神激励、规范管理等方面的长效机制，做到统筹规

① 王岩：《广东高校资助育人工作研究》，广州：广东高等教育出版社，2019 年，第 162 - 165 页。

② 中华人民共和国教育部：《财政部 教育部 人民银行 银监会关于进一步落实高等教育学生资助政策的通知》，中华人民共和国教育部，http://www.moe.gov.cn/jyb_xxgk/moe_1777/moe_1779/201704/t20170413_302466.html.

划、科学发力。四是资助育人评价能够为国家资助管理部门收集反馈高校资助育人工作最新信息，能够随着政治经济形势出现的新变化引导国家资助政策及时调整与完善，有利于构筑资助育人工作政策指导与实践反馈的良性循环机制，有利于形成全国高校资助育人工作因事而化、因时而进、因势而新的创新工作局面。

4．资助育人评价是考核高校资助育人工作实施效果的必备环节

高校资助育人工作的目的在于维护教育公平，确保家庭经济困难学生能够顺利完成学业。当前，我国高校已形成了以“奖、助、贷、勤、补、减、免”为主要形式的资助育人体系，并能够大力推进教育精准扶贫，面向家庭经济困难学生开展助学、扶贫帮困工作。评价高校资助育人工作的实施效果实际上是评估高校资助育人工作对受助对象发展需要的满足程度。现阶段，二者一般呈正比关系，即高校资助育人工作开展得越全面、越有效，受助对象的满足程度就越高。目前，部分高校在资助育人实施过程中往往过于侧重资助内容而忽略育人效果，在一定程度上割裂了资助和育人的关系，未能将二者统一到人才培养的目标中去，工作未能形成合力。此外，部分高校未能深刻理解资助育人工作内涵，轻视资助育人工作的长远意义，导致资助育人工作实践力度疲软、资金使用效率低下，无法牢固构筑高校资助育人安全网。由此可见，高校资助育人的实施效果必须借助资助育人评价进行考核评测，这一措施不仅有利于规范高校资助育人工作，而且有利于为学生的成长保驾护航①。

第二节　高校资助育人评价现状

2020 年 10 月，中共中央、国务院印发的《深化新时代教育评价改革总体方案》中指出，教育评价事关教育发展方向，有什么样的评价指挥棒，就有什么样的办学导向②。当前，教育行政主管部门和高校已在不同层面对资助育人评价机制的建设进行了一些探索，也取得一些成效和经验。一直以来，由于育

① 新华社：《中共中央 国务院印发<深化新时代教育评价改革总体方案>》，新华网，http://www.xinhuanet.com/politics/zywj/2020-10/13/c_1126601551.htm.

② 江苏省教育厅：《省教育厅办公室 省财政厅办公室关于做好2019 年全省学生资助绩效评价工作的通知》，学生资助管理中心，http://jyt.jiangsu.gov.cn/art/2020/3/31/art_60305_9028950.html.

人工作评价难度比较大、评价内容比较宽泛等原因，高校资助育人工作缺乏必要的评价体系和科学的评估标准，在资助育人评价方面确实不尽如人意。现有期刊及书籍中，诸多学者也将资助育人评价表述为资助绩效评价等，针对资助育人评价问卷调查研究开展较少，知网中可检索到的研究有“面向广东省高校开展资助育人评价研究”“面向安徽省高校开展的资助育人实效性研究”。通过这些探索，高校资助育人评价机制越来越受到教育行政主管部门、高校和学界的重视，其多维度的功能与作用得到了大家的一致认可，评价机制也正朝着全面化、多元化、动态化、交互性、开放性的方向发展。

本节根据国内学术界研究现状和实际情况，选取江苏、广东、安徽三个省份的高校资助育人评价进行简单的阐述。

一、 江苏省高校资助育人评价现状

为推动江苏省各地、各高校进一步规范和加强学生资助管理工作，切实提高各项助学经费的使用效益，江苏省教育厅、江苏省财政厅从2011年起在全省范围内组织开展了学生资助绩效评价工作，构建了资助资金绩效管理制度，有力提升了全省各级各类学生资助工作制度化和规范化水平。江苏省学生资助绩效评价涵盖了高校资助育人的各方面内容，根据现有工作资料将评价指标整理如下（详见表6-1）。

江苏省高校资助绩效评价指标共有基础建设、过程管理、工作成效、附加指标4个一级指标，涵盖15个二级指标：第一，在基础建设上，分为机构建设、制度建设、助学经费3个二级指标；第二，在过程管理上，分为家庭经济困难学生认定、国家奖助学金、国家助学贷款、高校资助、学费补偿、业务报表、宣传工作等7个二级指标；第三，在工作成效上，分为资助效果、资助育人成效、社会评价3个二级指标；第四，在附加指标上，分为工作参与、工作创新2个二级指标。此外，共涵盖44个三级指标、54个四级指标。

当前，江苏省高校资助绩效评价体系完备，注重评价结果应用，不断提升学生资助资金的使用与管理效益，可推广性强。另外，江苏省学生资助管理中心每年面向省内高校开展学生资助基本情况在线问卷调查，通过在各年级整班抽取的方式，抽取在校生的20%完成调查，以期了解学生资助基本情况及学生对资助工作的满意度，为改进和完善学生资助工作的决策提供依据。值得一提的是，江苏省教育厅办公室、省财政厅办公室2020年发布了《关于做好2019年全省学生资助绩效评价工作的通知》（苏教办助函〔2020〕2号），其中指出：为提高评价结果的科学性和公平性，从2020年起，江苏省教育厅、江苏省财政厅联合委托第三方评价机构逐年分批次对所有高校开展绩效评价。江苏省教育厅、江苏省财政厅结合第三方评价报告，研究确定并正式公布评价结果，并提出各高校在此基础上进一步加强绩效评价结果的应用，将其作为完善政策、改进管理、提升质量的重要依据，积极做好后续整改工作①。2020年8月，江苏省学生资助管理中心发布了《省教育厅办公室关于开展学生资助绩效评价第三方核查工作的通知》（苏教办助函〔2020〕8号），根据文件安排，2020年选取5个地区、5所高校接受第三方核查，引入绩效评价第三方核查是推动进一步提升资助工作水平和提高资助资金使用效益的重要举措②。

表6-1　江苏省高校资助绩效评价指标

一级指标	二级指标	三级指标	四级指标
基础建设	机构建设	管理机构	建立健全本、专科学生资助管理机构
		研究生管理机构	建立健全研究生资助管理机构
		人员编制	助学管理机构在岗人数合理性
	制度建设	政策落实	各类学生资助政策落实文件
		日常管理制度	资助管理机构内部管理制度
		财务管理制度	资助经费支出管理制度
	助学经费	事业提取	从事业收入中提取资助经费实现率
过程管理	家庭经济困难学生认定	认定制度	是否完善家庭经济困难学生认定制度
		建档立卡信息核查	省系统建档立卡学生核对情况、全国系统中建档立卡下发数据资助及核查情况
	国家奖助学金	国家奖助学金	国家奖学金工作质量、国家助学金工作质量、国家励志奖学金工作质量
		研究生学业奖学金	研究生学业奖学金工作质量

① 江苏省教育厅：《省教育厅办公室关于开展学生资助绩效评价第三方核查工作的通知》，资助管理中心，http://jyt.jiangsu.gov.cn/art/2020/8/7/art_60305_9453542.html.

② 陶功胜、程玉梅：《资助育人实效性多方评价机制构建探究》，《凯里学院学报》，2019年第2期。

续表

一级指标	二级指标	三级指标	四级指标
过程管理	国家助学贷款	生源地信用助学贷款	贷款回执录入工作质量
		信贷风险管理	开展金融知识和诚信教育、毕业生还款确认工作质量、生源地信用助学贷款回收率、催收逾期生源地信用助学贷款
		专项补偿资金	国家助学贷款风险补偿金缴付
	高校资助	绿色通道	建立健全“绿色通道”
		勤工助学	平均每百名贫困生参加勤工助学人次、勤工助学生均补助金额
		校内补助等	每百名在校中获校内补助人次、校内补助生均资助金额
		社会捐赠资助	每千名在校生中获社会资助人数、社会资助生均资助金额
		建档立卡免学费	建档立卡免学费人数占比、生均建档立卡减免学费金额
	学费补偿	服兵役国家资助	义务兵、直招士官和退役士兵资助工作质量
		苏北就业学费补偿	苏北就业学费补偿宣传工作
	业务报表	年度高校资助信息报送	教育部全国高校学生资助信息平台报送
		建档立卡工作报表	建档立卡工作报表质量
	宣传工作	绩效评价报表	年度资助绩效评价报表数据质量
		制定年度宣传计划	是否制定年度宣传计划
		传统媒体及新媒体宣传	在传统媒体及新媒体开展资助宣传工作
		讯息报道	工作动态、新闻被采用情况
		资助政策加入“迎新系统”	资助政策内容加入“迎新系统”

续表

一级指标	二级指标	三级指标	四级指标
工作成效	资助效果	资助覆盖面	学生资助覆盖面
		生均资助金额	生均学生资助金额
	资助育人	资助育人典型	资助育人典型事迹质量
		理论与实践	资助育人理论与实践成果
	社会评价	资助育人活动	学校开展资助育人活动
		就业率	家庭经济困难学生就业率
		投诉	学生及家长投诉
		学生评价	学生对资助工作的综合评价
		社会监督	媒体批评性报道
附加指标	工作参与	参加省专项工作	参加省资助中心专项工作情况
		参加成效汇报演出	参加第五届资助成效汇报演出情况
		参与书法比赛情况	书法比赛参与情况
		微电影报送情况	微电影报送质量
	工作创新	宣传画报送情况	宣传画报送质量
		资金筹措创新	开拓助学经费来源渠道
		资助管理创新	其他资助管理措施创新

二、 广东省高校资助育人评价现状

广东省面向高校资助育人开展问卷调查，调查时间为2007—2016年。从评价结果来看，学生及家长、资助工作者对广东高校学生资助的政策实施、资助育人成效评价满意度较高，对资助育人工作给予了高度评价。其指标体系整理如下（详见表6-2）。

广东省高校资助育人评价指标共由资助育人工作要素、资助育人过程、资助育人效果3个一级指标构成，涵盖了组织领导、支持系统、队伍建设、育人环境、资助过程、育人过程、资助工作效果、育人工作效果等8个二级指标，以及43个三级指标。

表 6-2　广东省高校资助育人评价指标

一级指标	二级指标	三级指标
资助育人工作要素	组织领导	制度建设、工作机制、工作规划
	支持系统	政策支持、组织支持、人力支持、财物支持
	队伍建设	专业资助团队、育人团队
	育人环境	家庭环境、高校环境、社会环境
资助育人过程	资助过程	资助政策宣传、贫困认定、资助规模、资金投入、资助范围、资助标准、资助方式、资助工作团队建设
	育人过程	高等学校思想政治理论课、形势政策教育、高等学校哲学社会科学课程及其他课程、社会实践、校园文化、网络思想政治教育、心理健康教育、服务育人、管理育人、党团建设、班级社团建设
资助育人效果	资助工作效果	减轻受助学生家庭经济负担程度、受助学生学业完成率、受助学生及其家庭满意度、受助学生对资助政策了解程度、资助工作规范程度、资助特色
	育人工作效果	受助学生思想政治素质、知识结构、道德情操、心理健康、综合素质、行为表现

三、 安徽省高校资助育人评价现状

安徽省高校资助育人评价的研究中，构建了“高校·家庭·社会·自我”四位一体的多方评价体系，对引导受助学生成长成才进而反馈资助育人的路径体系有着积极的推进作用。通过访谈、走访和网络问卷的形式对安徽省合肥市和安庆市共4所不同类型的高校受助学生进行调研，结果显示：受助学生“经济困难”和“心理困难”的“双贫”现象比较凸显；受助学生某种程度上对资助产生了“依赖”思想，认为自己“应该”受助，而忽视了资助“助学和强能”的初衷；资助受助学生基本能够坚定学习的目标，但是在思想和行动上与资助初衷还存在较大的差距；很多家长对孩子的关心程度不够，家庭教育缺失，不能与学校教育形成合力；受助学生感恩意识及回报社会的意识还有待进一步增强①。其指标体系整理如下（详见表6-3）。

① 陶功胜、程玉梅：《资助育人实效性多方评价机制构建探究》，《凯里学院学报》，2019 年第 2 期。

表 6-3　安徽省高校资助育人评价指标

一级指标	二级指标
辅导员评价	受助学生的感恩意识和责任意识是否有所提高
	受助后是否更加励志，学习目标也更加明确
	对受助学生的勤俭节约的认同率如何
	资助育人是否有实效性
非受助学生评价	受助学生贫困情况与班级评议贫困等级是否相符
	学生受助后感恩意识、责任担当意识是否有所提高
	对学校资助的评价总体满意度如何
受助学生自评	所受资助与自己的情况是否对等
	受助后自己是否比以前更懂得学习
	受助后自己对就业目标是否更加坚定
	受助的同学是否应该更多地为班级和社会服务
受助家庭评价	学生受助后在家领取的生活费用较之前是否有所减少
	受助后学生是否更孝顺父母，更记挂家庭
	受助学生是否对就业和学习更关注
	受助后学生是否更开朗、更自信等
用人单位评价	受助学生工作后是否能够胜任岗位
	受助学生是否诚信守信、言行一致
	受助学生是否有理想、有信念、对事业充满激情
	受助学生是否勤俭节约、合理消费
	受助学生是否积极参加公益活动，如义务献血、捐款等

安徽省高校资助育人评价指标共由辅导员评价、非受助学生评价、受助学生自评、受助家庭评价、用人单位评价等 5 个一级指标构成，涵盖了 20 个二级指标：第一，辅导员评价。面对资助育人工作的一线辅导员，其评价指标主要为：受助学生的感恩意识和责任意识是否有所提高；受助后是否更加励志，学习目标也更加明确；对受助学生的勤俭节约的认同率如何；资助育人是否有实效性。第二，非受助学生评价。针对班级评议小组成员、学生干部及其他非受助学生，其评价指标主要为：受助学生贫困情况与班级评议贫困等级是否相符；学生受助后感恩意识、责任担当意识是否有所提高；对学校资助的评价总

体满意度如何。第三，受助学生自评。其评价指标主要为：所受资助与自己的情况是否对等；受助后自己是否比以前更懂得学习；受助后自己对就业目标是否更加坚定；受助的同学是否应该更多地为班级和社会服务。第四，受助家庭评价。面对受助学生家长，其评价指标主要为：学生受助后在家领取的生活费用较之前是否有所减少；受助后学生是否更孝顺父母，更记挂家庭；受助学生是否对就业和学习更关注；受助后学生是否更开朗、更自信等。第五，用人单位评价。面对受助学生就业单位的同事和分管领导，其评价指标主要为：受助学生工作后是否能够胜任岗位；受助学生是否诚信守信、言行一致；受助学生是否有理想、有信念、对事业充满激情；受助学生是否勤俭节约、合理消费；受助学生是否积极参加公益活动，如义务献血、捐款等。

第三节　高校资助育人评价制约因素

资助育人评价能够客观反映高校资助育人工作的执行力度，能够科学评估高校是否通过资助育人工作将有限的教育资源进行了合理配置并实现了资助育人效益最大化，有助于高校正确认识资助育人的内在规律和实现机制，有助于高校强化资助育人工作顶层设计和资助育人过程监管，有助于高校提升资助育人工作的实效性和持续性。虽然当前高校资助育人评价已经积累了一定的经验，但还存在着诸多亟待解决的问题，主要集中在以下几个方面①。

一、 评价主体与客体的全面性

高校资助育人的主体是资助育人实践活动的承担者与实施者，资助育人的客体是资助育人实践活动的对象与受助者，但资助育人评价的主体与客体不应完全等同于资助育人工作的主体与客体。在当前高校资助育人评价工作中，存在着评价主体与客体不够全面的问题，客观上制约了资助育人评价工作的开展。

1. 评价主体不够全面

现阶段，在资助育人评价过程中，评价主体的选择主要是高校主管资助育

① 王岩：《广东高校资助育人工作研究》，广州：广东高等教育出版社，2019 年，第 175－176 页。

人工作的业务部门，而与资助育人工作密切相关的学工队伍、受助对象工作单位，乃至与受助对象相关的其他社会群体都没有被纳入评价主体范畴。

2. 评价客体不够全面

评价客体往往是单一的受助对象，没有对资助育人要素、资助育人过程及资助育人效果这样的客体进行综合评价。评价客体的不完善在一定程度上造成了资助育人评价缺乏全面性和公正性。

二、 评价标准与方式的科学性

构建科学、客观、有效的高校资助育人评价指标体系，实现对高校资助育人工作的有效评价，是进一步完善资助育人工作、健全资助体系、明确资助方向、提高育人水平的必然要求。然而，当前资助育人评价工作在评价标准、评价和评价机制等方面还存在着不够完善等问题，制约了高校资助育人工作，具体如下。

1. 评价标准不够全面

当前高校资助育人评价标准不够完善，缺乏科学的评价指标，尚未形成综合性的评价体系，而造成现存问题的原因正是资助育人评价缺乏系统性。当前高校资助育人评价标准往往只是对整齐划一的工作要求、工作任务是否完成做出判断，缺少灵活性和层次性，过于僵化。其劣势在于忽视了人的个性、思想感情、动态发展和个人价值的实现，体现不出个性化需求，对于资助育人过程中的方式方法的合理性、可行性及受助学生毕业后的发展状况等的关注较少，这些评价标准的不完善直接影响着资助育人的实效性，有待于进一步优化。

2. 评价导向存在偏差

资助育人评价重任务考核、轻育人效果，侧重于常态化的组织管理、制度建设、日常管理、资金使用等方面的考核和评价，对于资助政策能否促进学生获得有效和高质量的发展、受助学生成长成才的关注缺乏相应的评估。重视工作任务考核而轻视育人效果的评价，造成了资助育人实际工作重心的偏离。高校资助育人工作内容复杂、程序烦琐，在现有的资源条件下开展资助育人工作，高校的精力集中于资助政策落实，而资助育人的评价的重心也就放在工作规范开展状况上，忽视了高校资助育人工作的创新性、主动性、灵活性评价。

当前高校资助育人的评价工作，在评价程序上看重组织保障力度，重点评价组织机构完善度、资助流程规范性、评审公开公平公正性等；评价结果上看重业务管理水平，主要评价资助材料完整性、项目落实精准度、资金发放及时性等；资助效果上看重短期资助影响，注重考核学生满意度、资助研究成果等。

3. 评价机制有待提升

当前高校资助育人的评价工作往往由上级教育行政管理部门对所属高校做出，通过工作任务完成的质量来评价高校资助育人工作的等级。育人工作的评价通常是由受助对象所获得的各类具备显示度的奖项来证明育人效果，但这些奖项是否能够证明受助对象的思想政治素质切实得到了提高，还存在一定的探讨空间。此外，教育主管部门与高校之间还存在着互动监督机制不健全等问题。当前，部分省份委托第三方评价机构开展高校资助育人评价工作，有助于厘清政府、高校间权能边界，搭建教育主管部门、第三方机构、高校和院系之间的互动监督机制，加快推进“管、用、评”分离，便于及时修正资助工作中凸显的问题及资助政策实施的滞后性等问题，强化资金监管，压实主体责任，确保高校资助育人工作成效的永续性。

三、 评价结果反馈的充分性

评价结果反馈是资助育人的最后一个环节，其反馈的及时性与准确性将直接决定资助育人工作是否能够在接下来的环节中得到科学地指导。如果评价结果反馈滞后，评价结果的效用将与滞后的时间呈反比，即滞后的时间越长，评价结果的效用越差，也就是说，随着时间的延长，评价效用将呈递减状态。高校在第一时间获取评价结果后，一定要及时认真地对此进行分析和利用，并将研究结果及时传达给资助育人相关单元，确保资助育人工作实现从量的积累到质的飞跃。当前，不少高校的资助育人反馈机制存在很多漏洞，具体如下。

1. 缺乏对资助育人效果的跟踪评价

高校资助育人效果的跟踪评价是资助育人工作开展的重要过程，只有重视跟踪反馈才能准确发现资助育人工作中存在的问题，并能更好地改进资助育人工作。缺乏对资助育人效果的跟踪评价，就无法得知在认定过程、评选过程及资助发放过程中存在的问题，以及需要改善的地方。当前高校缺乏具体详细的资助育人效果跟踪评价，缺乏育人效果的长期动态反馈机制。反馈机制的缺乏，使得高校精准资助工作只有过程而没有总结，无形之中也会影响到下一步工作的开展。

2. 缺乏对受助学生的反馈机制

不少高校没有建立针对高校受助学生自身的反馈机制，既很少对受助学生的后续学业和心理发展进行综合评价、缺乏对受助学生从入学前到毕业后的链条式跟踪关注，又未对学生的实践技能和职业发展做综合评估，个体关怀不足，或者仅仅是暂时性的、遇到问题才反馈，忽略了高校资助育人工作“十年树木”的长期性特质。资助育人评价结果反馈的充分性直接影响高校资助育人工作的长效性、针对性和稳定性，不容忽视。

3. 以物质反馈为主，缺乏心理、精神等层面的反馈

当前，许多高校资助育人评价反馈仅仅停留在物质反馈的层面，缺乏心理、精神等层面的反馈。一方面，高校在开展资助育人工作时将很多的精力投入在关心资助金发放的流程是否符合规定，即关注受助学生的物质反馈。由于心理、精神、情感等方面的反馈周期长，且相比物质反馈具有隐性特点，不能量化和统一标准，导致高校在实施资助育人的过程中回避了这类隐性反馈，甚至直接忽略。另一方面，不少家庭经济困难学生参与了高校提供的勤工助学项目，但高校很少关注这些学生在勤工助学过程中的创新创业技能的发展及心理、情感等方面的发展。

第四节　高校资助育人科学评价体系建设

构建中国特色的高校资助育人体系，是通过推动教育公平来促进社会公平的重要举措，是中国特色社会主义制度优越性的重要体现。高校资助育人是一个复杂的体系，资助育人评价体系的构建是首先需要解决的问题，在构建的过程中，必须坚持政策导向，尽量做到科学合理。通过定量、定性分析，对资助育人工作的整体效果开展评价，保证资助育人工作有序推进并不断完善。

一、 高校资助育人评价体系的构建原则

1. 科学性原则

为保证决策信息的真实可靠，评价指标体系的构建必须立足于高校资助育

人工作的科学内涵和理论体系，贴近高校资助育人工作的真实情况。高校要充分运用教育成本管理理论、风险管理理论和高等教育理论的最新研究成果，使高校资助育人评价指标体系建立在科学规范和理论基础之上，同时要突出重点，便于获取数据信息①。

2. 指导性原则

习近平总书记对教育评价改革提出了具体要求，指明了方向并提供了根本遵循："要深化教育体制改革，健全立德树人落实机制，扭转不科学的教育评价导向，坚决克服唯分数、唯升学、唯论文、唯文凭、唯帽子的顽瘴痼疾，从根本上解决教育评价指挥棒问题。"高校资助育人评价必须立足于高校资助育人工作的实际情况，代表高校资助育人工作的基本导向和实际要求，突出高校资助育人的目的。因此，评价指标体系的构建必须坚持社会主义的办学方向，紧密结合国家出台的有关高校资助育人工作的政策和措施，以及高校资助育人工作的实际情况，从而推动高校资助育人工作有效开展。

3. 全面性原则

指标体系的构建要遵循高校资助育人工作的基本规律，结合资助育人工作的内外部因素，按照过程管理理论进行全程规划与设计。具体来说，指标体系的构建一定要反映高校资助育人工作的全貌，做到过程指标与结果指标相结合、定性指标与定量指标相结合、内部指标与外部指标相结合，切忌以偏概全。

4. 层次性原则

高校资助育人工作从主体角度来看，涉及国家、社会、高校和学生等要素。从资助政策体系来看，包括国家奖助学金、国家助学贷款、勤工助学、困难补助等方式。因此，评价指标体系的构建必须从不同角度出发，既要关注资助政策、家庭经济困难学生认定、资助资源筹措、资助资源配置、资助监测与跟踪、资助社会效应等各个环节，又要考虑每个环节中涉及的要素。

5. 动态性原则

当今社会日新月异，高校资助育人工作随着高校育人责任的丰富而提升，

① 张宝强、齐新艳:《高校学生资助绩效的综合评价与分析》,《河南教育（高教）》, 2020 年第 9 期。

随着社会需求的变化而调整，高校资助育人评价指标体系的构建必须适应资助育人工作理论研究与实践经验的不断变化，随着形势发展和外部环境的变化及时更新调整①。

二、 高校资助育人评价体系的优化方向

高校资助育人是一项基础性、战略性、前瞻性的工作，是一项需要全员参与、多方合作、长期坚持的社会系统工程。高校资助育人评价也是系统工程，需要在传统评价体系基础上逐步改善和优化，探索新的评价内容，优化更细的评价指标，建立健全评价机制。

1. 拓展资助育人评价内容，多面关注育人机制②

资助育人工作的评价体系是督促高校做好该项工作的重要内容，主要分为工作研究、个性帮扶、认定程序、监管方式、资助育人工作领导情况、资助调查、创新做法、教育引导、工作流程等二级指标，主要考核政策落实的情况，也将育人的效果融入其中，重点关注最终的资助育人目的是否实现。

资助育人评价体系应顺应资助育人工作模式的创新，对高校资助育人的考核不应仅停留在资助项目的落实情况，更应向资助宣传、资助形式、资助管理和育人成效等维度进行拓展。以安徽某高校为例，资助育人工作评价内容分为工作机制、资助工作、资助育人三大模块，下分资助工作领导情况、认定程序、工作流程、监管方式、教育引导、个性帮扶、资助调查、工作研究、创新做法等二级指标，考核内容以资助政策落实情况为主线，将育人成效检验融入评价全过程，在评价规范资助基础上，重点考查育人举措和育人成效。

2. 改进资助育人评价指标，多点考查育人举措③

资助育人评价不能依靠资助工作管理者、执行者和学生的主观判断，而需要客观的指标衡量。评估指标体系的设计是开展资助绩效育人评估研究的关键所在，指标体系设计是否科学合理直接关系评估结果的客观性与公正性，同时

---

① 骆小琴：《基于“立德树人”根本任务的资助育人质量提升体系构建与探索》，《作家天地》，2020 年第 3 期。

② 焦中宁：《资助育人视阈下高校资助评价体系的优化》，《巢湖学院学报》，2018 年第 5 期。

③ 焦中宁：《资助育人视阈下高校资助评价体系的优化》，《巢湖学院学报》，2018 年第 5 期。

也是获得有效评估结果的重要先决条件。资助育人导向下的资助育人评价指标需要在传统评价指标上适当改进与优化，做好加减法，保留原有的能够客观衡量资助育人水平、促进资助育人工作规范运行的指标，取消一些不影响工作整体进程甚至有碍育人机制的指标，新设一些反映育人工作成果的指标。科学合理地将资助育人的工作机制、工作措施、育人成效等纳入相应的指标体系，能够真实客观地衡量育人工作水平、评价育人效果。育人工作机制和措施可以通过创新做法体现，如开展励志、感恩等主题教育活动、建立院系国家奖助学金管理机构、关注家庭经济困难学生心理健康状况、组织家庭经济困难学生爱心公益活动等，而学生的学习情况、社会实践、就业状况、励志表现等育人成效可以通过设立量化指标来衡量。

3. 完善资助育人评价机制，多方保障育人成效

将资助育人理念真正融入资助育人评价机制，从观念、制度、实施上支持资助育人评价工作的开展。理念上，围绕精准资助和资助育人两大目标开展评价资助育人工作，改变传统政绩观，在实现精准识别、精准认定、精准资助的基础上，审视资助育人效果；制度上，保证不同层次主体考核标准要求的一致性，细化基层考核标准，尤其是奖惩制度，将育人成效与资助育人工作放在同等重要位置；运行上，实现学生工作职能联动，将日常管理、思想政治教育、心理健康教育、就业工作与资助管理评价有效联动，拓宽资助育人评价作用范围；监督上，实施多方主体评价，让家庭、企业、社会组织等参与资助育人评价，尤其是建立与社会资助方的沟通机制，营造良好的社会氛围，保障评价结果的真实客观性；反馈上，将资助学生学习、实践情况、励志成才等育人成效进行反馈，发挥资助育人评价引导工作改进的作用①。

三、 高校资助育人评价体系的主要构成

高校资助育人评价体系由客观评价体系和主观评价体系构成。客观评价体系是以学校或学院为主体，以客观事实为依据，构建包括资助育人制度建设、人财物投入、政策落实、信息建设、宣传教育、理论研究、实践创新等维度的评价体系；主观评价体系则是以学生为主体，以满意度为导向，构建包括学生

① 焦中宁：《资助育人视阈下高校资助评价体系的优化》，《巢湖学院学报》，2018 年第 5 期。

对学校（学院）经济资助和成长扶助工作的总体评价、具体评价两大维度的评价体系，其中具体评价涵盖资助育人宣传、政策落实、成长服务等方面。通过学校（学院）、学生“双主体”参与评价，采用定性与定量相结合的评价方法，让考核评价更加真实客观，切实发挥对资助育人工作的导向和把脉作用①。

评价体系的指标框架一般包括三个层次：目标层、准则层和指标层。基于高校资助育人工作的多样化、层次化和动态化特征，各层次对应的评价指标体系不是几个简单的指标要素或者指标要素的组合，而是应该对各个指标进行系统化地有机整合。依据高校资助育人工作的影响因素，结合专家调查、文献查阅和实际工作经验，以国内外权威机构和专家学者提出的指标体系为参照，构建出多层次的评价指标体系。目标层是一级指标，一般包括资助育人基础资源、资助育人过程建设、资助育人成果实效等；准则层是二级指标，是一级指标的构成要素，一般包括机构建设、制度建设、经费投入、困难生认定、资助项目、资助效果、育人效果、回馈效果、社会评价等；指标层是三级指标，是准则层的细分，包括管理制度建设、监督制度建设、管理机构、组织支持、人力支持、财物支持、政策落实，专业资助团队、育人团队，资助政策宣传、困难生认定、资助规模、资金投入、资助范围、资助标准、资助方式、资助工作团队建设，高等教育的发展、人才培养的质量、社会舆论的认可、精准资助的成效，受助学生思想政治素质、知识结构、道德情操、心理健康、综合素质、行为表现，受助学生参加志愿服务活动、感恩活动、基层就业创业的人次（数）等。

四、 高校资助育人评价的体系指标

关于高校资助育人评价的体系指标构建，学者们基于不同的模型开展了丰富的研究，本节从中选取了较为典型的基于 CIPP 模型、SMART 原则、模糊综合评价法的资助育人评价体系及地方省属高校资助育人绩效评价体系进行简单的阐述。

1. 基于 CIPP 模型的高校资助育人评价体系

CIPP 模型是 1967 年由美国学者斯塔夫比姆在借鉴泰勒模式后提出的。

---

① 何旭娟、吴晓君、周艳玲：《高校资助育人“双助”模式的建构与实践——以南华大学为例》，《思想教育研究》，2020 年第 9 期。

CIPP 由四个评价要素的首字母组合而成，包括背景评价（Context Evaluation）、输入评价（Input Evaluation）、过程评价（Process Evaluation）和成果评价（Product Evaluation）。这四种评价为决策提供了信息，在具体评价过程中，具有过程性、全程性和反馈性的特点。高校资助育人帮助受资助学生在解困、育人、成才、回馈等方面不断进步，传递诚信精神，培育感恩回报意识等，在此过程中，需要高校对资助育人的资源投入、过程把控、成效评价等进行一系列整合，与 CIPP 模型具有较高的契合性和一致性①。基于 CIPP 模型的高校资助育人评价体系详见表 6-4。

（1）环境基础能力

高校资助育人环境基础能力，是指在开展高校资助育人工作的过程中对高校资助育人工作环境的考察评价，包括社会环境、基础现状、教育政策等方面。其目的是评价高校展开资助育人工作的可行性，分析社会环境、基础现状、教育政策等对资助育人工作开展的带动或阻碍作用，并在此基础上不断改善环境氛围，了解基础现状，充分落实教育政策，以提高高校资助育人环境基础能力。高校资助育人环境基础能力是高校资助育人能力构成的前提②。

（2）资源配置能力

高校资助育人资源配置能力，是指在资助育人工作开展过程中，对人力、财力和组织等资源进行合理分配和有效使用的潜能和实力。高校资助育人主要财力资源来自国家资助、社会捐助和学校奖助等，财力资源的充分投入和合理分配是实现资助育人功能的基础。人力资源是指高校资助育人工作者的配置数量和业务能力，新时代资助育人工作复杂繁重，一方面要合理配置专职资助育人工作人员，另一方面要加强资助育人工作者的业务能力，使其各尽其能，提高工作效率。组织资源是指组织资助育人活动过程中对高校资助育人工作计划的评价，包括资助育人工作小组、资助育人方案和资助育人数据等方面。总而言之，资源配置能力是高校资助育人工作过程中的有力保障③。

---

① 司武兴、陆华山：《基于 CIPP 模型的高校资助育人工作研究与展望》，《现代职业教育》，2020 年第 26 期。

② 唐业喜、杨蔓红、马艳：《基于 CIPP 模型的高校资助育人成效评价体系研究》，《教育财会研究》，2020 年第 3 期。

③ 唐业喜、杨蔓红、马艳：《基于 CIPP 模型的高校资助育人成效评价体系研究》，《教育财会研究》，2020 年第 3 期。

表 6-4　基于 CIPP 模型的高校资助育人评价指标体系

	主指标	分指标	子指标
高校资助育人成效评价指标体系	背景评价（C）环境基础	社会环境	社会人士对在校受资助学生的关注度
			社会机构对受资助学生的扶持度
		基础现状	资助育人工作者的经验
			受资助学生比（%）
			受资助学生对资助资金的需求度
		教育政策	资助育人国家政策出台数（个）
			学校资助政策数（个）
	输入评价（I）资源配置	经费投入	国家资助总金额（万元）
			社会捐助总金额（万元）
			学校资助总金额（万元）
		组织计划	学校资助人员配置合理性
			学校资助计划现势性
	过程评价（P）行动过程	资助项目	资助项目的宣传力度
			资助管理规范性
		途径监督	举办资助育人相关工作讲座数（场）
			教师与受资助学生年均谈心谈话次数（次）
			学生对监督工作的满意度
	结果评价（P）成果实效	育人效果	受资助学生在校期间所获省级及以上奖项数（次）
			受资助学生毕业考研率（%）
			受资助学生毕业就业率（%）
		成才效果	受资助学生毕业偿还助学贷款比例（%）
			受资助学生的人生规划意识
			资助育人工作师生满意度
		回馈效果	受资助学生参加志愿服务活动次数（次）
			受资助学生参加感恩活动次数（次）
			受资助学生毕业参加“三支一扶”等基层工作人数（人）

（3）行动过程能力

高校资助育人行动过程能力，是指高校在进行资助育人工作过程中，资助育人工作者通过广泛宣传国家和高校的资助政策和项目、举办资助育人诚信感恩等相关活动，与受资助学生谈心谈话并进行“一对一”指导等方式，不断扩大资助育人工作的影响力，同时规范管理，接受师生对资助育人工作的全面监督，提高家庭经济困难学生认定准确度和资助育人成效。从一定程度上说，高校资助育人工作是否能充分发挥育人功能，关键在于资助育人行动过程的成效①。

（4）成果实效能力

高校资助育人成果实效能力，是指高校开展资助育人工作在育人效果、成才效果和回馈效果的发展潜能和实力上的体现。这一绩效考评主要体现在受助学生上，包含其学习的成效、毕业的去向、生活的诚信度、服务社会的主动性及其他技能的提升程度等。高校资助育人成果实效能力是高校开展资助育人工作的出发点和落脚点，也是高校资助育人能力构成的关键因素②。

2. 基于SMART原则的精准资助育人认定与评价体系③

（1）S（Specific）：目标具体——科学客观地分层定等定级

为提高家庭经济困难学生认定工作的准确性，切实发挥各项资助政策的作用，让家庭经济真正困难的学生能够得到及时有效的资助，根据《教育部财政部关于认真做好高等学校家庭经济困难学生认定工作的指导意见》（教财〔2007〕8号），制作《家庭经济困难学生认定测评表》对入学新生进行统一测评，设定家庭成员情况、家庭收入情况、特殊情况、其他情况等一级指标。通过自评、互评、民主评议等得出测评结果，测评分数从高到低排列，根据院（系）在校生人数及可获得的资助资源等实际情况确认家庭经济困难生数。院（系）助学管理员结合困难程度量化测评结果及其他相关情况确定家庭经济困难学生的困难等级与初审名单。综合各种考评标准，根据家庭经济困难程度分

① 唐业喜、杨蔓红、马艳：《基于CIPP模型的高校资助育人成效评价体系研究》，《教育财会研究》，2020年第3期。

② 唐业喜、杨蔓红、马艳：《基于CIPP模型的高校资助育人成效评价体系研究》，《教育财会研究》，2020年第3期。

③ 吴飞：《基于SMART原则的高职院校精准资助认定与评价体系构建》，《智库时代》，2019年第47期。

为一、二、三等，根据思想品德、学习成绩、平时表现等不同情况，将各困难等级的困难学生再分为四个资助等级。

（2）M（Measurable）：可衡量——运用大数据思维，定量分析与定性分析相结合认定家庭纠纷困难学生①

为实现精准扶贫，严格家庭经济困难学生入库审定程序，采取多维度认定和分层次定级，形成了立体全面的学校调查、学生自查和资助回访体系。

多维度认定以精准化为导向，从学生的家庭情况、生活情况、学习情况、遵守校纪校规等方面细化认定办法，更新完善认定工作。认定工作中科学地衡量学生家庭经济状况、物质生活水平，以及学生在校日常生活和学习表现，做到认定精准。从学生进校开始，通过辅导员、班主任、学业导师谈心谈话等方式开始全面调查了解每一位学生。从个人申请、家庭经济情况证明、班级评议、公示、跟踪调查、动态档案等方面多管齐下，多方位、多角度、多层次地对学生的家庭经济情况进行调查，判断学生是否需要资助，多维度保障困难学生认定的精准。

充分利用新媒体，建立学生资助信息管理系统。建立全校的家庭经济困难学生数据库，使得资助育人工作信息化，数据库的数据可以与学生的家庭经济状况、学习情况、素质拓展、获奖情况及日常校园卡消费情况相关联，真正做到“有卡、有档”，在保护学生个人隐私的基础上，实行信息化管理。资助工作者全面了解困难学生，确保资助育人工作的公平性与针对性。

（3）A（Attainable）：可实现性——建立精准激励机制②

一是建立管理监督体制，完善帮困助学体系。将资助育人工作绩效评价纳入学生工作考评中，细化考核指标，更加注重常规工作的规范和日常考核，注重资助专职业务人员政策的把握和能力素质的提高，注重家庭经济困难学生心理健康及教育活动的成效。管理注重细节，考核重在平时，学生、家长、社会的认可是重要的评价标准。二是坚持教育引导。提升学生自我管理，自我服务的能力，指导家庭经济困难学生做好学业、职业规划。三是拓宽资助渠道。统

① 吴飞：《基于SMART原则的高职院校精准资助认定与评价体系构建》，《智库时代》，2019年第47期。

② 吴飞：《基于SMART原则的高职院校精准资助认定与评价体系构建》，《智库时代》，2019年第47期。

筹来自政府、社会、学校、个人等不同渠道的资助资源，对家庭经济困难学生进行多渠道、多途径的资助与帮扶，形成多元激励机制。

（4）R（Relevant）：相关性——榜样引领，激发诚信感恩意识①

通过深入了解学生表现，给予资助的同时关注家庭经济困难学生班级群众基础、日常生活、精神状况等情况，为精准资助奠定基础，施行“寓教于助，寓教于管，显性管理与隐性激励相结合”的助学方针。一是在校内打造爱心服务总队平台，践行志愿服务精神；二是开展诚信教育主题活动，强化学生诚信意识；三是开展暖冬助学营，让学生体悟感恩意识。

（5）T（Time－bound）：时限性——动态跟踪反馈机制②

实时关注国家有关大学生资助的相关政策理论，及时传达给学生；关注学生动态，包括他们的生活、学习和精神等方面，不断完善调整资助育人方案，真正实现精准资助。一方面，通过开展家庭经济困难学生走访慰问，搭建家校沟通平台，深入宣传国家资助政策；另一方面，通过班级民主评议、学生消费情况调查，适时调整资助对象和资助等级，确保应助尽助。

3．基于模糊综合评价法的高校资助育人评价体系

模糊综合评价法是在模糊数学基础上延展的新的评价方法，利用模糊关系合成。基于模糊综合评价法的评价模型能够将评价目标具体化，将不清的边界和难以确定的因素定量化，使综合评价更加容易且评价效果更好③。

（1）构建指标体系

将高校资助育人评价体系看作一个系统，寻找影响评价系统的各个因素，分析各个要素运营的特定规律，以及要素与要素之间的协调关系，从而判读出每个要素与运营绩效之间的关系。构建指标体系时要强调时效性，为了能够提高探讨的深度，可从五个方面构建资助育人评价指标体系，具体如下。

经济性发展指标。经济发展指标在整个高校资助育人评价模型中起到保障作用，筹措的资金要满足高校家庭经济困难学生的需求，在运营时每一笔钱都

① 吴飞：《基于SMART原则的高职院校精准资助认定与评价体系构建》，《智库时代》，2019年第47期。

② 吴飞：《基于SMART原则的高职院校精准资助认定与评价体系构建》，《智库时代》，2019年第47期。

③ 马小霞、武士浩：《基于模糊综合评价法的高校贫困生资助绩效评价模型设计》，《宜春学院学报》，2018年第12期。

要得到合理的处置。经济性发展指标如果设定得好，可以很好地提高学生的综合能力，为学生的发展奠定基础。经济性发展指标可以从五个二级指标来认定：第一个二级指标为困难认定，即学生的困难等级，学生的困难情况不同，所以资助金额不同；第二个二级指标为资助结构优化指标，判断资助结构是否处于最优，学生是否能够得到所有的资助资金；第三个二级指标为资助跟踪监测指标，跟踪每一笔资金的流动使用情况，并进行记录；第四个二级指标为生活支出指标；第五个二级指标为其他选择支出指标①。

学习性发展指标。该指标为基础指标。在得到资助后，要跟踪学生的学习发展状况，分析判断学生的学习成绩是否有所提高，学习能力是否得到加强。判断角度从以下指标来进行：学生在课堂上的学习状况，是否能够认真学习，吸收老师教授的知识；学生的成绩排名是否有所上升；在课外活动和实践活动中是否能够展现出较高的学习能力②。

社会性发展指标。社会性发展指标在资助育人评价设计模型中占有核心地位。社会性发展可以通过学生的认知、情感和行为三方面来判断：认知主要指的是学生对自我的认知和对他人的认知；情感发展通过分析学生和学生之间的关系、老师和学生的关系做出具体判断；行为包括学生的课上行为、课下行为、校内行为和校外行为，分析学生行为，判断资金资助是否起到作用③。

学生责任性发展指标。该指标是评价学生能力的价值指标。每一个学生都应该有自己的社会责任和道德责任，一个缺乏责任心的人在社会上很难立足，尤其是对于被资助过的高校家庭经济困难学生，他们更应该感恩社会，回报社会，做有益他人的事情④。

学生职业成熟度指标。该指标用来评价学生的发展状况，全方位分析学生

---

① 马小霞、武士浩：《基于模糊综合评价法的高校贫困生资助绩效评价模型设计》，《宜春学院学报》，2018 年第 12 期。

② 马小霞、武士浩：《基于模糊综合评价法的高校贫困生资助绩效评价模型设计》，《宜春学院学报》，2018 年第 12 期。

③ 马小霞、武士浩：《基于模糊综合评价法的高校贫困生资助绩效评价模型设计》，《宜春学院学报》，2018 年第 12 期。

④ 马小霞、武士浩：《基于模糊综合评价法的高校贫困生资助绩效评价模型设计》，《宜春学院学报》，2018 年第 12 期。

对自己专业的理解能力、学生的性格、工作能力和在职业上所做出的规划①。

（2）指标权重值计算

在评价指标体系中，每一个指标的重要程度不同，因此必须要将各个指标的权重值计算出来。计算高校资助育人评价模型各个指标的权重值要从一级指标和二级指标两个指标来进行确定。

一级指标计算时使用归纳算法和积分算法，检验计算结果的一致性，进而得到一级指标的权重值。在计算得到一级指标因素的各权重值后，根据一级指标权重值计算二级指标权重值，二级指标 Ui 记录成 $Ui = Ui_1 \cap Ui_2 \cap Ui_3 \cdots \cap Uim$。二级指标权重根据制度的建设、政府投入资金、配置等方面确定。认定高校学生是否属于家庭经济困难学生时，要制定健全的认定制度，从硬件平台和软件平台两方面设定，记录学生的家庭状况、在校资金的使用情况。资助学生的资金来源于三个方面，政府投入占比最多，其次为高校投入比重。最后为社会力量投入比重。由于社会投入为自发性投入，因此各个部门要积极鼓舞有能力的社会各界人士来资助学校。资源配置从模式、观念和运营绩效三方面入手，观察社会对所培训人才的满意程度，从而评判学生的学习效果。在设计高校资助育人评价模型时，要将国家助学贷款的发放情况、家庭经济困难学生的上岗率和奖学金获得情况记录下来。在计算得到一级指标和二级指标的权重值后，确定隶属关系，得到模糊评价矩阵，根据每一级每一个指标的权重系数，分析高校家庭经济困难学生评价标准，得到对应的评价结果②。

4. 地方省属高校资助育人绩效评价体系

现阶段，随着我国资助政策的进一步完善，高校自主体系内容变得十分全面，尤其是国家助学贷款、国家助学金等制度落实之后，可以帮助家庭经济困难大学生更好地完成学业。可以看出，地方省属高校资助育人绩效评价体系设计具有重要作用。地方省属高校资助育人工作的开展，为家庭经济困难大学生提供了基本生活保障，缓解了他们内在的精神压力，为学业提供了必要支撑，为学生争取到更多发展机会和空间，这对于他们今后的经济收入和生活质量提

① 马小霞、武士浩：《基于模糊综合评价法的高校贫困生资助绩效评价模型设计》，《宜春学院学报》，2018 年第 12 期。

② 马小霞、武士浩：《基于模糊综合评价法的高校贫困生资助绩效评价模型设计》，《宜春学院学报》，2018 年第 12 期。

升均能起到良好的帮助作用。从个体发展角度来说，地方省属高校资助育人可以确保学生自身的影响力和价值得到充分挖掘，帮助他们获取更多的知识和信息，并实现心理发展和行为的协调统一。地方省属高校资助育人工作绩效评价体系的设计与家庭经济困难学生利益息息相关，而且该项工作在学校发展上同样具有重要意义。只有充分意识到该项评价体系设计的重要性，才能解决各种问题和困难，最终将资助和育人目标充分结合在一起，为后续人才培养和社会稳定发展创造有利条件①。

（1）防护性指标构建

从根本上说，贫困主要是个体内在与外在匮乏的一种表现。这种匮乏状态在不同阶段表现出不同的内涵。最初关于贫困的认知，主流观点认为是在外在生活保障品和健康状况等方面的维持能力，这也是个体最低物质匮乏的基础表现。一旦陷入这种匮乏状态，个体便无法拥有足够资源去交换自己所需要的东西。而地方省属高校资助育人是弥补这种匮乏状态的一项有效举措，可以为个体后续发展空间的拓展提供基础条件。另外，贫困在匮乏状态上也呈现出很大差异性，主要表现为绝对贫困和相对贫困。因此，地方省属高校应根据贫困状态构建客观识别标准。

（2）基础性指标构建

资助育人管理能够通过制度设计来引导学生提升对学习的投入力度，这也是整个学生学习性发展的关键所在。学生参与度与学生成长速度息息相关，主要体现在个体成长的现实性和当下各方面，引导学生认可各项学习和活动内容。一般来说，个体提升对学习的积极性，主要依赖于财力和物质投入。地方省属高校家庭经济困难大学生的资助情况与自身学习成绩息息相关，而且如果想要获得更高资助，学习成绩是必然的前提条件。另外，当学生受到资助之后，个人学业失败的可能性大幅降低，学习投入时间也得到了进一步保证，这也是提高学习成绩的关键所在。所谓学业发展，主要是对学生能力的综合性考察②。因此，高校资助育人绩效评价体系的构建，需要综合考虑学生的外在约束性及内在自主性。

---

① 郑晓杰：《地方省属高校资助绩效评价体系的设计》，《管理观察》，2019 年第 26 期。

② 郑晓杰：《地方省属高校资助绩效评价体系的设计》，《管理观察》，2019 年第 26 期。

（3）核心指标构建

从社会发展角度来说，个体发展具备多维、动态等特点，其中还包含很多认知发展以外的知识，如社会认知性发展、社会性情感发展及社会行为发展等，这些对于个人成长有很大的帮助作用。在此过程中，家庭经济困难学生和普通大学生相比，存在很多不利因素，社会性发展比较缓慢，例如，家庭经济困难学生往往社会认知能力较低，自信心不足，意志力也较薄弱。因此，在学生资助政策实施过程中，需要提升对经济绩效的关注程度，重点解决家庭经济困难学生的社会性发展问题，并将资助育人绩效核心指标更好地呈现出来。由于个体社会经济地位具备主观和客观两种特点，而且对个体成长存在重要影响，在这之中，家庭客观社会经济地位与主观感知息息相关，使大学生心理健康避免受到任何影响。各个高校也可以借助于资助政策的制定和执行，对客观经济条件进行改善，进而将学生主观经济地位认知能力提升，让学生具备更强的自信心①。

（4）外生性指标构建

地方省属高校资助育人绩效情况与学生能够找到一个合适的工作息息相关，甚至能决定学生的职业成熟度。所谓职业成熟度，主要指个体在职业决策方面的状态和程度，而且该种状态主要基于自身的职业定位和选择。实验研究证明，大学生职业成熟度主要涉及的知识有两方面，即职业决策知识和职业决策态度。地方省属高校资助育人绩效评价体系的构建，为学生对职业成熟度的认知提供了良好环境和实证基础，在具体评价工作开展过程中，学习性发展的认知同样显得十分重要，这也是未来人才竞争的主要参考因素。家庭经济困难学生的主要知识技能来源于课堂，可以借助于外生性指标建设，避免学生与实际发展要求相背离②。

第五节　高校资助育人评价反馈

构建资助育人评价体系的根本目的是进行资助育人实效性的评价和反馈。通过评价，分析反馈可能在资助育人过程中出现的问题，改进育人的策略及路

① 郑晓杰：《地方省属高校资助绩效评价体系的设计》，《管理观察》，2019 年第 26 期。

② 郑晓杰：《地方省属高校资助绩效评价体系的设计》，《管理观察》，2019 年第 26 期。

径，创新育人机制，进一步提高资助育人的实效性。资助育人评价体系是高校资助育人工作的回音壁，在推进评价工作时应注意收集相关反馈信息，归纳不足，认清优势，扬长避短，促进高校资助育人体系和制度日益优化，推动资助育人成效的螺旋式上升。

一、 评价反馈的意义

1. 实现资助育人评价功能

通过评价结果反馈，可以检验资助育人工作成效，评判资助育人工作水平高低和质量优劣，评判资助育人产生的个体价值和社会价值，实现资助育人评价的诊断功能的有效发挥；可以帮助资助育人工作认清现实表现与理想状态的差距，借助常规检查和阶段评审等手段，督促资助育人工作的进展，引导资助育人系统的建设向着理想化目标迈进，实现资助育人评价的监督导向功能；可以对应资助育人评价指标，规划资助育人工作的预期任务和预期成效，营造管理约束力，实现资助育人评价的管理功能的有效发挥①。总之，资助育人评价反馈有助于实现资助育人评价功能。

2. 优化资助育人决策

资助育人评价结果反馈能够收集大量的资助育人工作相关信息，尤其是针对受助对象在接受资助前后的表现，通过对比其思想政治素质、行为表现及道德情操等方面的变化来做出评价，并将评价结果反馈给决策层，以此来判断资助育人工作模式的实效性。这一工作模块在资助育人管理过程中起着承上启下的作用，既关系到前一个决策方案执行效果的评价、经验教训及成果的总结，又关系到下一轮决策所要针对的问题与目标的确定，其反馈信息对下一个决策的形成、执行和总结有着重要的借鉴意义。只有将准确的评价结果反馈给评价管理者，去伪存真，去粗存精，消除信息失真及信息不对称等不良影响，才能为优化资助育人决策提供强大动力②。因此，资助育人评价反馈有助于优化决策。

---

① 王岩：《广东高校资助育人工作研究》，广州：广东高等教育出版社，2019 年，第 186 页。
② 王岩：《广东高校资助育人工作研究》，广州：广东高等教育出版社，2019 年，第 186 页。

3. 实现资助育人过程控制和目标

资助育人效果的最终呈现必须要通过对其活动过程进行严格的计划与控制来达成。但在具体实践过程中，由于受助对象所具有的自我意识和外部环境的干扰，计划实施的具体效果不可避免地会出现一些偏差，这就需要教育者对此进行及时的更正，对原有的决策不断进行修正和完善。在思想政治教育过程中，若只局限于教育者向受教育者一端的信息输入，而没有从受教育者一端来的反馈，便无法纠正资助育人过程中可能出现的偏差，进而无法实现有效的调节。资助育人评价反馈机制的构建能够帮助资助育人活动纠正偏差，掌控活动过程，有助于资助育人工作精准度的提高和育人工作教育方法的改进，在促进资助和育人协调发展的同时，对实现资助育人目标起着至关重要的作用①。因此，资助育人评价反馈有助于实现资助育人过程控制和目标。

二、 资助育人评价反馈的原则

在进行评价结果反馈活动时，要遵循以下原则，充分发挥反馈机制的效能，提升反馈的质量。

1. 及时性原则

如何使资助育人评价结果更好地引导资助育人活动，更好地为新周期的决策提供依据，关键在于反馈的及时性。评价结果的及时传递、及时处理，能够帮助资助育人活动及时纠正偏差，对活动开展进行有效调节。如果反馈周期过长，决策领导层获取的信息存在滞后性，其直接后果就是错过了决策的最佳时机，有出现决策失灵或决策错误的可能，将会对资助育人在新周期的开展造成严重负面影响，甚至造成巨大损失。因此，反馈需遵循及时性原则，为正确的决策提供依据。

2. 准确性原则

资助育人评价是一个科学的评价体系，在科学方法和科学流程指引下所得出的评价结果也必然是科学准确的。由于反馈系统存在诸多传递环节，信息在传递过程中受到来自各方面杂音的干扰，会逐渐造成损失。信息损失的多少和

① 王岩：《广东高校资助育人工作研究》，广州：广东高等教育出版社，2019 年，第 186 页。

传递环节的数量一般呈正比关系。反馈活动要确保评价结果在传递过程中不会出现扭曲和失真，确保反馈信息的准确性①。因此，反馈要遵循准确性原则，严格控制反馈的环节、渠道、内容的客观性。

3. 适度性原则

唯物辩证法认为，度是保持事物稳定性的数量界限，即事物的限度和范围。超出度的范围，一物就转化为他物了。度的哲学范畴实质上告诉我们，只有认识了事物的度，才能准确把握事物的质；只有准确把握了事物的度，才能提出指导实践活动的正确准则②。如果反馈乏力，决策系统就无法得到客观信息，导致决策调节无效；如果反馈过度，决策系统又会过高估计形势，导致决策用力过猛③。因此，反馈一定要遵循适度性原则，做到客观有力，防止过度、迟滞或不足。因此，反馈要遵循适度性原则，既要有力，又不能过度。

三、 评价反馈的方法

1. 调查反馈法

调查反馈法是指资助育人评价反馈机构通过调查问卷收集数据，以资助育人评价组织、实施部门及人员、资助育人评价主客体等方面为调查对象，以资助育人评价过程、要素及效果为主要内容展开调查，随后对调查数据进行分析处理，最终形成报告，反馈给主管资助育人工作决策部门的工作方法。其特点是：调查工作覆盖全面，能够收集到难以从直接观察中收集到的资料，数据丰富，高效方便，但资料中可能存在虚假作答的情况，需要对数据进行细致甄别和处理④。调查反馈法可以发现现实情况与决策目标的差距，从而激发改革动力，明确改进方向。

2. 综合反馈法

综合反馈法是指将不同地域的高校或相关单位对资助育人评价某项结果的反映汇总到一起，通过一定的分析、整理和归纳，找出一些内在的联系和问

---

① 王岩：《广东高校资助育人工作研究》，广州：广东高等教育出版社，2019 年，第 186 页。
② 刘同舫、胡蓉：《马克思主义基本原理教程》，桂林：广西师范大学出版社，2010 年，第 63 页。
③ 王岩：《广东高校资助育人工作研究》，广州：广东高等教育出版社，2019 年，第 186 页。
④ 王岩：《广东高校资助育人工作研究》，广州：广东高等教育出版社，2019 年，第 188－189 页。

题，形成比较完整、系统的材料报告，并进行集中反馈的方法。这种反馈方法可采用汇报会、座谈会等方法集中开展，能够较为全面真实地反映评估情况，有利于决策者在听取资助育人工作建议的同时，系统地掌握情况①。综合反馈法在高校资助育人工作中应用广泛、便于执行。

3．典型反馈法

典型反馈法是指将资助育人评价结果的某些典型组织情况、典型事例、典型人物及典型做法反馈给决策者或者决策部门的一种信息反馈方法。总结并回顾资助育人体系的建设与历程，开展诸多资助育人工作的特色研究，汇集各地区高校的典型做法和典型案例，就是典型反馈法，为资助育人工作的完善与发展提供了极具参考意义的范本②。当前，典型反馈法体现在书籍、网站、微信推文等途径上。

4．跟踪反馈法

跟踪反馈法是指在决策实施过程中对特定问题进行全面跟踪，有计划、分步骤地连续反馈，形成一个反馈系列的信息反馈方法。采用跟踪反馈法必须结合思想政治教育的特点，分阶段推进。资助育人评价反馈并非一蹴而就，需要根据不同评估目标，确定反馈信息，并通过一定的反馈渠道，向评估决策者、评估对象或其他反馈信息接收者传递，促进反馈信息接收者强化或校正相关决策或行为，形成新的信息输出，对思想政治教育系统的构建和完善、对思想政治教育工作的过程和模式进行调节和优化，努力实现思想政治教育的目标和任务③。跟踪反馈法通过动态获取评估对象的信息，有助于把握资助育人工作内在运动规律性。

无论采用哪种方法，资助育人评价反馈都要构建系统化和科学化的反馈机制，强调资助育人评价信息在输送与再输送过程中准确客观，确保资助育人工作向着健康高效的方向前进。资助育人工作不是一劳永逸的，资助育人工作成效需要动态的反馈与评估，学生资助部门应与学校教务、团委、就创业中心等部门建立数据共享机制，定期提取受资助学生的学习成绩、社会实践、创新创

① 王岩：《广东高校资助育人工作研究》，广州：广东高等教育出版社，2019年，第186页。
② 王岩：《广东高校资助育人工作研究》，广州：广东高等教育出版社，2019年，第186页。
③ 王岩：《广东高校资助育人工作研究》，广州：广东高等教育出版社，2019年，第186页。

业等信息，通过数据的对比分析研判，评估资助育人的效果，对受资助学生的学习成绩下降、消费反常、网络成瘾等要进行预警，对思想道德、学业成绩、实践创新能力不断进步的受资助学生给予更优质的资助育人服务，夯实资助育人的实效性。资助育人工作的最终落脚点是受助学生，资助育人的实效性如何，可以从受助学生的身上体现出来，同学、教师、家长和用人单位等都可以见证资助育人的实效性①。

① 顾小丽：《新时代高校资助育人工作实践路径探析》，《教书育人（高教论坛）》，2020 年第 6 期。

第七章　高校资助育人的发展趋势

在2021年全国脱贫攻坚总结表彰大会上，习近平总书记强调，我国脱贫攻坚战取得了全面胜利，完成了消除绝对贫困的艰巨任务，脱贫攻坚工作进入新时代①。我国现行标准下贫困人口实现全面脱贫，但这并不意味着贫困就从此被消除了，贫困治理的重点和难点从显性的绝对贫困转向更加隐蔽的相对贫困。新时代，教育扶贫将扮演更为重要的角色。2020年10月29日，中国共产党第十九届中央委员会第五次全体会议通过《中共中央关于制定国民经济和社会发展第十四个五年规划和二〇三五年远景目标的建议》，确定“十四五”时期教育事业的重要目标是“建设高质量教育体系”，强调“坚持教育公益性原则，深化教育改革，促进教育公平”②。资助育人是“三全育人”体系的重要内容，需要结合新时代、新要求做出创新和尝试，不断丰富精准资助内涵，构建发展型资助育人新格局。在开启全面建设社会主义现代化国家新征程、向第二个百年奋斗目标奋勇前进的时代命题下，在科教兴国的战略背景下，资助育人势必承担更加艰巨的任务，其发展形势、使命担当、领域拓展都将顺应中国特色社会主义的建设需要而不断发展。

第一节　新时代资助育人的发展形势

2021年1月7日至8日，全国教育工作会议在北京召开，会议强调，要以习近平新时代中国特色社会主义思想为指导，贯彻落实党的十九大和十九届二

① 习近平：《在全国脱贫攻坚总结表彰大会上的讲话》，新华网，2021年2月25日，http://www.xinhuanet.com/world/2021-03/03/c_1211049315.htm.

② 《中国共产党第十九届中央委员会第五次全体会议公报》，共产党员网，2020年10月29日，http://www.12371.cn/2020/10/29/ARTI1603964233795881.shtml.

中、三中、四中、五中全会精神，贯彻落实习近平总书记关于教育的重要论述和全国教育大会精神，落实立德树人根本任务，推进教育治理体系和治理能力现代化，为建设教育强国开好局、起好步①。资助育人是教育扶贫的重要组成，更是高校立德树人工作的重要保障。学生资助工作如何发展，事关教育公平与社会和谐稳定，是国家人才战略的重要一环，其发展形势备受关注。

一、 新时代资助育人的发展动因

1. 国家层面

习近平总书记在十九大报告中强调，要“优先发展教育事业”，并明确指出要“深化教育改革，加快教育现代化，办好人民满意的教育”②。教育是实现民族进步、国家强大的基石，发展型资助育人是实现未来高校高质量教育工作的重要抓手。70 余年来，我国在资助育人领域投入了巨大的人力、财力和物力，取得了有目共睹的成效，特别是党的十八大以来，资助育人工作除资助金额保持稳定增长外，国家资助育人体系也日趋完善，资助育人内涵日益丰富。进入新时代，国家资助育人工作目标要求、价值要求均有了新变化，需要有新的理论指导高校资助育人工作实践。习近平总书记围绕脱贫攻坚、实现小康社会的宏伟目标，结合我国人口多、地区广、区域经济发展十分不均衡的实际，科学提出了精准扶贫思想。高校实施发展型资助育人是高等教育践行精准扶贫思想的重要举措，是国家对优化高等教育结构、完善育人体系、实现教育公平价值理念的根本要求。

2. 社会层面

社会的发展是由人来推动的，人在社会发展中起决定性作用。随着时代的发展，社会对人才的需求越来越迫切，对人才的要求也越来越高。作为人才构成中最有朝气、知识构成最丰富、最有探索精神的青年大学生，更是承载着重要使命。高校每年为社会培养数百万毕业生，有力支撑了社会的创新、发展和

---

① 教育部：《乘势而上 狠抓落实加快建设高质量教育体系——2021 年全国教育工作会议召开》，2020 年 1 月 17 日，http：//www.moe.gov.cn/jyb_ xwfb/gzdt_ gzdt/moe_ 1485/202101/t20210108_ 509194.html.

② 习近平：《决胜全面建成小康社会 夺取新时代中国特色社会主义伟大胜利——在中国共产党第十九次全国代表大会上的报告》，共产党员网，2017 年 10 月 18 日，http：//www.12371.cn/2017/10/27/ARTI1509103656574313.shtml.

进步。然而，高校家庭经济困难学生中还一定比例存在着心理自卑消极、人际关系能力差、专业和职业能力提升乏力等短板。如果仅是针对家庭经济困难学生实施经济资助，而不提供自强自立教育、诚信教育、能力提升教育等个性化、针对性措施，那么即便他们顺利毕业，在择业时面对日趋激烈的人才竞争，也会处于劣势，毕业后的长远职业生涯发展也会因为短板的存在而受制约。为此，基于社会对人才需求的视角，不仅要重视对家庭经济困难学生的经济帮扶，还要更多地关注他们的成长和发展，加强对他们综合能力的提升，培养全面发展的复合型人才，使之适应当今社会的发展和竞争，满足创新型国家建设对人才的高层次需求。

3. 高校层面

进入新时代，高校面临着改革发展的内在需要，同样，作为高校育人工作重要环节的资助育人工作也面临着改革发展的必然要求。当前，高校资助育人工作在实践过程中还存在着一些普遍性问题，制约着发展型资助育人目标任务的实现。一是家庭经济困难学生精准识别的现实困境制约着资助育人工作的效用发挥；二是重经济资助、轻资助育人的资助工作传统范式仍是常态，育人工作不够深入；三是资助育人的制度推进乏力，发展相对滞后；四是资助育人举措碎片化，体系有待进一步完善，凡此种种，凸显了高校资助育人工作的发展需求。新时代资助育人工作必须紧紧围绕立德树人的根本目标，始终坚持以人才培养为核心，相比于传统的保障型资助育人，发展型资助育人更符合未来高校人才工作的需要，更符合高校资助育人工作发展的需要，发展型资助育人理念为未来高校资助育人体系构建指明了方向。

4. 个体层面

新时代青年大学生是祖国和民族的未来，是实现中华民族伟大复兴中国梦的追梦者和圆梦人，实现个体的全面发展是每个人的追求和梦想。从个体发展角度看，高校家庭经济困难学生与普通学生相比，个体的内在发展需求更加强烈，他们渴望通过求学接受高等教育实现个人的全面发展，满足他们个体发展的需求是资助育人工作的重要使命。但这种发展需求依旧存在很多方面的困难：一方面，他们的共性发展需求非常明显，都希望通过自身努力与各类资助政策帮助，保障自己平等接受高等教育的权利，进而在未来争取更好的发展机会；另一方面，他们的个性化发展需求又普遍存在，家庭经济困难学生因家庭致贫原因及各自成长背景不同等，个体的发展需求存在很大的差异。为此，必须加强资助育人工作理念和体系的发展，强化资助育人对高校家庭经济困难学生个体的帮扶深度，打造发展型资助育人工作体系，满足家庭经济困难学生共性与个性发展需求。

二、 新时代资助育人的发展形势

1. 资助育人物质层面

《中国共产党第十九届中央委员会第五次全体会议公报》提出："坚持把实现好、维护好、发展好最广大人民根本利益作为发展的出发点和落脚点"，"扎实推动共同富裕，不断增强人民群众获得感、幸福感、安全感"，"要提高人民收入水平，强化就业优先政策，建设高质量教育体系，健全多层次社会保障体系"①。物质发展与经济发展相呼应，物质层面的发展是高校资助育人工作发展的基础，更是当前高等教育公平与保障体系的重要一环，在科教兴国战略和教育普及化的大背景下，未来必然会有更多的学子走进高校学习专业文化知识、提升综合素养，高校也将为学生发展提供更多的资源，为社会提供更多高素质人才，为国家实现科技强国提供人才保障。当前的高等教育已经呈现出对物质基础的极度需求，单纯依靠高校课程教育所能获得的教育资源逐渐枯竭，与之相适应的，资助育人的投入也势必会越来越大，因此资助育人发展趋势将首先在物质层面上有所体现。

（1）提高物质资助力度

随着我国经济的快速发展，各方面都有了显著的提升，随之而来的是大学生的学习成本不断增加，这对资助育人的资助力度提出了更高的要求。不断上涨的物价、需要物质投入的素质提升项目等都是家庭经济困难学生面对的现实问题，为此，提高资助力度是未来资助育人在物质层面最主要的发展方向。

① 资助投入力度与经济增长和物价增长水平相一致。国家统计局 2021 年 1 月 19 日发布的数据显示，虽然受到疫情影响，但 2020 年全年国内生产总值

---

① 《中国共产党第十九届中央委员会第五次全体会议公报》，共产党员网，2020 年 10 月 29 日，http：//www.12371.cn/2020/10/29/ARTI1603964233795881.shtml.

依旧突破百亿大关，达到 1015986 亿元，比上年增长 2.3%①，全年全国居民人均可支配收入扣除价格因素后增长 2.1%，2011—2020 年全国居民人均可支配收入年均实际增长 7.2%，十年累计实际增长 100.8%②。相比之下，国家助学金额度增长缓慢，国家助学贷款额度已经落后于经济和物价水平，勤工助学工资水平低下，资助力度发展缓慢，难以满足家庭经济困难大学生日益增长的学习需求。为此，提高资助力度势在必行。资助力度的提高需要国家、社会、高校三方协调行动，以地区经济发展水平为基本参考，实现资助投入力度与经济增长和物价增长水平相一致，满足家庭经济困难大学生的学习需求。

② 资助投入力度能保障家庭经济困难大学生的基础生活水平与高校生均值保持一致。除了满足基本的学习需求外，资助育人同样需要保障家庭经济困难学生的部分生活需求，力争让家庭经济困难大学生的人均生活水平达到普通大学生人均值的 70%～80%。良好的生活需求保障是学生完成大学学业的基础。一方面，可以避免家庭经济困难学生出现“交得起学费、出不起生活费”的情况，消除潜在的营养不良、体质虚弱及可能导致的疾病等情况；另一方面可以尽可能降低家庭经济困难学生因生活状态不平等、不平衡而产生的心理问题和现实冲突，确保学生顺利融入校园环境，适应大学生活。

③ 提高奖学金的金额、种类与覆盖面。奖学金是对学习成绩优异、综合素质较高的学生的奖励与认可，虽然奖学金并非完全面向家庭经济困难大学生，但奖学金的教育引导作用对家庭经济困难学生有极大的帮助。以国家奖学金为例，2002 年国家奖学金设立，标准为每生每学年 5000 元，2007 年国家奖学金奖励金额提高至每生每学年 8000 元，至今国家奖学金依旧维持在 8000 元标准，十余年来金额没有变化；2007 年，我国设立国家励志奖学金，奖励普通本科高校和高等职业学校本专科在校生中品学兼优的家庭经济困难学生，国家励志奖学金的覆盖面为全国高校在校生的 3%，比例长时间没有变化，其奖励金额也未再增加。为从物质与精神两方面积极教育引导家庭经济困难大学生，应加大奖学金投入，提高奖学金的金额、种类与覆盖面，同时加大家庭经济困难大学

---

① 国家统计局：《2020 年四季度和全年国内生产总值（GDP）初步核算结果》，2021 年 1 月 19 日，http://www.stats.gov.cn/tjsj/zxfb/202101/t20210119_1812514.html.

② 国家统计局：《全国居民收入比 2010 年增加一倍 居民消费支出稳步恢复》，2021 年 1 月 19 日，http://www.ce.cn/xwzx/gnsz/gdxw/202101/19/t20210119_36237245.shtml.

生专项奖学金投入力度，丰富奖学金体系，鼓励家庭经济困难学生更好地发展。

④ 深度挖掘社会和高校资助潜力。社会和高校资助力量是我国高校资助育人体系的重要组成部分，目前高校都已经根据自身情况设立众多的社会和高校奖助学金，保障家庭经济困难学生的学习生活，极大地促进了社会教育公平。但社会和高校资助力量整体存在零散不成体系、管理要求重复、延续性较弱等情况。为此，深度挖掘社会和高校资助潜力是未来资助育人的重要一环，既要注重挖掘物质潜力，将更多的资源引入高校，补充高校资助育人资源的缺乏，又要注重探索实践机会，许多企业可以为学生提供良好的参观实习机会，补充高校实践育人资源，为家庭经济困难学生提供物质之外的更多机遇。

⑤ 增加特殊群体资助力度。高校家庭经济困难学生群体中，建档立卡家庭经济困难学生、农村低保家庭学生、农村特困救助供养学生、家庭经济困难残疾学生、孤儿学生等是一类非常特殊的群体，他们人数不多，但其家庭经济情况极端贫苦，有些甚至没有经济来源，完全依靠国家政策和各方面的资助帮扶才能艰难支撑。由于生活极度困难，这些学生极其珍惜上学的机会，无比希望改变命运。进入大学后，这些学生的主要学习资源几乎全部依靠高校，对高校的资助育人体系有着很高的期望。随着大学学习生活成本的增加，也应当逐渐加大对这些特殊学生群体的资助力度，帮助他们无忧地完成大学学业。

⑥ 探索资助育人专项项目资助模式。辅导员、班主任或学业导师是高校学生的直接管理者，他们教育学生，陪伴他们成长，对学生的情况非常了解。大多数高校对这支队伍都给予了高度的关注，“三全育人”工作要求提出后，这支队伍的建设更是得到进一步加强，国家、省市和高校每年都会划拨大量的资助育人专项经费，可以探索利用部分研究经费对学生进行资助，一方面补充资助力量，给予学生物质帮扶，另一方以受助学生为样本，开展资助育人相关研究。

物质是资助育人的基础和前提，随着我国经济的快速发展，提高资助力度是时代发展的必然要求。大学学习成本的提升势必要求提高资助力度，以保证家庭经济困难学生能获得较好的学习，帮助他们更好地成长。当前，国家、省市各项政策正引导各种资助资源走进高校，不断丰富高校物质资助体系，但物质资助的投入同样要遵循有利于学生发展的原则。资助育人工作必须时刻牢记自己的初心使命，既不能让家庭经济困难大学生迷恋物质、贪图高消费，也不能让学生为了物质而“物质”，为了奖励而学习，更不能出现为了骗取物质而打造“伪贫困”的情况，要积极正面引导，资助育人工作要以物质保障学生学习，以物质帮助学生成长，避免出现个人价值观扭曲和拉帮结派争抢物质、拆分物质等情况，维护资助育人的良好氛围与卓越声誉。

（2）完善物质资助机制

近年来，我国已经形成以“奖、助、贷、勤、补、减、免”多元体系的资助育人工作机制，覆盖了家庭经济困难大学生基本需求的各个方面，有力地保障了家庭经济困难学生的学习生活。但同时也要看到，现有工作机制还有诸多需要完善的地方，无偿资助与有偿资助的结合、梯次资助的工作模式等都为未来高校资助机制的发展提供了全新的思路。

① 无偿资助与有偿资助紧密结合。资助育人工作，既要“授之以鱼”，更要“授之以渔”。无偿资助为学生带来的是保障，缺乏对学生的引领和指导，同时也滋生了部分学生“等、靠、要”的思想，有偿资助是以学生的现在或未来的劳动为基础，是高校劳动教育的一部分，帮助学生获取报酬的同时提高劳动能力与认知。实现无偿资助与有偿资助的紧密结合，并非要求学生同时拿奖助和参加勤工助学，而是要将劳动教育贯穿始终，鼓励学生参加有偿劳动或者义务劳动，避免不劳而获心理的出现，降低“伪贫困”的概率，提高劳动技能，增强奉献意识，让学生养成用自己的知识和技能获取合理报酬的习惯。

② 物质资助与专项项目结合。随着人才培养要求的变化，各个高校纷纷组织了大量国际化交流学习、英语提升、考研辅导等课程教育和素质教育类项目，这些项目帮助许多学生丰富了大学生活，提高了自身综合素质，但相对高昂的费用让家庭经济困难学生望而却步，制约了家庭经济困难学生获取学习资源。实现物质资助与专项项目紧密结合就是要寻找项目与家庭经济困难学生的结合点，采用学习费用奖、补、减、免的方法，为家庭经济困难学生提供进一步提升的平台。物质资助与专项项目的结合必须遵循教育引导、择优助困的原则，采取必要的选拔措施，引导家庭经济困难学生树立以学业发展带动能力提升的意识，创造学业发展带动能力提升的机遇。

③ 加强物质资助的延续性。物质资助的周期往往贯穿家庭经济困难学生的整个学习生涯，其工作的延续性受到学生地域变化、学校变化、工作人员变化

的影响。为保证高校资助育人工作的延续性，一方面，必须加强工作机制建设，完善资料信息管理工作，保障新老工作人员交替时不会对学生资助育人工作产生太大影响；另一方面，家庭经济困难学生大多从高中阶段就开始接受各种资助，实现高中和大学的资助对接也是加强物质资助延续性建设的重要一环，通过加强物质资助的延续性建设，保障资助育人工作有接续、不断档。

④ 探索物质资助梯次工作机制。在国家励志奖学金、国家助学金和其他社会奖助学金的基础上，探索物质资助梯次工作机制。所谓梯次，是指将资助分为多个层次，在“助学”的基础上实现“奖优助优”。物质资助梯次工作机制即在基本资助的基础上，奖励品德高尚、成绩优异、科研能力强、素质突出的家庭经济困难学生，达到“助学奖优”的目的。物质资助梯次工作机制有助于国家奖助学金与社会高校奖助学金的有机结合，鼓励学生努力学习，提高自身综合素质，达到提高学生学习质量的目标。

物质资助机制的完善，一方面要继续坚持原有的工作机制“不松劲”，保持中国特色社会主义制度下物质资助的优越性，保证“不让一个学生因为家庭经济困难而失学”；另一方面要加强研究、不断实践，围绕学生现在和未来的需求，整合各方资源，不断开展机制完善工作。资助机制的完善并非一朝一夕之功，只有通过实践的检验才能实现新时代资助机制的发展，为家庭经济困难学生的大学生涯保驾护航。

（3）提升物质资助精准度

精准资助是精准扶贫在高校的体现，确保物质资助精准有效、符合学生实际是物质资助育人工作的重要一环。在推进教育改革和国家脱贫攻坚战略的新形势、新任务、新要求的大背景下，如何进一步改进方法，提升物质资助的精准度，仍是未来物质资助育人工作重点。第一，坚持家庭经济困难学生认定精准。认定精准必须以学生家庭经济情况为基础，进行客观公正的评价。目前，依托大数据技术，曾经的“人工认定”“竞选贫困生”的情况已经逐渐被家庭情况量表和数据所取代，部分高校采用对饭卡消费情况等信息进行研判，起到了一定的效果。未来在科技力量的支持下，家庭经济困难学生认定工作将更为有效与精准。第二，强化家庭经济困难学生帮扶精准。帮扶精准是物质资助的核心，一方面要求物质资助的力度与学生的家庭经济情况相符，另一方面要求发放时间精准，两种精准全力保障资助帮扶工作精准执行。但当前的帮扶精准依旧存在信息渠道不通畅、物质帮扶种类相对单一等情况，为此，加强信息渠道建设、丰富物质资助种类将是未来重要的发展方向。

如何提升物质资助精准度一直是业内研究热点，家庭经济困难学生资格认定是否公平、物质发放是否精确也一直备受舆论关注。精准性不仅是制度要求，也是实现资源最优配置、资助效果最大化的保证，是高校物质资助育人工作社会公信力的基础，没有精准就没有公平可言，没有公平，资助育人的功效就会大打折扣。但我们也要认识到物质资助工作的精准并非一种极端的刚性要求，而是要在事实基础上为学生发展提供恰如其分的物质帮助，只有将人文关怀与刚性要求相结合，才能合情合理合规地提升物质资助的精准度。

2. 资助育人队伍层面

加强资助育人队伍建设是资助育人发展的重点，资格认定、物资发放、人才培育，资助育人的每一个环节都需要强大的师资力量。大多数高校正在或已经建设起一支以资助育人管理中心、辅导员、班主任、学生干部等为主的资助育人队伍，实行校、处、院、班（专业）四级管理，极大地推动了资助育人工作的开展，但人力资本投入不足、人员流动性大、激励措施不到位、创新意识不强等问题同样是当前工作的难点。育人工作离不开人的作用，在现有队伍的基础上开展资助育人队伍能力提升工程，大幅充实基层工作队伍，尤其是注重有经验人员的吸纳，将是资助育人队伍发展的主要方式。

（1）加强工作队伍人员建设工作

师资力量是资助育人工作队伍的首要保障，我国高校一直在以充实人员、设置专人专岗等形式加强资助育人工作队伍的建设，但人员变动大、激励措施不足的问题仍未得到根本性的解决，校级层面缺乏真正的资助育人工作专家。在传统模式的基础上，首先要发挥资助育人队伍的传帮带作用，以老带新的方式吸收更多人才加入资助育人工作；其次要将资助育人作为独立条线进行建设，不仅要贯通上下工作制度，更要有专项发展晋升通道，维持队伍的稳定性与专业性；第三要选拔学生工作经验丰富、具备一定人生阅历的人员充实基层一线，以保障资助育人队伍了解学生，帮助学生做好学业规划与职业生涯规划。

（2）开展资助育人队伍专项培训

良好的工作能力源于培训和经验。工作经验需要长期积累，相比之下，专业化培训耗时短、提升快，是强化队伍建设的基础。目前，专业化培训一般围绕国家政策学习与业务能力培训开展，在提高资助育人队伍政策掌握能力的同时，加强了基础业务素质、沟通交流水平和心理健康知识的储备。除此之外，资助育人科研能力与创新能力提升同样是当前资助育人队伍的培训重点，让资助育人工作与时代发展同步，永葆青春活力。

（3）注重经验总结与积累

资助育人的工作经验是队伍发展的宝贵财富，丰富的经验积累是整支资助育人队伍快速成长的“黄金钥匙”。经验的掌握并非朝夕之功，除了基本的工作经验，良好的管理经验、教育扶贫经验、创新创业经验、学生工作经验及人生阅历等，都是资助育人不可缺少的。但我国高校资助育人队伍相对较为年轻，整体经验相对不足，以至于出现无法指导学生的情况。因此必须加强经验总结与积累，实行经验分享制度，尤其注重传帮带的作用，将好的做法、特殊情况的处理、工作中的经验教训不断地传递下去，让新同志少走弯路、快速成长，让老同志更进一步，锻炼培养出更多的资助育人专家，带动整个资助育人工作队伍的发展与资助育人工作的良性发展。

习近平总书记强调，“要坚持把立德树人作为中心环节，把思想政治工作贯穿教育教学全过程，实现全程育人、全方位育人，努力开创我国高等教育事业发展新局面”。这一要求再次对育人者提出了更高要求。资助育人工作，刚性制度与人性关怀是必不可少的两大要素，这两大要素的施行都离不开人的主观能动性，因此，提升资助育人工作水平，师资是关键。只有打造一支政治过硬、能力突出的高素质队伍才能保障资助育人工作的顺利展开，无愧于时代要求。

3. 资助育人实施层面

高校家庭经济困难学生资助育人工作的实施是开展资助育人工作的重要保障，是育人能力的有效载体。资助育人工作的实施并非简单动作叠加，彼此间存在一定的接续、相辅相成，形成了一个类型多样、层次交叠、维度丰富的学生成长体系，它们之间存在着不可分割的内在联系，并呈现出一定的发展性。这些发展以学生发展为主导，以成长成才为核心，形成资助育人新格局。

（1）拓宽资助育人发展体系

资助育人工作的基础在资助，重点是育人，高校资助育人工作必须牢牢围绕“立德树人”的根本任务，但现阶段资助育人的内容建设相对薄弱，丰富育人内容迫在眉睫。第一，搭建育人核心的能力提升体系。资助与育人并重，资助育人是“三全育人”提出的十大育人体系之一，资助是基础，育人才是核心目的，但当前仍出现大量“重资助、轻育人”的情况。一方面，经历70余年的发展，资助工作体系已经较为成熟，相较而言，育人工作发展较晚，体系还不健全；另一方面，资助工作存在现实抓手，而育人工作的抓手并不十分明晰，要求高、难度大，存在一定的培育盲区。为此，在现有资助基础上必须全面加强育人功能，搭建专业学习、科学研究、能力提升等育人体系平台，不断强化育人核心作用，同时加强资助与育人的协调统一，适时检验资助成效。第二，构建以“奖”为辅的能力成长体系。当前，我国资助育人工作以“补”为主，形成了以保障为主体的学生成长帮扶体系，虽然有国家奖学金、国家励志奖学金及部分社会奖学金的辅助，但“补”依旧是主导，这一体系的主要衡量标准是学生的家庭经济情况，缺乏正向的能力发展引导。构建以“奖”为辅助的能力成长引导体系，就是要在“补”之外建设面向家庭经济困难学生的奖励体系，在全面保障的基础上辅助学生提高勤奋学习和能力发展的意识，为优秀的家庭经济困难学生提供更多的资源帮助，实现能力成长体系的引导，方便高校灵活、有针对性地开展资助育人工作。第三，探索资助育人创新发展体系。创新是资助育人工作的不竭动力，但由于涉及学生的根本利益，资助育人工作创新难度大、负担重。以事实为依据、以学生为中心，不断探索创新机制，才能保障育人内容的良性发展。随着时代的发展，资助育人内容的进一步丰富既是学生发展需求的必然，也是人才培养的必须，加强创新引导，才能确保育人内容永葆活力，不被历史潮流所淹没，才能不断为中国特色社会主义建设培育更多高质量人才。

（2）实现受助学生动态管理

动态管理是实现家庭经济困难大学生精准资助、精准培育的重要措施，能否做大做强动态管理直接影响着资助育人的成效。随着国家资助育人工作的不断发展，静态化的工作体系已经与当前的工作要求相脱节，实现学生个人情况、家庭经济情况、发展情况的动态管理将是资助育人发展的重要方向之一。第一，实现学生个人情况动态管理。资助育人工作中，物质资助的恢复难度低，但育人工程的延续难度相对较大，不同的学生有着不同的成长发展需求。

学生的个人情况将随年级、专业、身体情况而发生变动，对这些信息进行动态管理，保持学生个人情况的更新，更有利于了解学生近况，应对如工作人员变动、转专业、休学停学、参军入伍等情况，实现资助育人的延续性和精准性。第二，实现学生家庭经济情况动态管理。学生的家庭经济情况决定学生能否享受高校资助育人政策，是资助育人工作的先决条件之一。随着我国脱贫攻坚工作的深入，部分困难学生的家庭经济情况也逐渐好转，对物质资助整体的依赖性逐渐降低。现阶段，我国的资助育人资源还存在一定的缺口，实现资源的最优配置一直是业内研究的重点，因此必须实现学生家庭经济情况动态管理，保障资助力度精准，全面实现管理的时效性。对于家庭经济情况的动态管理要注意教育引导学生，这种管理并非要削减或降低对学生的资助和教育力度，而是要优化资源配置，既要保障资助育人“雪中送炭”的功能，又要加强资助育人“锦上添花”的功能，鼓励学生将更多的精力投入自我成长中去。第三，实现学生发展动态管理。家庭经济困难学生在大学有收获、有成长、有发展是资助育人的核心目标之一，学生的发展情况同时受到学生自己、学生家庭和学校的关注。进行学生发展的动态管理，将帮助资助育人工作者可以及时了解学生发展情况，更有效地开展育人工作。实现学生发展动态管理不仅要完善学生的成长记录，更要以记录助成长，帮助学生一步一个脚印，最终实现自己的大学目标，增加进入社会的人生“砝码”。

（3）注重品牌特色育人项目建设

品牌特色资助育人项目是高校资助育人工作的缩影，体现着高校资助育人的组织度、维持力和创新力，是高校资助育人工作的“名片”。品牌特色项目不仅为家庭经济困难学生提供更为完善的资助育人服务，还拥有良好的示范效应，为营造良好的资助育人工作氛围起到积极的促进作用。注重品牌特色项目建设就是要为资助育人工作立标杆、树榜样、谋发展，创造良好的社会效应，吸引更多的社会“有心人”投入立德树人的时代洪流中来。第一，主动作为，构建资助育人品牌特色项目。资助育人特色项目的构建首先必须要遵循学校的实际情况，可以围绕学校特色专业、文化特点等方面设立专项项目，有目的性地开展资助与人才培养工作；其次，项目构建必须符合学生需求，牢固树立“以生为本”的理念；再次，必须具有一定的号召力，对学生具有足够的吸引力，具备良好的示范引领效应。第二，持续推进，保障资助育人品牌特色项目运转。品牌特色项目必须具有延续性，不能是“一锤子买卖”，良好的运营维护是必不可少的，不仅要设立专门的运营维护机构、落实工作人员，还要保证相对稳定的物质或项目来源，保障品牌特色项目的基础，更要建设区别于普通资助育人项目的特色项目种类，塑造品牌形象。第三，积极创新，促进资助育人品牌特色项目发展。资助育人是一项具备良好生命力的工作，高校资助育人品牌特色项目的生命力更为重要。这种生命力一方面源自较高的投入、良好的宣传与认真的维护，另一方面源自积极的思考与创新，以内在建设促进外在发展，促进特色“内涵”建设。

（4）加强受助学生诚信建设

“诚信”是中国传统道德中最基本的道德规范，也是我国《公民道德建设实施纲要》的基本要求。对于大学生而言，诚信是立身处世之本，是他们顺利走进社会的“通行证”。对资助育人工作而言，加强大学生诚信建设不仅关系资助育人工作，还关系高校校风建设和人才培养质量。夯筑诚信之墙，才能筑牢教育成果，维护校园和谐稳定。第一，认真做好诚信教育，强化诚信档案建设。从古至今我国的诚信建设从未停止，古人云“人无信不立”，没有诚信，寸步难行。如今社会征信制度不断发展，但高校资助育人的诚信工作制度还相对落后，考试舞弊、拖欠学费、剽窃论文、篡改困难证明等情况不断出现，诚信缺失正在日益毒害家庭经济困难大学生尚不成熟的认知。为此，必须认真做好困难学生的诚信教育，从实际出发、从育人出发，充分发挥资助的育人功能，强化家庭经济困难大学生对诚信的认识和理解，让他们充分认识诚实守信与实现自身价值的密切关系，牢固树立诚信为本、操守为基、守信光荣、失信可耻的信用意识和道德观念，养成“诚信待人、诚信处世、诚信学习、诚信立身”的良好习惯。同时，健全诚信档案工作制度，为每一位家庭经济困难学生建立诚信档案，帮助学生树立珍惜个人信用的意识，为走入社会做好准备。第二，建立信用监督与帮扶工作机制。大学生的诚信问题，不能单纯依靠学生的自我意识与认知，还需要有效的监督与帮扶。在“培养德智体美劳全面发展的大学生”的工作要求下，将学生信用纳入德育工作体系中，作为对学生考核的重要内容，对诚实守信的人给予表彰和奖励，树立诚信典范，同时进行大范围宣传、推广，对不守信用的行为予以一定的惩罚，限制其评奖评优等。我们要认识到，惩罚只是育人的一种手段，面对家庭经济困难大学生，在惩罚的同时必须给予帮扶，单纯惩罚容易让这些基础相对薄弱的学生走到诚信工作的对立面，只有惩罚与帮扶两手抓，才能以最佳的方式让“诚信之光”照亮困难学生前进的路。

（5）增强专业化帮扶指导

专业化帮扶指导是指对学生进行所学专业之外的知识能力进行的针对性帮扶，是家庭经济困难学生获得专业指导的重要途径。专业化帮扶指导一直是高校资助育人工作的痛点和难点，专业化课程缺乏、实践资源不足、个性化指导缺失等因素严重制约了专业化帮扶实效，限制了家庭经济困难学生的成长成才。为此，增强专业化帮扶是资助育人形式层面的重要一环。第一，做好专业化帮扶专项课程建设。课程建设是专业化帮扶的核心，体系完备的课程化教育帮扶才能尽可能地为困难学生实现自身能力专业化提供保障。不同于一般意义上的大学专业课程，专业化的帮扶课程不拘泥于课堂，更不拘泥于形式，以学生和老师之间的互动开展教育，具有相对宽松的环境、广阔的空间、灵活的方法及高度的实践化等特点，是学生在课程之外发展兴趣或掌握专业能力的重要支撑。但要注意的是，学生的主业仍然是在大学课堂里学习专业知识、掌握专业能力，专业化课程的建设和学习不能替代大学教育，要避免出现学生主次不分的情况。第二，加强以高校自身特色为基础的实践平台建设。实践平台是育人的主要载体，高校的实践平台一般与教学密切联系，是学生所学专业课程的一个环节，与之相比，资助育人的实践平台建设相对落后、资源匮乏。高校资助育人实践平台需要结合自身特色，尝试围绕学生服务、校园管理等方面，为家庭经济困难学生提供管理、操作类实践机会，帮助他们掌握课堂内学不到的知识与能力。实践平台不是把学生当免费劳动力，更不能把学生当“员工”，开展实践平台建设必须时刻保持育人的内核，才能发挥资助育人实践平台应有的功效。第三，加强创新创业帮扶力度。创新创业能力是当代高素质人才必备的能力之一，是家庭经济困难学生核心竞争力的重要来源。加强家庭经济困难学生的创新创业帮扶力度要加强高质量的就业帮扶与指导，实现思想与能力的统一。探索高校与创投基金等金融机构的对接，寻求资本帮助。探索建设符合本校实情的非营利性实业，真正为学生提供一个创新创业的舞台，将创新创业工作付诸实践，实现创新创业能力的延续。第四，加强受助学生个性化发展认同机制建设。从管理的角度而言，标准化与同一性是必备条件，但当代学生的个性化愈发强烈，他们的成长需求各不相同，个性化的发展诉求与传统帮扶之间的差距越发明显。各高校正在不断推进个性化培养，以生为本，实现“一生一案”“一生一档”，同时资助育人工作队伍中忽视个性、抵制个性的情况也普遍存在，必须加强受助学生个性化发展认同机制建设，在工作队伍中明确抓原则、重实效、轻考核的要求，在困难学生群体中营造因“生”制宜、健康发展的良好氛围。

（6）畅通信息传递反馈

资助育人并非单向工作，而是资助育人工作者与受助学生之间的良性互动，建立畅通的信息传递、反馈机制，实现师生之间的信息传递与反馈和沟通协调，能尽可能地为家庭经济困难学生构建校内支持系统，协助资助育人工作者更有效地开展工作。畅通的信息传递与反馈机制至少需要实现五方面的畅通，这五个方面分别是校级资助育人管理部门、基层资助育人执行部门、受助学生、受助学生家庭及朋辈帮扶工作者。第一，校级管理部门与基层执行部门之间实现资助育人政策、信息、项目的上下传递与反馈，保障政策掌握规范、执行公正有序、项目符合实际；第二，基层执行部门与受助学生之间实现资助育人物资发放与培训教育的传递与反馈，保障认定工作精准、发放工作精确、教育方法有序、学生反应良好；第三，基层执行部门与受助学生家庭之间实现资助育人学生成长背景信息的传递与反馈，在充分了解学生的基础上开展育人工作，保证方法与成效；第四，受助学生与其家庭之间实现资助育人发展信息的传递与反馈，保障学生社会支持系统的健康发展，树立资助育人的良好形象；第五，基层执行部门与朋辈帮扶工作者之间实现资助育人信息的传递与反馈，实时了解受助学生动态，保障受助学生的发展与成长；第六，受助学生与朋辈帮扶工作者之间实现资助育人信息的传递与反馈，实现朋辈帮扶的特殊效果，保障朋辈帮扶工作成效。资助育人不是“一锤子买卖”，育人工作的漫长性和艰巨性决定了资助育人工作必须拥有“逢山开路遇水搭桥”的精神，排除万难，把工作做到“学生的心里去”，畅通信息传递与反馈机制，保证资助育人工作有落实，信息有反馈，进一步保障了资助育人的工作成效。

（7）提升资助育人宣传效应

资助育人工作能否发挥应有的作用，与高校资助育人宣传工作是否成功密切相关，如果资助育人政策宣传不到位，其所发挥的功能也会大大下降。目前，我国高校资助政策的宣传工作不断完善，宣传时效不断延伸，但一定程度上仍存在整体性缺乏、保障制度不够完善、宣传形式单一等情况，侧重于资助政策讲解和文件传达，忽视育人功能的解析。加强资助育人宣传工作，做好政策宣讲只是基础，在新媒体发展如火如荼的今天，如何利用宣传力量营造良好氛围，讲好资助育人故事，将是资助育人未来发展的重要方向。第一，强化育人工程宣传，营造资助育人良好氛围。除了资助政策解析，育人工程的宣传仍是目前我国高校资助育人宣传工作的难点，一方面育人政策体系尚不健全，另一方面育人工作解析难度较大。因此，资助育人工程宣传可以从育人政策构建入手，全面梳理各方政策，做好政策整合，以学生易于接受的方式特别是借助新媒体的力量进行宣传，给予全体学生正向引导，营造资助育人“花开繁盛、归于一枝”的良好氛围。第二，讲好资助育人故事。资助育人发展 70 余年，涌现出诸多自立自强的学子和优秀的资助育人工作者，如何讲好他们的故事是资助育人宣传工作的重点。当前的优秀学子案例大多重视宣传学生前期困难与后期优秀成果，对其中间奋斗的过程往往轻描淡写、一笔带过，但对大多数受助学生而言，典型案例里的学业规划、计划实施、心路历程往往更具有现实指导意义。资助育人工作的开展蕴含着大量的背后的故事，或催人奋进，或引人深思，挖掘这些育人故事的内涵，为后来者提供借鉴，拓展资助育人的教育示范范围。当今社会，宣传的力量越来越大，需要我们不断创新宣传形式和载体，抓住关键时间节点，开展主题突出、内容丰富的宣传活动。资助育人的宣传不仅是工作需要，更是发展需要，要说好政策，讲好故事，维护资助育人的良好效应。

第二节　新时代资助育人的使命担当

习近平总书记多次指出，“当前中国处于近代以来最好的发展时期，世界处于百年未有之大变局，两者同步交织、相互激荡”。人才竞争是 21 世纪乃至未来最大的竞争，新时代，随着国家间的人才竞争不断升级，我国对高端人才的需求从未如此迫切。在全面建成小康社会的背景下，高校作为高端人才的摇篮，肩负着培养具备国际化视野的高素质人才的使命担当，肩负着培养社会主义建设者和接班人的重要使命。作为高校“十大”育人体系的一部分，资助育人工作同样有着不可替代的使命担当。

一、 新时代教育脱贫攻坚工程

2015 年 10 月 16 日，习近平总书记在“2015 减贫与发展高层论坛”上发表主旨演讲指出：“我们坚持分类施策，因人因地施策，因贫困原因施策，因贫困类型施策，通过扶持生产和就业发展一批，通过易地搬迁安置一批，通过生态保护脱贫一批，通过教育扶贫脱贫一批，通过低保政策兜底一批。”① 资助育人是高校育人的重要组成，是阻断贫困代际传递的核心工作之一。资助育人一方面可以解决学生现实需求，为家庭经济困难学生创造无忧环境，另一方面可以教授学生知识和思想，引导学生学习文化知识、掌握人生本领。

强化高等教育，“通过教育扶贫脱贫一批”是党中央、国务院做出的重大战略部署，在精准扶贫、脱贫攻坚战役中，以扶智、扶志为根本的教育扶贫是全面阻断贫困代际传递、助力家庭经济困难学生追求更好人生发展的治本之策。孩子是家庭的希望，更是国家的未来，人才培养工作始终是高校的重中之重。未来的资助育人将继续肩负起为高校家庭经济困难学生保驾护航的使命初心，继续以科教兴国为指引，以科教强校为依托，确保“人人有学上、个个有技能、家家有希望、县县有帮扶”，形成教育扶贫合力，让“贫困失学”彻底走入历史。

资助育人是教育扶贫的主要手段，帮助每一个家庭经济困难大学生完成大学学业、追求更好的人生发展是资助育人的根本职责。做好资助育人工作，不仅要正确处理物质资助和培育学生之间的关系，更要注重培养家庭经济困难学生自力更生、艰苦奋斗的精神，“扶贫”的同时更加强调“扶智”“扶志”，激发家庭经济困难学生的主观能动性，发展学生的“自我造血”功能。2020 年全面建成小康社会之后，绝对贫困已经消除，但相对贫困仍将长期存在。为此，必须进一步挖掘资助育人工作的潜力，充分发挥资助育人的“扶智”与“扶志”功能，不断强化教育扶贫的独特优势，帮助家庭经济困难学生学习高级知识，掌握高端本领，拓展国际视野，成就幸福一生。

---

① 习近平：《携手消除贫困 促进共同发展——在 2015 减贫与发展高层论坛的主旨演讲》，中央政府门户网站，2015 年 10 月 16 日，http：//www. gov. cn/xinwen/2015 - 10/16/content_ 2948386. htm.

二、 新时代教育公平典范工程

教育公平是社会公平的重要基础，是维系社会公平正义的重要基石。党的十八大以来，以习近平同志为核心的党中央高度重视教育公平问题，明确提出要不断促进教育发展，让教育发展的成果更多、更公平地惠及全体人民，以教育公平促进社会公平正义。近年来，习近平总书记关于教育公平的一系列重要论述，是习近平教育思想的重要组成部分，也是其教育思想的核心内容，是当前新形势下做好教育工作的重要指南。教育是国之大事、民之大事，事关群众切身利益。更好、更公平的教育，既是人民心中的向往，也是坚持以人民为中心、办好人民满意的教育的目标和追求，更是让每个人都有人生出彩的机会、实现中华民族伟大复兴的中国梦的重要保障。

我国教育公平的发展正在从以物质资源配置平等为核心的起点公平，向以资源获取平等为特征的过程公平转变。伴随中国高等教育 70 余年的发展，资助育人工作逐渐将教育公平落到实处，为高校家庭经济困难学子撑起了教育公平的一片天。在保障家庭经济困难学生和普通学生都能拥有机会公平的前提下，不断强化过程公平和结果公平。一方面，资助育人有效地保障了家庭经济困难学生的“待遇”问题，使之与普通学生一样享受平等对待，有教无类，一视同仁；另一方面，资助育人的育人功能同样在面对不同的学生时因人而异，不断强调因材施教，对极端特殊的学生开展特殊帮扶。

高等教育是国家的事业、民族的希望，承载着人民群众对美好生活的向往，体现着对更好生活的强烈追求，资助育人是将这一美好希望和强烈追求化为现实的直接动力。随着资助育人工作的不断深化，我国高等教育事业必将取得更高的成就，为社会主义现代化建设战略目标的实现提供强而有力的人才支持和智力保障，也为我国高等教育的进一步发展奠定坚实基础。

三、 新时代高校人才使命工程

新时代资助育人工程着眼于实现中华民族伟大复兴的中国梦和“两个一百年”奋斗目标，实现高校“立德树人”的根本任务、构建“三全育人”工作体系是高校人才工程的重要组成部分。全国高校思想政治工作会议强调要把立德树人作为高校工作的中心环节，并贯穿高校人才培养全过程，实现全员、全过程、全方位育人。“立德树人”离不开资助育人工程，育人理念是资助育人工程的指挥棒，是全体资助育人工作人员的精神指引。“三全育人”指引资助育人，是高等教育公平的时代需要。高校应当紧紧围绕国际形势和国家的发展理念，服务于家庭经济困难学生思想建设、学习生活及能力发展。

习近平总书记在全国高校思想政治工作会议上的重要讲话中指出，高校思想政治工作要“围绕学生、关照学生、服务学生”。这十二字箴言要求高校教育工作者“用爱育人、用心服务”，展现新时代的教育精神，资助育人工程同样需要秉持相同的理念，以总书记的讲话为指引，时刻明确“以学生发展为中心、以学生全面成长成才为目的”的资助育人使命。资助育人工作理念的转变在于从管理走向服务、由物质成长为教育，唯有始终坚持站在学生发展的角度，贴近教育实际，革新资助育人工作理念，才能履行好立德树人的时代使命，实现资助育人的神圣职责。

教育因责而生，尽责而兴。这份育人之责是资助育人工作者的灵魂，它要求每个资助育人条线工作者热心投入、倾心奉献、心系学生。广大辅导员是资助育人工程的中坚力量，是学生成长发展的直接引路人，是资助育人职责的“第一践行者”。资助育人工作要求辅导员保持高度的责任心，认真了解自己帮扶的家庭经济困难学生，在客观理性的工作中融入人文关怀，实现贴心关照，以文育人，以文化人，落实新时代辅导员在资助育人工程中的历史责任和使命担当，将资助育人工程与中国特色社会主义大学“四个服务”紧密结合，不忘初心、牢记使命，把教育学生作为服务中华民族伟大复兴的重要使命，坚持为党和国家育人育才服务，为学生成长成才服务。

四、 新时代高素质人才培育工程

习近平总书记指出：“发展是第一要务，人才是第一资源，创新是第一动力。中国如果不走创新驱动道路，新旧动能不能顺利转换，是不可能真正强大起来的，只能是大而不强。强起来靠创新，创新靠人才。人才政策、创新机制都是下一步改革的重点。”“现在有了天时地利人和，中国的向心力、吸引力更大了。本土人才、海归人才要并用并重，使他们在报效祖国中实现自己的人生梦想。”资助育人就是要实现新时代大学制度要求下的以社会的用人标准和学生的自身需求为轴心的人才培养，将资助的教育功能贯穿学生大学生涯始终，保障家庭经济困难学生从进校到毕业的全程培育服务，落实高素质人才培育工作、培养高质量人才是高校的使命，高校不能丢失这一工作核心。

习近平总书记强调：“要树立正确人才观，培育和践行社会主义核心价值观，着力提高人才培养质量，弘扬劳动光荣、技能宝贵、创造伟大的时代风尚，营造人人皆可成才、人人尽展其才的良好环境，努力培养数以亿计的高素质劳动者和技术技能人才。”资助育人工作要围绕学生、关照学生、服务学生，紧紧把握培育新时代高素质人才的核心，把解决思想问题和解决实际问题结合起来，在掌握家庭经济困难学生成长发展需要的基础上，提供精准服务、增强育人能力、解决合理诉求。

不忘初心，方得始终。新时代资助育人背景下的人才培养工程正在实现转型发展，从重视强调物质帮扶、轻视育人工作向以提升人才质量为核心快速前进，“全员、全过程、全方位”的工作体系已经初步形成，“以学生为中心、以育人为核心、以人才为本心”的理念已经深入人心。新形势下，人才培育工作对每一个资助育人工作者提出了更高的人才要求，因此必须建设以全面培育学生为重点的工作路径，健全物质与育人服务机制，不断拓展资助育人工作领域、丰富工作内容、优化专业队伍，打造高度现代化、特色鲜明化、质量有保证的人才培育体系，培育更多中国特色社会主义建设者和接班人。新时代，高校资助育人工作将不忘初心、牢记使命，坚持以人民为中心，紧紧围绕立德树人根本任务，为全面建成小康社会、实现中华民族伟大复兴的中国梦而不懈奋斗。

第三节　新时代资助育人的领域拓展

资助育人领域的发展是构建高校未来资助育人工作体系的重要依托。资助育人工作领域的拓展，要着力构建全局性的大资助育人格局，充分发挥资助育人工作的特殊功效，在促进学生全面发展的同时把资助育人工作上升为学校的全局性工作，最终实现人才高质量培养的同步性、落实性、全面性，管理方法的科学性、发展性、综合性，学生发展需求的主动性、灵活性、特殊性。领域拓展是新时代资助育人发展的重要环节，是实现资助育人工作深度发展的重要保障，因此必须在坚持现有工作领域的基础上，努力探索新的资助育人领域发展思路，拓展资助育人领域宽度，挖掘现有资助育人领域的深度，将新时代资助育人平台打造成资助、教育、培养优秀大学生的重要载体。

一、推进资助育人机制与内涵建设

习近平总书记在中央扶贫会议上提出，消除贫困的关键是要找准方法、建立好的体制机制，在精准实施上出对策、在精准推进上下功夫、在精准落地上见效果。教育部在《高校思想政治工作质量提升工程实施纲要》中提出要“全面推进资助育人”，构建“资助育人质量提升体系”。新时期的资助育人工作是在习近平新时代中国特色社会主义思想引领下，以育人为出发点和落脚点，广泛动员社会力量参与并保障教育公平的有效机制。随着国家资助政策的不断完善，高校加强了对资助体系和资助手段的多元化探索，然而当前高校的资助育人工作多停留在物质层面，育人工作机制和内涵严重不足，高质量人才培养工程仍处于实验或探索阶段。

未来资助育人的工作目标是开展高质量人才培养，培养“德智体美劳”全面发展的社会主义事业建设者和接班人。当前人才培育工程主要依托物质帮扶开展，一方面保证没有一个学生因家庭经济困难而失学，促进教育的公平与正义；另一方面，开展育人工作，提升受助学生的眼界视野、自我认知、专业知识与综合能力。但着眼于长远来看，这些还远远不够。未来需着重拓展资助育人内涵发展，丰富帮扶领域和教育机制，全面提升资助育人工作的效能，保障立德树人工作成效。

促进资助育人内涵的发展，必须处理好以下四种关系：以家庭经济困难学生为主体的资助育人对象、以“奖、助、贷、勤、补、减、免”等为主的多维资助方式、以“不让一个学生因为贫困而失学”的保障型育人体系、以高质量人才培养为重点的发展平台。除此之外，“共享共建”、“互相帮扶”、学习资源均等、机会资源均等的帮扶体制，以及从“救助”到“发展”的工作思维转换，种种因素都对资助育人的内涵发展产生了深远的影响。为此，必须综合各种因素，因地制宜地建设资助育人工作平台，健全工作机制，实现内涵建设符合地区与学校实际情况，确保资助育人内涵建设快速落地生根。

二、 规范资助育人管理与目标建设

习近平总书记指出："保障贫困地区办学经费，健全家庭经济困难学生资助体系。要推进教育精准脱贫，重点帮助贫困人口子女接受教育，阻断贫困代际传递，让每一个孩子都对自己有信心、对未来有希望。"好的未来离不开学生整体发展的提升，高等教育在人格认知养成、专业知识学习、综合能力发展等方面不断提升发展，积极推进"三位一体"的资助育人工作，始终坚持以管理服务的方式方法革新为重点的综合导向型的资助育人工程建设。

管理服务的方式方法革新必须坚持以学生发展为中心，实现从保障向发展转变，从他助向自助转变，创新资助育人服务方式方法，改善资助育人服务工作模式。加强自强自立教育，开展能力导向提升专项计划，围绕基础素质、能力发展、实业创新等方面为学生提供全面的信心与能力塑造服务，有针对性地开展勤工助学、创新创业工作，打造一批自强自立典型，用服务方式方法的提升带动学生个人的提升，最终实现全面发展。

综合发展是学生成长成才的重要目标。随着我国经济的不断发展，社会需求也在不断调整，高校会遇到人才培养与社会"脱节"的现象，导致人才标准受到时代和社会的挑战。我们要认识到，资助育人是家庭经济困难大学生的人生"路标"，为学生指引方向，但资助育人更要开明开放，不能局限在自己的"小圈子"里，更不能限制学生的主动发展。综合导向型的资助育人工程包罗万象，既有明确的发展目标，又不限制学生的创新精神，始终保持积极、审慎、勤勉的工作作风才是实现"以管理服务的方式方法革新为重点"的综合导向型的资助育人工程的重要前提，也必将激励无数家庭经济困难学子在成长成才的道路上奋勇前进。

三、 创新资助育人内容与形式建设

习近平总书记多次强调，扶贫工作要"做到对症下药、精准滴灌、靶向治疗"，对资助育人工作而言，要提高学生培育成效，就必须精准把握家庭经济困难学生的实际发展需求，分类指导，促进受助学生个性发展。一方面，要强化物质资助体系的建设，破除"平均主义"，做到因人施策、精准施策，有针对性地帮扶家庭经济困难学生，减少"等、靠、要"带来的不利影响。另一方面，要发挥育人特色，对本就发展不足的家庭经济困难大学生给予充分的人格教育、专业帮扶与能力培养，丰富学生的发展路径，鼓励学生主动发展，认可学生个性发展，建立“一生一册”，持续跟踪监督指导。

实施以分类指导、个性发展为主体的全过程帮扶与指导，在资助过程公平、公正、公开的基础上，学校要加强对家庭经济困难学生个体需求的分析和研究，整合现有资源，最大限度地满足其个性化发展需求，让学生在“上得起”大学的基础上实现“上得好”大学。设立家庭经济困难学生专项计划为学生提供能力发展平台，如在国际化视野能力提升方面设置免费名额或奖学金，在创新创业能力提升工程中聘用专业导师，在校外实践发展上给予食宿补助，在行政管理方面设置见习岗位等方法，为家庭经济困难学生提供物质以外的能力发展帮扶。

打造全方位认可激励机制，激发学生动力。认可激励是学生做出有利于学校、有利于自我成长的行为而获得肯定奖励的一种激励方式，其最大的优势就在于能激发学生的主观能动性，促使其自发地开展学习实践。资助育人工作的认可激励制度一般包含两个部分：第一部分是认可与肯定，是对家庭经济困学生学习生活及发展情况的特别关注。这种关注既是一种过程关注，又是一种结果关注，受助学生得到肯定认可，是一种内在的心理需要。无论这种认可是正式的还是非正式的，都能极大地激发他们的热情。第二部分是奖励，是对家庭经济困难学生学习生活及发展以积极、具体的物质方式加以呈现，是对学生行为的正向引导与反馈，是强化学生行为的有效手段，进一步鼓励学生奋发有为。对发展“先天不足”的家庭经济困难学生而言，认可激励机制是其社会支持系统的重要一环，更是资助育人工作的重要一环，通过打造全方位认可激励机制，为高校家庭经济困难学生营造“勤奋好学、人人争优”的良好氛围。

第八章　江苏大学资助育人实践与成效

江苏大学始终坚持以习近平新时代中国特色社会主义思想为指导，深入贯彻党中央关于脱贫攻坚的决策部署，牢牢把握“资助是基础，育人是本质”，不断健全完善工作体制机制，挖掘整合校内外资源，推进学生资助工作体系现代化，构建物质帮助、道德浸润、能力拓展、精神激励有效融合的资助育人长效机制：以经济资助为基础，综合运用“奖、助、贷、勤、补、减、免”等资助政策，着力靶向式资助，构建资助对象、资助标准、资金分配、资金发放协同联动的精准资助工作举措，实现家庭经济困难学生资助全覆盖；以发展型资助为特色，注重“扶困”与“扶智”“扶志”并行，深化精准资助育人导向，以共性帮扶为基础，以个性帮扶为突破口，培育靶向资助育人示范项目，构建全员、全过程、全方位资助育人格局，实现受助学生德智体美劳全面发展，形成“解困—育人—成才—回馈”的良性循环；以成效宣传为引领，创新方式方法，扩大励志典型宣传影响力，讲好资助故事，弘扬时代精神，努力营造良好的资助育人氛围，最终实现家庭经济困难学生成长成才，以实际行动助力打赢教育脱贫攻坚战。

第一节　江苏大学资助育人实践探索

教育公平是社会公平的重要基础，促进教育公平是国家教育的基本政策，也是社会主义制度的本质要求①。建立健全家庭经济困难学生资助政策体系，切实做好家庭经济困难学生资助育人工作，保证家庭经济困难学生顺利入学并完成学业，是国家促进教育公平的一项重大举措。江苏大学始终坚持以党和国

① 陈虎：《最美资助人——江苏资助育人先进典型事迹集萃（2017）》，南京：南京师范大学出版社，2018 年，第 1 页。

家的资助育人工作政策为导向，大力推进学生资助育人工作，确保了“不让一个学生因家庭经济困难而失学”，学校学生资助育人工作社会反响良好、美誉度高、影响力不断扩大。

一、 江苏大学资助政策体系建设情况

随着我国高等教育事业的快速发展，特别是经过由免费到收费、由精英教育到大众教育的历史性变革，高校家庭经济困难学生数量逐年增加，他们的上学难问题日益凸显。党中央、国务院高度重视家庭经济困难学生上学难问题，逐渐建立和完善了高校学生资助政策体系。2007 年 5 月，国务院发布了《关于建立健全普通本科高校、高等职业学校和中等职业学校家庭经济困难学生资助政策体系的意见》，标志着高校学生资助政策体系的确立。此后，国家做出系列重大决策部署，高校学生资助体系基本完善。我校始终坚持以党和国家的政策为导向，陆续出台一系列学生资助政策。

2007 年以前，根据当时的学生资助工作实际，学校出台并实施了一些与学生资助有关的文件，包括《江苏大学学生奖励条例》《江苏大学社会奖（助）学金管理条例》《江苏大学阳光助学金实施办法》《江苏大学国家助学贷款管理办法》《江苏大学学生勤工助学工作管理办法》《江苏大学学生临时困难补助管理办法》等，涉及学生的奖、助、贷、补等方面。

2007 年以来，江苏大学认真学习领会、积极贯彻落实《关于建立健全普通本科高校、高等职业学校和中等职业学校家庭经济困难学生资助政策体系的意见》及其他有关学生资助文件精神，陆续修订或全新制定了相关学生资助文件，逐步完善了奖学金、助学金、国家助学贷款、勤工助学、困难补助和学费减免等多元化的奖励和助学体系，学校历年相关学生资助文件如下：

2007 年，学校出台《江苏大学国家奖学金、国家励志奖学金、国家助学金管理实施细则（暂行）》，对国家奖学金、国家励志奖学金、国家助学金的评选工作进行了明确、详细的规定。另外，为培养学生的感恩回馈意识，学校还出台了《江苏大学受助大学生义务工作管理办法（试行）》，要求凡受到各级各类助学类奖助学金资助，且符合义务工作基本条件的大学生，需完成一定时数的义工工作。

2008 年，学校正式设立学生资助管理科，将学生资助管理工作从学生管理

工作分离开来，专人专岗，更好地为家庭经济困难学生成长成才服务。

2009年是江苏大学的制度建设年，学校陆续修订和完善了有关学生资助文件，包括：《江苏大学经济困难学生资助管理实施办法》（江大校〔2009〕172号），对家庭经济困难学生的认定、社会奖助学金管理、校内助学金管理及学生临时困难补助管理工作做了明确要求；《江苏大学学生勤工助学工作管理办法》（江大校〔2009〕167号），规范了学生勤工助学工作，促进了勤工助学活动健康有序开展，保障了学生的合法权益；《江苏大学国家奖学金、国家励志奖学金、国家助学金管理实施细则》（江大校〔2009〕174号）、《江苏大学学生奖学金条例》（江大校〔2009〕170号），明确了各类奖助学金评选要求和评选办法；《江苏大学国家助学贷款管理办法》（学工处〔2009〕15号），明确了借款学生的申请条件、申请程序等；《江苏大学受助大学生义务工作管理办法》（学工处〔2009〕16号），推动了学校大学生义务工作规范化、制度化，促进了江苏大学学生义务工作的良性发展；《江苏大学家庭经济困难学生学费减免实施办法（暂行）》（学工处〔2009〕18号），明确了江苏大学学生学费减免的要求及实施办法。

2012年，为全面推进和实施高等教育国际化战略，进一步推动和鼓励学生赴海外学习，学校出台了《江苏大学学生留学交流经费资助管理办法（试行）》（江大校〔2012〕273号），每年划拨500万元专项经费，对学生出国留学、在校期间短期海外学习、通过出国类外语考试均进行一定的奖励、资助。

2013年，学校修订出台了《江苏大学本科生奖学金评定条例》（江大校〔2013〕164号），明确了本科生校长奖学金、学习优秀奖学金、单项奖学金的评选事项，并提高了奖学金的资助标准及评选覆盖面。

2014年，国家实行了研究生收费制度，江苏大学积极响应国家号召，出台了《江苏大学研究生奖助学金管理暂行办法》（江大校〔2014〕204号），对研究生国家奖学金、国家助学金、学业奖学金、“三助”岗位助学金的评审与发放，以及管理与监督等进行了明确规定，并以通知公告的形式公布了研究生国家奖学金、国家助学金、学业奖学金的评审实施细则及“三助”岗位助学金管理实施细则。此外，随着生源地助学贷款在各省市区的普及，校园地国家助学贷款工作也发生了一些变化，学校修订出台了《江苏大学校园地国家助学贷款管理办法》（学工处〔2014〕33号），结合国家政策，明确办理条件和申请流程，使得校园地助学贷款成为生源地助学贷款的有效补充。

2015 年，学校出台了《江苏大学留学交流经费资助管理办法》（江大校〔2015〕56 号），对学生出国留学、在校期间短期海外学习、通过出国类外语考试的奖励、资助进行了一定的调整。另外，校医院还修订了《江苏大学学生医疗经费管理办法》，对特困学生住院医疗费用补助申请进行了更加详细的规定。

2016 年，同样是江苏大学的制度建设年，学校继续修订或全新出台了一系列学生资助文件，具体包括：《江苏大学研究生助管工作管理办法》（江大校〔2016〕66 号），明确了研究生助管的申请对象、职责、薪酬等，进一步规范了研究生助管工作；《江苏大学校长奖学金评选办法（试行）》（江大校〔2016〕73 号），明确了这一适用于本科生、全日制研究生、留学生的学校最高级别奖学金的具体事项；《江苏大学家庭经济困难本科学生学费减免实施办法》（江大校〔2016〕78 号），明确了学费减免对象、申请条件与减免额度等；《江苏大学学生勤工助学工作管理办法》（江大校〔2016〕79 号），进一步明确了校内外勤工助学活动内容、管理办法、薪酬标准等；《江苏大学本科生国家奖学金、国家励志奖学金、国家助学金管理实施细则》（江大校〔2016〕80 号），完善了各项评选条件；《江苏大学家庭经济困难本科生资助管理实施办法》（江大校〔2016〕145 号），对家庭经济困难本科生认定、社会及个人奖助学金管理、校内助学金管理、学生临时困难补助管理做了进一步明确，并提高了校内助学金、临时困难补助的发放标准。此外，为贯彻落实《中共中央国务院关于打赢脱贫攻坚战的决定》和国务院 2016 年 8 月 16 日常务会议的决定，以及江苏省委、省政府《关于实施脱贫致富奔小康工程的意见》（苏发〔2015〕35 号）等文件精神，2016 年 8 月 25 日，江苏省财政厅、教育厅、扶贫工作领导小组办公室共同发布了《关于对建档立卡家庭经济困难学生加强教育资助工作的意见》（苏财教〔2016〕151 号）。学校高度重视此项资助新政策的落实，出台并实施了《江苏大学建档立卡家庭经济困难学生学费减免方案》。

2017 年，为扎实推进学生资助工作，精准认定家庭经济困难学生，学校出台制定了《江苏大学家庭经济困难学生认定办法》（江大校〔2017〕213 号）。

2018 年，为规范管理学生勤工助学工作，促进勤工助学活动健康、有序开展，保障学生的合法权益，培养学生自立自强、创新创业精神，增强学生社会实践能力，充分发挥勤工助学育人功能，学校修订《江苏大学学生勤工助学工作管理办法》（江大校〔2018〕439 号）。

2019 年，为做好学校家庭经济困难学生资助工作，进一步提高学生资助精准度，江苏大学根据教育部和省教育厅的最新要求，修订了《江苏大学家庭经济困难学生认定办法》（江大校〔2019〕237 号）。

2020 年，为全面推进和实施高等教育国际化，学校结合实际，修订了《江苏大学学生留学交流经费资助管理办法》（江大校〔2020〕54 号）；为做好建档立卡学生学费减免相关工作，学校结合学校实际，修订了《江苏大学国家奖学金、国家励志奖学金、国家助学金评选实施细则》（江大校〔2020〕108 号）；为深入贯彻落实《教育部等八部门关于加快构建高校思想政治工作体系的意见》（教思政〔2020〕1 号）、《教育部等六部门关于做好家庭经济困难学生认定工作的指导意见》（教财〔2018〕16 号）、《高等学校勤工助学管理办法（2018 年修订）》（教财〔2018〕12 号）、《江苏省学生资助资金管理办法》（苏财规〔2020〕28 号）及学校有关文件精神，不断健全学生资助制度，进一步提高学生资助精准效力，构建全员、全过程、全方位的发展型资助育人体系，推动资助育人工作提质增效，制定了《江苏大学精准资助质量提升计划实施方案》（江大校〔2020〕206 号）。

二、 江苏大学资助育人工作基本概况

江苏大学资助育人工作始终围绕立德树人根本任务，以“不让一个学生因家庭经济困难而失学”为基准点，以“育人育才”为最终目标，结合“七位一体”精准资助体系和“四结合”资助育人理念，激励受助学生奋发自强、立志成才、感恩奉献，帮助他们提高综合素质和能力，树立正确的世界观、人生观和价值观。

2019 年年初，江苏大学成功入选教育部第二批“三全育人”综合改革试点高校，资助育人作为“三全育人”“十大”育人体系中的一项重要内容，责任重大、意义深远。江苏大学结合新时代、新要求，结合资助育人的总体目标、理念及主要任务，打造资助育人“三个一”工程（一个根本：落实立德树人的根本任务；一个导向：增强学生资助育人工作的育人导向；一个转变：努力完成保障型资助向发展型资助的转变；实现从“他助”到“自助”，从“授

鱼”到“授渔”，从“扶困”到“扶智”“扶志”），深入把握育人元素，不断丰富育人内涵，通过文件修订完善体系建设，通过精准认定帮扶解困，通过自立自强温暖育人，通过塑造典型引导成才，通过感恩教育传递爱心，推进“135”资助育人计划，提出“靶向式资助，项目化育人”方案，筑牢资助育人工作基础，搭建资助育人有效载体，营造健康成长的良好氛围，助力家庭经济困难学生成长成才。

江苏大学认真贯彻习近平总书记对学校的重要批示，全面推进“三全育人”综合改革试点任务，不断提升学校思想政治工作质量和“资助育人”工作实效：连续10年获评江苏省学生资助工作绩效评价“优秀”；获全国“助学·筑梦·铸人”主题宣传活动优秀组织奖1项、学生征文二等奖1项、三等奖1项、视频优秀奖1项、宣传画优秀奖1项、教师征文优秀奖2项；获江苏省微电影创作活动特等奖1项、一等奖1项、二等奖1项；获评江苏省百佳学生资助工作单位典型，1人获评江苏省百名优秀学生资助工作者典型；“给我一个家”工作团队获评“江苏最美资助人”（全省仅10个，唯一的团队获奖）；获江苏省“国家资助 助我飞翔”学生书法作品征集活动优秀组织奖，书法软笔作品获一等奖1项、三等奖1项，获学生资助宣传画二等奖1项、优秀创意奖3项；2项学生资助典型案例入选《江苏省学生资助十年发展报告》；2项案例入选江苏学生资助优秀工作案例；等等。学校学生资助工作也多次被中国教育报、中国科学报、江苏省教育厅等多家媒体报道，并在江苏省学生资助业务骨干培训班上做典型经验发言，影响广泛。

三、 江苏大学资助育人工作总体设计

1. 总体目标

以“不让一个学生因家庭经济困难而失学”为基础目标，建立“国家资助、社会捐助、学校奖助、学生自助”的资助工作体系，实现家庭经济困难学生资助全覆盖，实现无偿资助与有偿资助、显性资助与隐性资助的有机融合；以“育人育才”为最终目标，构建全员、全过程、全方位“大资助”育人格局，实现受助学生德智体美劳全面发展，形成“解困—育人—成才—回馈”的良性循环，切实保障家庭经济困难学生高质量就业，让教育真正成为阻断贫困代际传递的治本之策。

2. 总体理念

以习近平新时代中国特色社会主义思想和习近平总书记关于教育的重要论述为指导，深入贯彻全国全省教育大会、高校思想政治工作会议精神，全面落实学校第四次党代会精神，紧紧围绕立德树人根本任务和“培养什么人、怎样培养人、为谁培养人”根本问题，强化“资助育人”理念，遵循高等教育规律和人才成长规律，促进家庭经济困难学生全面发展目标，深化资助育人“三个一”工程，奋力开创与“双一流”高校创建和高水平有特色国际化研究型大学建设相适应的资助育人工作体系。

3. 实施方案

（1）完善体制机制建设，推进资助工作科学化

① 推进协同育人体制。进一步完善国家、社会、学校、家庭多方协同机制，积极融合政府资源、社会力量、校际资源等不同来源、不同领域、不同类型、不同层次、不同内容的资助帮扶项目，为家庭经济困难学生提供全方位服务。强化学生工作处、研究生工作部等资助育人主体部门的联动机制，鼓励教学、科研、管理、服务等部门积极融入学生资助工作体系，提升各部门各岗位的育人能力，汇聚广大教职员工协同育人合力；各部门齐抓共管、各负其责，切实做好学生资助帮扶工作。

② 健全校院联动机制。进一步完善学校奖贷基金工作领导小组、学生工作处学生资助管理中心、学院资助工作小组、年级（专业）资助工作小组和班级资助信息员的“五层级”资助工作机制，加强学生资助工作的顶层设计，健全学生资助管理工作规范，从政策层面提升学生资助工作规范化水平，为精准资助提供制度保障。学校奖贷基金工作领导小组制定考评办法，学生工作处、研究生工作部强化监督机制，保障政策措施落地。各学院要积极遵循落实学校学生资助工作具体方针政策，成立学院资助工作小组、年级（专业）资助工作小组，领导、组织、审核、监督家庭经济困难学生的资助帮扶工作。

（2）加强智慧资助建设，提升资助数据精准化

① 建设精准信息平台。结合全国学生资助管理信息系统和江苏省学生资助管理信息系统的应用及学校智慧校园建设，加快推进我校学生资助精准信息平台建设和应用，实现家庭经济困难学生信息实时反馈。开发包含个性诉求和帮扶方案的智慧资助系统，完善家庭经济困难学生电子档案，实时了解家庭经济

困难学生的成长帮扶轨迹。利用大数据等技术手段对受助学生各类数据进行分析、研判、预警，通过学生“个人画像”精准甄别学生需求与帮扶类别，实现精准认定、精准资助、反馈评价等各环节的无缝衔接。持续推进“学生资助数据质量提升”专项行动，努力实现学生信息100%纳入系统管理、资助项目100%纳入系统管理、资助信息100%填报等“3个100%”和资助系统中在校生数据“零误差”、困难学生数据“零误差”、资助数据“零误差”等“3个零误差”目标。

② 强化精准认定管理。充分利用现代大数据、互联网技术，多渠道、多方式做好家庭经济困难学生精准认定工作，实现动态化管理。推广应用江苏省学生资助申请平台，完善家庭经济困难学生贫困等级认定，实现资助全覆盖、监测无死角。采取线上比对和线下摸排相结合的“双线排查”方法，有效甄别“假贫困”，精准识别“隐形贫困”；采取定性考察与定量分析相结合、初步评议与动态调整相结合的方式，规范认定过程管理；结合家庭经济困难学生手机消费、一卡通消费等日常消费数据分析、实地走访等形式，适时调整资助对象及贫困等级，做到“不漏一人”。

③ 完善精准资助举措。综合运用“奖、助、贷、勤、补、减、免”等资助政策，合理设计资助方式，构建资助对象、资助标准、资金分配、资金发放协调联动的精准资助工作举措，切实保障家庭经济困难学生尤其是建档立卡家庭经济困难学生、农村低保家庭学生、农村特困救助供养学生、家庭经济困难残疾学生、孤儿学生等五类特困群体的学习生活。进一步规范和加强学生资助资金管理，提高资金使用效益，确保家庭经济困难学生应助尽助，实现经济帮扶全覆盖。精准确定资助对象、资助等次，合理推进“有偿资助”模式，加大资助体系中国家助学贷款、勤工助学所占比例。探索利用新的金融技术、新的资助模式改进各类资助的评审、公示、发放等机制和方式，确保学生资助信息安全、规范。

（3）创新育人导向建设，助力学生成长全面化

① 深化精准资助育人导向。注重“扶困”与“扶智”“扶志”并行，实现家庭经济困难学生经济和精神的“双脱困”。在实施精准资助的同时，积极融入育人元素，切实发挥资助育人功效。在奖学金评选发放环节，全面考查学生的学习成绩、创新发展、社会实践及道德品质等方面的综合表现，培养学生的

奋斗精神和感恩意识。在助学金、学费减免、临时困难补助等申请发放环节，深入开展励志教育和感恩教育，培养学生爱党、爱国、爱社会主义意识。在国家助学贷款办理过程中，深入开展诚信教育和金融常识教育，提升学生法律意识、风险防范意识和契约精神。在勤工助学活动开展环节，着力培养学生自强不息、创新创业的进取精神。在基层就业、应征入伍学费补偿贷款代偿等工作环节中，培育学生树立正确的成才观和就业观。

② 培育靶向育人示范项目。践行“三全育人”理念，主动了解家庭经济困难学生阶段性特征和个性化需求，以精准化为核心，以学生需求为着力点，以共性帮扶为基础，以个性帮扶为突破口，增强供给能力，提供靶向服务，创新资助育人形式，实施“发展型资助育人行动计划”“家庭经济困难学生能力素养培育计划”，促进家庭经济困难学生全面发展。结合学科、专业等特色打造一批靶向资助育人项目，将资助育人工作贯穿学生从入学到毕业的全过程、融入学生学习生活各方面，围绕思想品德、身心发展、就业指导、国际化能力、综合素养等方面给予家庭经济困难学生全方位关怀和帮助，切实发挥靶向资助育人项目实效，为家庭经济困难学生的成长成才保驾护航。

（4）夯实资助队伍建设，推进资助育人专业化

① 优化资助队伍结构。健全学生资助机构与队伍建设，根据上级部门要求，配备专职人员负责学生资助工作。多途径夯实学生资助工作队伍建设，构建“专职为主、兼职为辅、专兼一体、全员参与”的资助育人队伍体系，强化全校学生资助工作的合力。明确资助主体部门责任，厘清岗位职责，优化资源配置，协同做好家庭经济困难学生资助工作。加强大学生勤工助学服务中心和伯藜学社等资助类学生社团的指导工作，积极发挥家庭经济困难学生自助平台的作用。聘任国家奖学金、国家励志奖学金获得者担任学生资助宣传大使，成为国家、省、校资助政策的积极传播者和模范践行者。

② 增强资助队伍活力。实施学生资助队伍人员素质提升工程，切实加强学生资助队伍人员的思想政治素质和业务能力建设，坚定教育脱贫的育人理念，提升资助队伍活力，发挥学生资助在脱贫攻坚中的重要作用。加强资助业务专项培训，通过专家讲座、专题研讨、校外培训等形式，不断提升资助工作人员的政策理论水平和实际工作能力，为进一步做好学生资助工作提供保障。建立健全激励机制，为学生资助工作人员提供发展空间。推动学生资助工作理论研

究，构建学生资助新方法、新机制和新途径，为全面推进以“育人育才”为目标的新型资助工作提供理论指导，用先进理论指导工作实践，提高学生资助队伍整体工作水平。

（5）加强资助政策宣传，创新工作手段多样化

① 把握资助政策宣传要点。精准把握资助政策宣传“三时三面两线”，即把握“招生时、报到时、毕业时”三个关键时点，覆盖“社会、家庭、学校”三个层面，融合“线上、线下”两条主线，让每位学生特别是家庭经济困难学生及其家长知晓国家、地方和学校学生资助政策及受助的权利。各学院应根据重要时间节点列出资助政策宣传任务清单，有针对性地确定重点宣传对象、项目和内容，特别要加大对建档立卡学生补助、国家奖助学金、国家助学贷款、新生入学资助、新生入学“绿色通道”等重点资助项目的宣传，加强对学生上学“三不愁”的宣传解读，做好学生资助宣传台账登记工作。

② 创新资助宣传方式方法。进一步适应时代特征，创新学生资助宣传工作理念，切实保护好受助学生的个人信息和隐私，丰富宣传内容和方式方法，将政策介绍、时事报告、先进典型、资助活动等纳入资助宣传内容之中，精准融入励志教育、感恩教育、诚信教育、金融常识教育等。邀请学生参与资助政策宣传工作，充分发挥学生资助宣传大使和资助志愿者联盟两支队伍的作用，增强资助宣传工作的交互性。各学院要总结资助工作的好经验和好做法，充分挖掘奋发向上、立志成才、感恩奉献、回报社会的学生典型，以及热心帮扶家庭经济困难学生的好老师典型，扩大资助先进典型宣传的深度与影响力，讲好资助故事，弘扬时代精神，加强舆论引导，努力营造良好的资助育人氛围。

四、 江苏大学资助育人工作主要做法

进入新时代，坚持社会主义办学方向，培养德智体美劳全面发展的社会主义建设者和接班人，是每位教育者的神圣使命。作为高等教育工作者，我们要在习近平新时代中国特色社会主义思想指导下，坚持以学生发展为中心的思想，全面推进精准型资助和发展型资助育人事业，让每一位家庭经济困难学生都对自己有信心、对未来有希望，努力成长为担当民族复兴大任的时代新人①。

① 范一蓉：《致伯藜：陶学子的故事》，镇江：江苏大学出版社，2018 年，序言。

江苏大学资助育人工作历来注重“扶困”与“扶智”“扶志”并行，实现家庭经济困难学生经济和精神的“双脱困”。学校践行“三全育人”理念，主动了解家庭经济困难学生阶段性特征和个性化需求，以精准化为核心，以学生需求为着力点，以共性帮扶为基础，以个性帮扶为突破口，创新资助育人形式，在感恩、励志、素质拓展等方面做了积极的尝试和探索，促进家庭经济困难学生全面发展。

1. 落实帮扶举措，推进“135”资助育人计划

以立德树人为根本任务，推进“1种格局、3支队伍、5个提升”计划，采取一系列行之有效的措施，精准发力助推“三全育人”资助育人工作深入开展。

“1”是打造一种格局，即“三全育人”的工作格局。始终站在人才培养战略和工作全局的高度，将资助育人工作摆在更加突出的位置，重点做好部署和落实。为提升资助育人工作的思想站位和工作站位，江苏大学从创建分管校领导担任组长的资助工作领导小组，到构建“学校资助工作领导小组、学生资助管理中心、学院资助工作小组、年级资助工作小组、班级资助信息员”的五级资助育人体系，再到调动专兼职辅导员、学业导师和任课教师等各方面力量，强化相关部门的协同配合，着力形成全员育人工作模式；搭建以信息化建设、制度建设、考评激励机制建设为主要内容的考评体系，依托智慧校园建设，打造智慧资助平台，从学生入校开始，实时跟踪了解家庭经济困难学生需求，完善各项涉及家庭经济困难学生管理的制度建设，完善考评激励的体制建设，完善全过程育人工作模式；搭建资助中心、心理中心、学业指导与发展中心、思想政治教育科、就业指导与服务中心、创新创业学院等多部门联动的协同育人服务平台，向家庭经济困难学生提供全方位的指导，同时注重因材施教，满足家庭经济困难学生的个性化发展需求，形成全方位育人工作模式。综上，江苏大学全面统筹学校各方资源，着力打造“三全育人”框架下的资助育人工作平台，构建全员、全过程、全方位资助育人工作新格局。

“3”是抓好三支队伍，即辅导员、学业导师、资助类学生社团三支队伍。江苏大学以专兼职辅导员、学业导师、大学生勤工助学服务中心和伯藜学社等为工作抓手，积极开展辅导员资助专题沙龙、学业导师重点谈心谈话、“三星”（励志之星、志愿之星、勤工助学之星）评选、诚信教育感恩月、学生资助宣

传大使进校园、“国家奖学金”获奖学生风采展和“助学·筑梦·铸人”等主题宣传活动，强化励志教育、诚信教育、感恩教育和社会担当教育。注重“扶智”与“扶志”并行，实现家庭经济困难学生物质和精神的“双脱困”，加强资助育人的宣传力度。

“5”是实现五个提升，即思想政治教育引导、心理赋能建设、国际化视野拓展、就创业帮扶、综合素质等五个提升。学校结合学生成长成才特点，精心设计资助育人的形式和内容，运用校园文化平台和各类活动载体，深入发掘优秀学生典型，弘扬资助育人正能量，同时通过学业规划、科研指导、社会实践、心理辅导、创新引领、就业培训等方式，着力提高家庭经济困难学生的成长发展能力和社会竞争实力。比如对困难学生申请参加学科竞赛、专业认证考试、外语能力考试、短期国（境）外研修项目、交换学习项目、就业技能培训等进行引导和资助，鼓励困难学生参与社会实践和科技创新活动等，切实增强资助育人工作的感染力和实效性，进一步提升学校资助育人成效，助力学生的成长成才。

2. 坚持育人导向，提出“靶向式资助，项目化育人”方案

（1）靶向式资助体系

江苏大学以经济资助为基础，着力实施靶向式资助。全面强化资助对象精准、资助标准精准、资金发放精准，确保家庭经济困难学生应助尽助、确保资助标准与家庭经济困难学生的受助需求相适应、确保靶向资助的实际效益。

① 精准认定。江苏大学充分利用现代互联网大数据技术，多渠道、多方式地完成资助对象认定工作。采取线上比对和线下摸排相结合的“双线排查”方法，有效甄别“假贫困”，精准识别“隐形贫困”；采取定性考察与定量分析相结合、初步评议与动态调整相结合策略，规范认定过程的管理，全面采集家庭经济困难学生的基本信息，建立电子档案；结合家庭经济困难学生手机消费调查、一卡通消费调查等大数据分析，以及实地家访等形式，实施家庭经济困难学生库动态化管理。

② 精准资助。江苏大学始终牢记“精准资助”核心要求，以“不让一个学生因家庭经济困难而失学”为基准点，在“奖、助、贷、勤、补、减、免”七位一体的工作体系布局下，逐步形成“解困—育人—成才—回馈”的良性循环。根据学生困难程度合理确定资助标准，分档发放奖助学金；根据学生不同

类型、不同阶段、不同需求，精心设计资助内容，通过“国家、社会、学校、个人”4个资助层次，综合运用“奖、助、贷、勤、补、减、免”等资助手段，切实保障家庭经济困难学生的学习生活，做到应助尽助；合理推进“有偿资助”模式，增加资助体系中助学贷款和勤工助学所占比例，实现经济帮扶全覆盖。

③ 靶向发力。江苏大学始终坚持以问题导向、需求导向、发展导向为基本原则。学校认真分析当前资助育人工作存在的问题及家庭经济困难学生需求，增强供给能力，提供靶向服务，以满足家庭经济困难学生成长成才所需。受疫情和自然灾害等影响，部分学生家庭经济状况发生重大变化。在新学期开学后，各学院及时进行摸排了解，更新老生困难库，做到“不漏一人”；为新生发放防疫口罩、洗手液等防疫物资，校长为新生赠书，在新生入学教育中安排了疫情后的心理疏导等专题辅导，帮助学生直面困难，树立信心，安心学习。同时，为了缓解家庭经济困难新生入学的压力，学校特设立了新生临时困难补助。结合暑假咨询、新生接待期间绿色通道办理，以及各学院对家庭经济困难新生的梳理情况，学校对120名家庭经济特别困难的新生每人发放了400元现金补助。另外，学校根据家庭经济困难学生面临的具体困难，将家庭经济困难学生进行初步分类，对孤儿、残疾、建档立卡家庭经济困难学生给予了更多关怀和帮助，做到有针对性地开展帮扶。修订了《江苏大学本科生国家奖学金、国家励志奖学金、国家助学金管理实施细则》，从政策层面保障建档立卡学生享受学校最高档资助和学费减免。

（2）项目化育人举措

江苏大学以发展型资助为特色，实施项目化育人工程。将育人作为资助工作的出发点和落脚点，抓住资助工作的关键，实施项目化的育人工程，培养学生争先创优的奋斗精神和自立自强、诚实守信、爱国奉献的良好品德，引导学生树立正确的成才观、就业观和价值观，促进学生各方面的能力提升，实现德智体美劳全面发展，助力家庭经济困难学生成长成才。

① 思想政治教育引导项目。江苏大学针对家庭经济困难学生的群体特征、时代特点和个性化差异加强理想信念教育，不断创新工作思路，完善家庭经济困难学生思想政治教育工作体制。建立专兼职辅导员管理服务队伍，加强家庭经济困难学生自强自立、心理健康和诚信感恩教育，并积极引导困难学生参加

勤工助学和各种社会公益活动，开阔视野，增强人际交往能力和社会适应能力，转换困难学生“等、靠、要”思想，引导他们通过力所能及的诚实劳动战胜贫困，实现自立自强的培养目的，促进家庭经济困难学生全面发展。

② 心理赋能建设项目。江苏大学面向新生开设“大学生学业规划概论”必修课，实现全覆盖，面向全校学生开设“大学生心理健康教育”“幸福心理学”“大学生恋爱与性健康”等公选课，按照问题驱动式教学模式，突出学生意识、态度、思维、行为上的主体性；以“320、525、920、125”四大心理健康教育节为依托，以心理辅导站为载体，把心理健康教育与专业、学科深度融合。依托学校心理健康教育资源，把握家庭经济困难学生的心理特点，尤其是孤儿、残疾、少数民族等特殊困难学生的心理特点，建立特殊困难学生分类信息库，全面了解学生思想动态，定期开展心理沙龙、团队素质拓展训练等多种形式的心理帮扶。关注学习困难学生群体，从 2012 年起每年组织开展两期“学业警告学生励志素质拓展训练营”帮扶教育活动，已举办 16 期，帮扶学员 1143 人，转化率达 75%。“训练营”项目获评教育部辅导员精品项目、省辅导员精品项目一等奖、省大学生心理健康教育与研究示范中心重点项目、省大学生思想政治教育工作“学生干部领雁行动”培训项目。

③ 国际化视野拓展项目。江苏大学每年设立学生留学交流经费 500 万元，对学生参与出国类外语考试、海外文化交流、短期课程学习、国际学术会议、联合培养、攻读学位等各方面予以资金支持，推动、鼓励在校学生赴海外交流学习。学校制定专门的政策、制度，对家庭经济困难学生优先实施，成立专门的海外学习政策宣讲团，其中三分之一为家庭经济困难学生。他们走进大一晚自习教室，宣讲学校海外学习政策、自身出国（境）经历，成为学校国际化工作的一分子。从奖助学金申请、出国类语言培训、勤工助学岗位等多渠道向有意向出国的家庭经济困难学生提供个性化帮扶，实施以提升国际能力为主题的“助困扶优”计划。设立海外项目座谈会制度，零距离走近家庭经济困难学生，征集他们对海外学习项目的需求和意见建议，并及时向学院、海外项目方反馈。2012 年至今，江苏大学共资助 3112 人次赴海外学习交流；2019 年，资助家庭经济困难学生赴海外学习 192 人，总计资助经费达 74.13 万元。这一举措有效拓宽了国际化人才培养渠道，同时为家庭经济困难学生提供了提升国际化能力的良机，进一步提高了学生国际化水平，创新了资助育人工作模式。

④ 就创业帮扶项目。江苏大学高度重视家庭经济困难学生的就业工作，为阻断贫困代际传递，实现从根本上“脱贫”，学校采取“全面梳理—分类帮扶—个性服务”的工作路径，由面及点、循序推进、盖边沉底，切实帮扶每一名家庭经济困难毕业生顺利就业。学校采取各种方法帮助家庭经济困难学生就业，通过加强学院家庭经济困难学生就业工作考核，督促学院更加重视家庭经济困难学生就业工作（将家庭经济困难学生就业率列入学院学生工作年终考核指标体系，要求各学院家庭经济困难学生就业率不低于本学院平均就业率）；通过多种形式的职业培训提高家庭经济困难学生的就业能力；通过广泛拓展就业岗位，在不同时期举行不同类别的就业招聘会以提供更多的就业机会；通过就业定向帮扶提高困难学生的就业成功率等。在原本扎实的就业工作基础上，江苏大学家庭经济困难学生就业工作取得了更加突出的成绩，学校 2019 届家庭经济困难本科毕业生就业率达 99.17%，扎实推进阻断贫困代际传递的暖心工作。

江苏大学坚持“学生分类、载体分级、服务分工、资源协同”的“三分一协”工作格局，着力完善“因势利导、纵横有道”的创新创业工作体系，整合学校资源，打造区域特色，积极推进创新创业工作内涵式建设与发展。结合学校创新创业学院特色平台，深入挖掘家庭经济困难学生的创业赋能：邀请校创新创业学院的专家教师开展创业知识讲座，邀请优秀创业导师来校开办创业讲堂，带领学生走入创业大门；组织符合条件的家庭经济困难学生免费参加 SYB 大学生创业培训或创业模拟实训。举办创业经验交流会、创业讲座、城市生存挑战赛等系列活动，涉及创业理论知识、创业经验分享、创业点子征集、实操路演等多个方面，着重全面提升家庭经济困难学生的创新创业素养。

⑤ 综合素质提升项目。江苏大学每年开展“诚信励志感恩教育月”活动，通过举办诚信专题讲座、知识竞赛等活动，不断强化受助学生的诚信意识和法律意识，倡导诚实守信的道德风尚；通过“励志之星”“志愿之星”“勤工助学之星”评比，号召学生向身边的榜样学习；通过各类奖助学金申请发放环节，深入开展感恩教育；通过“助学·筑梦·铸人”主题宣传活动，以征文比赛、主题演讲和微电影大赛等多种形式，打造校园感恩文化氛围，帮助学生树立正确的人生观、价值观；聘任“学生资助宣传大使”，深入基层开展资助政策宣讲，充分发挥受助学生的励志引领作用，扩大社会影响；以学校“大学生

勤工助学服务中心”为抓手，将志愿服务与新生入学“绿色通道”、助学贷款办理、勤工助学、资助政策宣传大使等活动结合，引导学生在实践中锻炼提升自我。

值得一提的是，江苏大学“给我一个家”孤儿帮扶项目多次获得媒体报道，并获教育部高校校园文化建设优秀成果二等奖、首届全国高校网络宣传思想教育优秀作品“微作品”特等奖、江苏省“他们——我身边的资助”微电影大赛一等奖、“江苏最美资助人”等荣誉。经过16年的规范发展与运作，该项目已成为江苏大学学生资助工作的一项品牌、一张名片。

第二节　江苏大学资助育人成效

习近平总书记曾殷切指出，教育是一门“仁而爱人”的事业，爱是教育的灵魂，没有爱就没有教育。把爱的种子根植心底，让年轻的生命在阳光下成长，让青春的梦想在校园中升腾，为所有的家庭经济困难学子打开奋发有为的通道，给予他们改变生活、改变命运的机会①。江苏大学学生资助工作深入贯彻“三全育人”理念，紧紧围绕国家和江苏省相关政策，以满足家庭经济困难学生的实际需求为出发点和着力点，以培养家庭经济困难学生成长成才为目标，涌现出了一批批自立自强的励志成才优秀典型，打造了诸多可复刻的资助育人优秀案例，育人成效显著。

一、 江苏大学资助育人优秀案例

近年来，随着党和政府对家庭经济困难学生资助育人工作的重视，江苏大学不断创新资助育人方式，使更多的资助政策带着温度落地，从而推动了一批批从物质、学业、心理等方面深入关爱和支持家庭经济困难学生的典型人物和团队涌现。他们执着和无私的精神令人敬仰，他们的经历和“大美”事迹感人至深，他们的行动彰显了国家资助政策对家庭经济困难学生切切实实的关怀和爱护，激励着社会各界关心和支持学生资助事业的发展。在新的校园文化和办

① 陈虎：《最美资助人——江苏资助育人先进典型事迹集萃（2017）》，南京：南京师范大学出版社，2018年，第2页。

学理念引导下，活跃着一批批富有奉献精神的学生资助育人工作践行者。他们有的对困难学子无偿提供经济支持，切实减轻其家庭的经济负担，不让一个学生因贫失学；有的扎根基层，努力照亮每一位家庭经济困难学生前行的路，为他们打开机遇的大门；有的用心服务学生，传递党和政府的关怀、社会的温暖，为健全资助体系、完善育人政策全心奉献。

学校坚持“项目化育人”举措，打造了“给我一个家”公益团队，由平均年龄已近70岁的退休教师，坚持用“家”的力量，为孤儿大学生撑起一片爱的蓝天。16年来，104名孤儿拥有了温暖的“家”，“家长们”的关爱精神感动了无数师生。

学校始终把建设“高水平、有特色、国际化研究型大学”作为发展目标，并采取了一系列措施鼓励广大师生出国交流，每年投入专项经费资助学生出国（境）交流和参加出国类外语考试，定期开展留学、海外学习、出国外语类考试公益讲座、宣讲会，激发了家庭经济困难学生更好地成长成才的动力，为实现教育公平工作提供了保障。

学校坚持“以生为本”，通过分级、分类、分层的体系确定不同需求的学生，实行点对点服务、面对面帮扶，真正意义上做到资助与育人紧密结合，确保资助育人工作无盲点，资助效益最大化。针对不同年级、不同类别的群体，开展不同的资助特色工作，全面实现精准资助。

案例一：“给我一个家”——助力孤儿逐梦青春

江苏大学“三全育人”综合改革工作坚持以理想信念教育为核心，以社会主义核心价值观为引领，以促进学生全面发展为导向，着力培养担当民族复兴大任的时代建设者和接班人。孤儿学生是当前高校家庭经济困难学生中的一类特殊群体。如何让这一特殊群体接受并感受到国家、社会、学校对他们的关爱，进一步帮助他们成长成才，成为各高校学生资助育人工作的一项基本工作。2005年，江苏大学在孤儿学生帮扶方面也做了一些探索和努力，开展了一个致力于定向帮扶孤儿大学生的项目——“给我一个家”，富有爱心的离退休老教师与孤儿学生结成对子，进行全方位一对一帮扶，用“家”的力量温暖、感染、教育他们。老教师们辛勤耕耘、无私奉献，十六年如一日，用爱心温暖着每一位孤儿大学生。

1. 实施背景

相对其他普通家庭经济困难来说，孤儿学生存在更多的困难：社会支持系统更加单薄；经济来源更加稀少；亲人的陪伴和关爱更加缺乏等。这些客观因素都导致了孤儿学生成长道路更加艰难，成长过程中也更容易出现问题。因此，为了更好地做好孤儿学生资助帮扶工作，2005 年 11 月，江苏大学学生工作处联合关心下一代工作委员会共同启动“给我一个家”项目，组织学校富有爱心的离退休老教师与孤儿学生结成对子，从经济、心理、学业等各方面对孤儿学生进行全方位、一对一帮扶，促进他们成长成才。

2. 主要做法

（1）帮扶对子巧安排

每年新生入学后，学校学生工作处的一项工作就是及时了解、确定新生中的孤儿名单，梳理他们的性别、专业、籍贯、民族等基本信息，并将有关信息提供给学校关心下一代工作委员会。学校关工委则根据学工处提供的信息物色、落实与学生结对的“家长”。“结对家长”不仅富有爱心、热心学生帮扶工作，而且通过关工委的精心安排，还往往与被结对的学生是同一个学院、同一个籍贯或同一个民族的，使对孤儿学生帮扶更有针对性，涌现了不少“结对佳话”。

（2）帮扶资助全方位

16 年来，为了更好地帮扶孤儿学生，江苏大学始终坚持“项目化、规范化、长期化”的理念，从经济、心理、学业等各方面给予孤儿学生全方位的帮扶。第一，经济帮扶。为了更好地解决孤儿学生生活困难，除了常规的奖助学金、助学贷款、勤工助学、临时困难补助、学费减免等资助措施之外，还额外给予每名孤儿学生每年 3000 元生活费补贴。“家长们”还会根据学生面临的实际困难，另外提供其他形式的经济资助，如“家长”赵立强就曾一次性给予与他结对的学生小勇 1 万元资助，助其大二暑假期间赴哈佛大学进行短期学习。第二，心理帮扶。在校学习期间的每个月，学生都至少“回家”一次，吃吃饭、聊聊天，“家长们”往往利用这个机会与学生进行充分交流；为了拉近与学生的距离，与学生交流更加畅通，“家长们”还摸索总结出了家庭谈心、寝室谈心、教室谈心、网络谈心等诸多方法；为了提高心理帮扶的专业性，关工委还专门开辟了“关爱谈心屋”，按照“家长们”的专长开出从学业规划到人际交往、从求职择业到情绪调节等“话题菜单”，安排“家长们”定期值班，与孤儿学生进行一对一的专门谈心。第三，学业指导。“家长”的一项重要工作是指导学生学习，为此“家长们”也采取了不少办法：如果学生出现学习动力不足等方面的问题，“家长们”私下对学生进行学习行为、学习态度的提醒、督促；对于学生共同存在的一些专业学习问题，则由“家长”中相对较年轻、教学水平相对较高的老师组成的“学业导师团”来集中解决；对于尖子学生，则鼓励其积极投身科学研究，促其潜力开发。

（3）帮扶接力助他人

江苏大学的孤儿学生，在享受着学校“家”的温暖的同时，也自觉践行“关爱他人、服务社会”的宗旨来传递关爱。学校开设的“关爱超市”为有需要的家庭经济困难学生免费提供书籍、衣物等物资，但物资的募集、发放等工作成为“关爱超市”的难题。孤儿学生在得知这一情况后，主动承担起“关爱超市”的各项工作。他们不定期组织志愿者向毕业生、教职工募集闲置的衣物、棉被、书籍，登记造册、洗涤晾晒、值班发放。16 年来，“关爱超市”接受捐赠的衣物 6 万余件、书籍 5 万余册，发放衣物 4.5 万余件、书籍 3 万余册。参与“关爱超市”策划、管理的孤儿学生既在“给我一个家”项目中感受了浓浓的“家”的温情，也通过“关爱超市”，用自己的力量让爱得以传承。

3. 取得的主要成效

（1）资助育人成效显著

“给我一个家”项目自 2005 年启动至今已进行了 16 届，104 名孤儿学生拥有了温暖的江大之“家”。他们中有 69 名同学顺利毕业，14 人考取了名校研究生，其余 55 人也都进入了中铁建工集团、中国建设银行股份有限公司等工作单位。值得一提的是，2016 届毕业孤儿学生小勇被哈佛大学直博录取，创造了学校本科生升学最好成绩。

（2）社会反响良好

经过 16 年的精心组织、规范运作，“给我一个家”孤儿帮扶项目已成为江苏大学学生资助育人工作的品牌项目，被媒体多次报道，并取得系列荣誉。2008 年 7 月 16 日，《中国教育报》以“学校是我温暖的家——江苏大学开展结对帮扶孤儿活动纪实”为题整版图文报道这一特色活动；2010 年，《中国教育报》先后 2 次报道“给我一个家”帮扶活动；2014 年，1 位“家长”被评为全国道德模范提名奖；2015 年，1 位“家长”荣获“全国离退休干部先进个人”，“给我一个家”获教育部高校校园文化建设优秀成果二等奖；2016 年，以“给我一个家”帮扶对象小勇同学为原型改编拍摄的微电影《青春圆梦》，获首届全国高校网络宣传思想教育优秀作品“微作品”特等奖，江苏省“他们——我身边的资助”微电影大赛一等奖；“给我一个家”工作团队获评江苏大学第三届“感动江大”人物；包含“给我一个家”内容的《江苏大学关工委充分发挥育人优势多措并举切实加强大学生思想政治教育工作》获教育部简报报道；2017 年，“给我一个家”工作团队荣获“江苏最美资助人”（全省 10 人，唯一的一支团队）；2019 年，“‘给我一个家’为孤儿学生撑起一片爱的蓝天”入选江苏省学生资助管理中心资助育人优秀工作案例；2020 年，江苏教育电视台采访报道第 16 届“给我一个家”结对帮扶活动。

案例二：世界那么大，他们需要去看看——江苏大学家庭经济困难学生国际化工作

《江苏省中长期教育改革和发展规划纲要》提出：实施大学生海外学习计划，到 2020 年高水平大学本科生中具有海外学习经历的学生比例达 5% 以上。近 5 年来，江苏省内各高校积极拓展大学生海外交流项目，参与短期、长期海外交流项目的大学生人数逐年递增，部分高校家庭经济困难学生也在其中，但占比仍较少，究其原因，经济基础及个人素质是制约经济困难学生海外拓展的两大主要因素。江苏大学积极探索提升家庭经济困难学生国际化水平的路径，取得了良好的效果。

1. 实施背景

自 2014 年江苏大学第三次党代会以来，学校始终把建设“高水平、有特色、国际化研究型大学”作为发展目标，并采取了一系列措施鼓励广大师生出国交流。据统计，近年来学校家庭经济困难学生占全校学生的比例一直保持在 20% 以上，如何更好地提升这部分学生的国际化能力，培养其国际化意识是学生资助育人工作面临的新挑战。《2016 年中国学生资助发展报告》提出，学生资助发展内涵由“保障型资助”向“发展型资助”转化，家庭经济困难学生国际化工作正贴合了这一要求。

2. 主要做法

（1）政策激励做指引

2012 年 12 月，学校出台《江苏大学学生留学交流经费资助管理办法（试行）》（以下简称《办法》），明确学校每年投入专项经费 500 万元，用于资助学生赴海外留学交流或参加出国类外语考试。此后，结合发展需求多次修订，最新版的修订稿于2020年4月出台，《办法》规定："凡是出国的学生，最低可享受到每人2000元的资助。"《办法》中明确，"获得国家励志奖学金、江苏大学励志之星等奖项、荣誉者，优先获得资助"，且资助标准高于其他学生。

（2）广泛宣传齐动员

自2013年起，学生工作处每年编印《江苏大学学生海外学习项目手册》免费发放给感兴趣的学生，每年定期开展留学、海外学习、出国外语类考试公益讲座、宣讲会50余场。利用学生喜爱的新媒体微信平台推送海外交流项目。发挥学院学生工作一线力量，通过分管学生工作副书记、资助育人工作辅导员与家庭经济困难学生进行沟通，了解他们对出国的看法，关心他们心中的顾虑，发掘其中有出国意向的学生，提供具体和针对性的指导，同时介绍学校对家庭经济困难学生出国的帮扶政策、学分互认规定等，免除这部分学生的后顾之忧，推动他们迈向国际的第一步。毕业于文学院汉语国际专业的张同学，家庭经济特别困难，学校、学院为他提供经济帮扶，解决了他的生活问题。考虑到他的专业特点及自身发展，学院老师积极动员他参加海外学习项目，开阔视野。经过学院和他的共同努力，张同学在大三时获得江苏省政府1万元奖学金资助，同时学校也提供1万元留学交流资助经费，让他有机会远赴美国哈佛大学、加州大学短期学习，圆了国外求学梦。如今，毕业后的他再次远渡重洋，去往美国哈佛大学继续深造。

（3）搭建平台促发展

对于学院梳理出的有出国意向的家庭经济困难学生，学生工作处安排他们免费参加学校语言文化中心开设的高质量的出国类外语培训，为后续出国创造更多更好的条件。不少家庭经济困难学生虽有出国意向，但在面临出国的具体选择方面，往往不知所措，学生工作处联合国际合作与交流处，为学生提供公益性指导，理性选择适合自己的项目。确定参与项目的学生，学校专门有工作人员对所需相关材料进行审核、把关。

（4）外部资源巧利用

学校有一群特殊的学生，他们受到江苏陶欣伯助学基金会"伯藜助学金"的资助，有机会免费去新加坡参加"伯藜—新加坡管理大学乡村创业课程"。对于江苏陶欣伯助学基金会提供的这一课程，学校高度重视，每年学员选拔之际，在受助学生中进行大力宣传，通过学院辅导员、伯藜学社指导老师对有创业意向的学生进行逐个梳理、谈话、动员，联系创业导师对学生的申报材料进行指导修改，联系专业培训机构为申报学生进行面试及日常英语培训。自2015年课程开设至2020年的5年中，学校分别有4名、8名、3名、3名、3名受助学生获得学习机会，参与人数在省内项目高校中名列前茅。

3. 取得的主要成效

（1）家庭经济困难学生海外交流人数增多、层次提升

通过政策指引和分类引导，我校海外交流学生人数显著增加，越来越多家庭经济困难学生参与其中，2015年、2016年、2017年、2018年、2019年、2020年分别资助经济困难学生20人、157人、153人、158人、149人、201人，资助经费分别为7.6万元、64.96万元、67.55万元、68.2万元、58.99万元、56.95万元。在学校给予经费资助后，他们对海外交流的项目品质关注度极大提升，乐于选择美国哈佛大学、加州大学伯克利分校、哥伦比亚大学，英国牛津大学、剑桥大学、帝国理工学院，以及新加坡国立大学等世界名校交流、深造，有效保证了海外学习的质量，对高端人才的培养起到了推动作用。

（2）学校资助育人体系不断完善

家庭经济困难学生国际化工作是顺应时代发展的，引导学生赴海外进行科学、技术、工程、语言、文化等方面的学习深造，有助于提升其综合素质与培养质量，是学校学生资助向“发展型”转变的有力措施，也是对原有经济帮扶为主导的“奖、助、贷、勤、补、减、免”七位一体资助体系的补充与完善，有力地促进了“扶智”与“扶志”的结合，为实现教育公平工作提供了保障。

案例三：以生为本，找准资助与育人紧密“结合点”

以生为本就是以服务家庭经济困难学生为本，物质上帮助学生，精神上培育学生，能力上锻炼学生，全面实现资助育人，规范、科学、务实、高效地开展资助育人工作。江苏大学结合国家资助政策体系的要求，有的放矢，精准发力，主要在以下4个方面找准资助与育人紧密“结合点”。

1. 实施背景

学生资助育人工作是“为人”的工作，也是“良心”工程，直接服务家庭经济困难学生。各项资助政策的落实是否到位，关系到家庭经济困难学生能否真正享有平等的教育机会和权利。学生资助育人工作者必须始终把学生利益

放在第一位，公平、公正地落实家庭经济困难学生认定、奖助学金评选等各项资助政策，对不同的受助群体进行针对性的指导，并及时给予帮助，帮助家庭经济困难学生树立正确的世界观、人生观、价值观，促使他们以健康的心态度过大学生活，顺利完成学业，确保资助育人取得实效。正因为如此，江苏大学坚持“以生为本”，通过分级、分类、分层的体系确定不同需求的学生，实行点对点服务、面对面帮扶，真正意义上做到资助与育人紧密结合，确保资助育人工作无盲点，资助效益最大化。

2. 主要做法

（1）针对贷款毕业生，开展诚信宣传教育

学校积极加强贷后管理工作，开展资助诚信教育主题活动。向应届贷款毕业生开展贷款诚信宣讲活动，提醒他们珍惜信用，督促他们及时还款；针对首次还款的毕业生，通过电话、QQ、微信、微博、信件等方式与他们一个个取得联系，告知首次还款时间；针对少数贷款逾期的往届毕业生，学校整理、分发了中国工商银行镇江中山支行和国家开发银行江苏分行提供的贷款逾期名单，由学生所在学院利用前期建立的贷款毕业生电子档案，与学生联系，进行还款提醒和诚信教育，学院联络不上的学生，由学校出面与生源地居委会或村委会联系，告知学生本人或家长贷款逾期情况，弄清逾期原因，提醒及时还款、维护个人信用。这一系列措施既加强了学生的诚信教育，培养了他们诚信做人的优良品格，也尽量确保了每一名贷款学生以后均有良好的信用记录。

（2）针对低年级学生，注重励志感恩教育

每年 3 月和 10 月，学校组织校级社会奖助学金的非毕业班学生开展“我给资助单位（个人）写封信”活动，每位同学在信中向资助单位（个人）汇报在校表现及学业成绩；组织受奖助学生参观、拜访资助单位及个人；在端午、中秋、春节等传统节日之前，提醒受助学生主动与资助单位或个人联系，送祝福，道感谢，培养学生感恩社会之心。大力挖掘、培育、宣传资助育人成才典型。开展“三星”（“励志之星”“义工之星”“勤工助学之星”）评选，给更多的家庭经济困难学生提供展示自己的舞台的同时，也为广大家庭经济困难学生提供了更多身边的榜样。每一年，学校都会将“三星”获奖同学的优秀事迹通过校报、校内橱窗、学校官方微信微博等线上线下的方式在全校师生中广泛宣传，营造良好的励志氛围。

（3）针对高年级学生，实施就业帮扶项目

学校采取了“全面梳理—分类帮扶—个性服务”的工作路径，由面及点，循序推进，盖边沉底，切实帮扶每一名就业困难的家庭经济困难毕业生顺利就业。如：通过加强学院家庭经济困难学生就业工作考核督促学院更加重视家庭经济困难学生就业工作（将困难学生就业率列入学院学生工作年终考核指标体系，要求各学院家庭经济困难学生就业率不低于本学院平均就业率）；通过多种形式的职业技能培训提高家庭经济困难学生的就业能力；通过广泛拓展就业途径，在不同时期举行不同类别的就业市场为他们提供就业机会；通过就业定向帮扶提高困难学生的就业成功率等。

（4）针对不同受助群体，开展不同的特色资助育人工作，全面实现精准资助

一是“特困学生住院医疗费用补助”。为更好地帮扶住院的特困学生，2002 年开始，学校设立了特困学生住院医疗经费补助基金。特困学生因病住院后，所产生的符合报销范围的医疗费用，在社保局按规定报销的同时，学校给予适当的补助，所需经费在基金中列支。2002 年以来，共有 104 名学生得到基金补助，共获补助金超 100 万元。二是“给我一个家”。为更好地帮扶孤儿学生，2005 年，学校启动“给我一个家”项目，富有爱心的离退休老教师与孤儿学生结成对子，给予帮扶对象心理、学业上的指导，同时还给他们每月 300 元的生活补助。项目启动以来的 16 年中，共有 104 名学生受到帮扶。三是“助学江大”学习计划。为更好地给家庭经济困难学生提供考研、各类考证、驾校优惠或免费培训，自 2015 年起，学校启动“助学江大”学习计划。2017 年和镇江文旅集团合作，为家庭经济困难学生免费办理镇江市旅游年卡，共有 2250 名家庭经济困难学生获益，优惠 14. 63 万元。

3. 取得的主要成效

（1）规范化、精准化程度提高，项目化、系统化风格凸显

通过对学校内不同受助群体开展分层次、全方面、个性化的教育活动和项目实施，校内家庭经济困难学生获得了应有的资助，助学贷款及时、规范，特困学生、孤儿学生资助育人工作精准到位，就业困难学生的帮扶工作全面有效，各项资助帮扶工作不脱节，真真正正地落实到每一环所需之处。同时，“特困学生住院医疗费用补助”“给我一个家”“助学江大”学习计划等项目的

开展，使得学校资助育人工作体现出科学化、系统化的特征。对贷款毕业生、低年级和高年级的针对性教育活动也在学校范围内营造了诚信资助、立志成才、感恩回馈的良好氛围和积极态势。

（2）资助与育人紧密结合，不断完善，成绩获多方肯定

高校学生资助育人工作关系到教育公平和社会公平，政治责任巨大。学校始终把实现好、维护好、发展好家庭经济困难学生的根本利益作为出发点和落脚点，将对学生的资助与育人紧密结合，以育人励志为根本，以提高受助学生自身素质为主线，以服务学生成才成长为基点，以培养学生的综合素质为目标，大力开展资助体系的研究与实践。通过努力，学校连续 10 年获评江苏省高校学生资助育人工作绩效评价“优秀”，学校培养出一大批好学上进、自立自强、德才兼备的优秀大学生，《中国教育报》、江苏省教育厅网站等多家媒体对我校的学生资助育人工作进行了专题报道，产生了良好的社会影响。

案例四：把握防疫需求，实施“五大暖心举措”

疫情期间，江苏大学对家庭经济困难学生的资助育人工作从未停歇，将资助和防疫并重，采取一系列行之有效的措施，精准发力助推“三全育人”资助育人工作深入开展。

1. 实施背景

2020 年是全面脱贫攻坚年，新冠肺炎疫情发生后，高校家庭经济困难学生的基本学习和生活需求如何得到保障，考验着各个高校资助工作者。江苏大学立足“三全育人”视角，分析疫情背景下的高校资助工作，如何在抗疫期间摸排因疫致困学生并给予精准施助，实现物质资助与学业教育、心理健康、就业资助等相结合是高校面临的重要课题。

2. 主要做法

（1）资金精准发放，设立应对疫情专项资助

疫情暴发后，江苏大学启动应对疫情应急资助工作，出台《关于应对新型冠状病毒感染肺炎疫情应急资助工作的通知》，密切关注疫情对学生家庭经济状况、学习生活成本等方面的影响，积极资助有需求的学生，为抗“疫”助力。

（2）发挥全员育人优势，助力受助学生线上课程

为切实保障家庭经济困难学生安心居家抗“疫”和参与网络学习，学校从

2020 年 2 月 10 日起，着手联系网络运营商为家庭经济困难学生解决上网课的流量问题，为家庭经济困难学生和有相关需求的学生用户赠送流量；同时为少数特别困难学生寄送电脑、书籍、复习资料等学习物资，解决硬件问题；对在西藏、贵州、云南等偏远山区的学生，由于当地信号问题造成的无法正常上网课的情况，协调任课教师、辅导员，采取通过电子邮件发送课件、试题，电话及时联系讲解的方式，确保每一个同学都能跟上学习进度，不因疫情影响学业。

（3）准确把握时机，培养受助学生爱国主义、感恩励志教育

结合学生专业优势，江苏大学以大学生勤工助学服务中心和伯藜学社等资助类学生社团为工作抓手，分别推出“抗疫”资助海报创作展、“我为武汉加油”受助学生活动、“疫绘影——疫情下的生活点滴”主题作品征集活动、“致一线人员的一封信”、“武汉加油之以字传情、以声传情、述事显爱、借画表心”系列活动等，弘扬大爱精神，激发受助学生爱国情怀，以生动的形式、用艺术的力量助力打赢疫情防控阻击战，向英勇奋战在一线的人们致敬。

抗击疫情期间，学校通过微信公众号进行抗疫知识宣传、英雄事迹报道及感恩意识培养，受助学子深受感染，自发走进社区、走向村口，主动参与测量体温、消毒、出入登记、张贴防疫宣传标语等志愿服务活动。新疆小伙阿卜在家乡社区做志愿服务、研究生阳阳同学为奔赴湖北疫情防控第一线的医务人员未成年子女提供一对一课业辅导等，他们以实际行动助力基层疫情防控工作，传递爱与担当。

结合形势，学校出台《关于新冠肺炎防疫期间组织开展本科生线上勤工助学工作的通知》，积极保障学生基本生活需求，主动推出疫情期间线上勤工助学岗位，解决家庭经济困难学生的燃眉之急，充分发挥勤工助学的育人功能。

（4）搭建平台，实施困难学生心理帮扶

邀请学校心理咨询师与受疫情影响较大的困难学生群体连线，面对面讲解心理健康知识，宣传求助通道，并在线答疑解惑。通过“私人订制”等模式，开展师生面对面的舒心指导活动。以疫情期的心理调适、生命教育、挫折教育、春季心理健康知识普及为活动内容，以“图文征集”“线上手语操”“线上知识竞赛”“空中讲堂”为活动形式，引导学生在疫情期学会合理缓解压力，提高调适能力，调动内外资源，获得成长动力，共克时艰。

（5）拓宽思路，提升困难学生就创业能力

与就业指导服务中心联动，开展线上招聘会、空中宣讲会，通过全员动员，多渠道、全方位为困难学生提供指导与帮助，充分挖掘校友、行业企业等社会资源，做到个性服务、精准帮扶，并建立工作台账，定期跟踪每个建档对象的求职择业进展情况，会同学院优化帮扶举措，务求帮扶实效。土木工程与力学学院即将毕业的孙同学说："大学毕业在即，又是在疫情期间，就业成为我们困难生面临的一大难题，没有好的就业资源，没有社会人脉，不能跑招聘会面试，在我们最迷茫的时候，学校帮我们牵线搭桥、找资源、找人脉，在线上有针对性地一对一指导我们就业，给我们解了燃眉之急。"

3. 主要成效

疫情期间，学校为126名湖北籍家庭经济困难学生发放校级临时困难补助和爱心校友资助共20.47万元，为151名湖北籍家庭经济困难学生及疫情期间产生临时困难的学生发放院级临时困难补助8.84万元；累计为4610名家庭经济困难学生和有相关需求的学生用户赠送流量；推出疫情期间线上勤工助学岗位共计700个，发放报酬29.4万元。

江苏大学资助育人工作不断开拓创新，结合新形势下家庭经济困难学生的个性需求，有针对性地提高受助学生自我发展能力，形成对家庭经济困难学生提供物质帮扶、智力支持、能力培养的三位一体支撑，真正做到"资助"与"育人"的深度融合。

二、江苏大学资助育人榜样宣传

一个好的典型就是一面旗帜。优秀的青年学子对自己的各个方面都有着严格的要求，他们的激情和执着、他们的经历和事迹，具有很强的示范性和引领性；分享他们荣耀背后的成长足迹，展现这些获奖者的奋斗历程，广泛交流他们的成长心得，能让更多的学生鲜明地感受到身边这些可亲、可信、可学的榜样，使更多的学生行有楷模、为有目标。

近年来，江苏大学涌现出一批又一批榜样学子。他们有的潜心创造，引领中小学生体验科学之美，并积极反哺母校；有的无私奉献，懂得感恩，将爱心传递；有的不忘初心，扎根基层，用心和行动服务人民。他们不畏艰难，不断努力，奋勇拼搏，铸就了美好的未来，学校见证了他们的成长，为他们感到自豪和骄傲。

习近平总书记强调，青年最富有朝气、最富有梦想，青年兴则国家兴，青年强则国家强①。面向未来，资助育人工作应进一步关注青年愿望、帮助青年发展，不仅有义务为青年学习生活搭建更广阔的舞台，更有责任为青年铸就梦想创造更有利的条件。让每一个学生明白，通过努力可以实现理想，通过奋斗可以成为栋梁，自觉为实现“中国梦”而努力拼搏，成为有理想、有担当的一代新青年。

榜样一：“丽”经磨难读懂生命，“娜”样芬芳致敬青春

丽娜（化名），江苏大学食品与生物工程学院食品质量与安全专业2015届毕业生、食品科学与工程专业2018届硕士毕业生，目前博士在读。她学习刻苦，表现优异，执着坚强，敢于追梦，获评校第三届“感动江大”人物提名奖、中国大学生“自强之星”。

“珍惜活着的时间，让生命变得更有价值”是丽娜对生命深层的感悟。她用坚强和自信展现了生命的可贵和梦想的力量，启示浮躁或迷惘的人们感恩生命，珍惜时间，不忘初心，继续前进！

校园里热情活泼的公益达人

2011年9月，刚刚步入大学的丽娜参加了多个学生组织，畅意书写青春。在食生学院青志协，她常随学长学姐去社区做义工，教老人辨别食品质量好坏的办法，也常去中小学做志愿者，用所学技艺帮助小朋友制作美食。在校学生会文艺部，她参与策划组织了“江大排行榜”歌手大赛、“江大星期六”周末灯光球场晚会等校园知名活动，为校园学子奉送了多场“娱乐大餐”。两年里，丽娜组织了“校园交通绿色行”“同一片蓝天，同一样明天”“爱粮·节粮·惜粮”等公益活动。

生病复学后，她不忘公益，身体力行参加学校活动，录制了“看见大市口”电视节目，策划了“长点心，谨防诈骗”活动，举行“感恩生命，珍惜时间”讲座，鼓励学弟学妹们珍惜时光，活出生命的价值，用自强奋进诠释无悔的青春。这些活动被《新华日报》《江苏工人报》等媒体转载，在学校内外受到广泛关注。拥有乐观开朗性格和执着上进品质的她，受到周围老师和同学

① 习近平：《青年兴则国家兴 青年强则国家强》，《新京报》，2013年5月5日。

们的一致好评。

病房中与病魔顽强斗争的“战士”

2013 年 8 月底，打算返校的丽娜高兴地与母亲购置新学期的用品，但在试衣时发现身上莫名布满了血点。厄运常常在不经意间降临。在内蒙古医科大学附属医院检查后，血液科主任告诉她患上了白血病，只能活两个月，磨难如骤雨般袭来。骨穿、化疗、抽骨髓……每一次的治疗，都让她的生命在鬼门关前徘徊。她常常夜里疼醒，望着路灯投射到房顶的泛黄灯光，感叹生命脆弱。一张又一张的病危通知书宣告着她与死神之间的拉锯。

“病区里不时有人永远走了……但是我相信自己能好。我能挺下去!”丽娜一遍遍地安慰自己和家人。谁也不曾想到，这位柔弱的女孩与急性 B 淋巴细胞白血病足足抗争了两年。命运喜欢眷顾顽强的人，两年过去了，这个与病魔顽强斗争的勇敢战士，坚强地活了下来，打破了医生的预言，创造了生命的奇迹。

逆境下再次华丽起航的“水手”

苦难是人生真正的试金石。与死神的擦肩而过让丽娜懂得人生的意义和价值。丽娜出生于一个农村家庭，主要经济来源为其父亲常年在外打工，母亲由于身体原因没有工作，也没有任何收入，学校、学院考虑她的家庭情况和身体状况，积极为她提供助学金支持，学校、学院、老师及同学的爱心接力，让她内心深处坚定了完成学业的信心，触发了她对校园生活的深深眷恋。休学的两年里，她身体非常虚弱，但求学的意愿却越来越强烈。她说：“在医院的时候，校园的一草一木让我魂牵梦绕，似乎呼唤我赶快回来!”

在丽娜的坚持下，母亲陪她回到了心心念念的校园。尽管复学了，但白血病对患者生活条件要求很高，学校为此专门给她破例申请了一间单身公寓，并帮她减免了部分住宿费。学工处和学院为其办理了助学贷款和其他资助，在住宿上、医药费报销等方面尽了最大帮扶。处在康复期的身体经常出现飞蚊症、皮肤炎等排异症状，提醒她病魔尚未远去。求学的意志战胜了身体的痛苦。她认真完成老师布置的作业，找课件自学落下的课程，向同学请教不会的问题。学校老师和同学们的爱心接力成为她求学路上的坚实后盾，书香和草药味常常混合在一起，成为她复学生活的调味剂。复学第一学期结束，成绩全部通过。第二学期，尽管肺部感染，但丽娜学习劲头不减，成绩排到了专业 57 人中的第 15 名！在生命波谲云诡的大海上，这位勇敢的水手再次起航！

希冀上不忘初心矢志攀登的“背包客”

活着，就应该点亮人生。读研深造正是埋藏在她心底的灯光。这束灯光曾一度消逝，但此刻逐渐明亮。几经考虑，丽娜选择报考江苏大学的研究生。对她而言，读研不仅是一场考试，更是增强本领、感恩母校、回报社会的一颗初心。丽娜把希望、顽强还有信心打包背在身上，像矢志攀登的背包客一样，不停前行。尽管长时间复习使她双眼干燥酸痛，手指常常被冻得通红僵硬，但是她永记初心，无怨无悔。台灯下的埋头苦学记录了她努力的痕迹。“老师，考研成绩出来了，我的分数是 364 分！”她按捺不住激动的心情，急切地把这条信息发给关心自己的老师。高分是她用默默坚持、不懈奋斗浇灌出的花朵。

丽娜如凤凰般涅槃重生的事迹在师生间口耳相传。戴着口罩、背着书包的她往返于宿舍、教室、食堂，自信而淡然。她曾任学院青年志愿者协会部长，先后荣获校三等奖学金、校优秀青年志愿者、院优秀共青团干部等荣誉，用自己的坚毅品格为身边的大学生撑起了一个伟岸“标杆”。目前，“向丽娜同学学习”的热潮，正在学院、学校形成，她的事迹鞭策同学们不忘使命，拼搏奋进。“她从不以康复病人为借口，放松学习”，这是同学们对她作的最多的评价。这种学习的毅力和逐梦的劲头，潜移默化地影响着周围的同学。两年来，丽娜所在学院“低头族”少了，“游戏族”不见了，“比学赶帮超”氛围日渐浓厚，平均学分绩点和考研率在全校理工科学院中名列前茅。

榜样二：梦想在心中点燃，创业在脚下实现

阳阳（化名），江苏大学材料科学与工程学院 2016 届毕业生，现任河南轻松农业科技有限公司创始人兼 CEO，获得过来自伯藜创投和五位哈佛陶学者的投资，及“创赢未来 2017 金水区大学生创业资助项目选拔赛”成长组三等奖。

阳阳，来自河南农村的实干家。他的创业项目是通过植保无人机为切入点，促进高新农业科技在农村的落地转化，让农业更智慧，让农民更轻松。

一场大火埋下的商业种子

少年时见到村民在田间焚烧秸秆，那熊熊大火使他扼腕叹息——既污染空气又浪费资源。然而这也成了他人生转折的开始，商业的种子自此在心中悄然生长。那时起，阳阳开始关注有关节能气化炉及其商业推广的书籍资料，期待日后能将秸秆变废为宝，把秸秆转化成清洁的燃气。

一项资助带来的人生蜕变

2012 年 9 月，阳阳成了江苏大学一员，面对即将开展的大学生活，阳阳既期待又紧张。大学意味着更广阔的天地，但家中拮据的经济情况又为这层喜悦蒙上了阴影。了解到他的情况，学院、学校老师为他送去了温暖，给他评定国家助学金，帮助他解决生活问题，鼓励他申请江苏陶欣伯助学基金会在江苏大学设立的“伯藜助学金”。大一学年结束，阳阳和团队成员凭借“秸秆气化炉在农村的推广”项目在陶欣伯助学基金会的创业计划大赛中获得第二名。为了锻炼自我同时改善经济条件，他组织同学进行电脑团购、线上（淘宝）线下（体验店）卖电脑耗材，还做过中介卖过自行车。抱着为大学生解决“占座”问题的初衷和几位朋友成立了镇江占座宝信息技术有限公司，担任运营总监，占座宝应用覆盖粉丝超过 10 万、服务覆盖 30 余所高校。

2015 年春天，恰逢陶欣伯助学基金会开设第一期“伯藜—新加坡管理大学乡村创业课程”，阳阳意识到这是难得的机会，他积极争取，认真准备申请材料，成功通过初选、全英文面试，最终获得了暑期去新加坡免费学习的机会。根据所学内容，在深入研究了品牌商的各种需求，对大学生这一群体进行了细致地调查分析后，阳阳决定做一家聚焦于大学市场的品牌特卖平台——巅峰购。巅峰购得到了来自伯藜创投、凯普斯投资中心的支持，顺利拿到了 100 万元的天使投资，和凤凰牌自行车、必然眼镜、雷克斯等多家公司达成合作，在江苏 20 多所高校进行试点，并在江苏大学率先试点了巅峰购线下体验店。

一份感恩续写的创业篇章

作为农民的孩子，阳阳骨子里对家乡和农村广袤土地的热爱是无法割舍的。大学期间受到多方温情关怀的阳阳毕业后，带着一颗对国家、学校与社会的感恩之心，毅然决定扎根农村，反哺乡邻。

因参与共青团江苏省委举办的双创训练营而了解到植保无人机的研发工作，农家出身的阳阳深切地明白植保无人机对于促进土地大规模流转的重要性，同时他也对家乡几乎没有无人机的现状感到痛心。阳阳和老师、投资人沟通后，决定回乡创业，成立河南轻松农业科技有限公司，来促进以植保无人机为代表的高新农业科技在农村一线的落地转化。

阳阳找到南京航空航天大学做植保无人机研发的团队，拿下了河南的区域代理，在家乡驻马店开始了植保无人机的推广销售。从为种植大户提供植保无人机开始，提升农民对植保无人机的认知，到慢慢让当地人认识到植保无人机的优势并逐渐接受。通过伯藜创投创业孵化器 CEO 钱琼炜老师的帮助，阳阳顺利获得了来自伯藜创投和五位哈佛陶学者的投资，并获得了“创赢未来 2017 金水区大学生创业资助项目选拔赛”成长组三等奖与 10 万元奖金，创业事迹还得到河南新闻联播报道。

虽出身寒门，但家庭背景并没有阻碍阳阳的进步。他一路负重前行，珍惜来自各方的资助与支持，在创业路上披荆斩棘，回报家乡与社会，为众多境遇类似的学生树立了榜样，成为励志楷模。

榜样三：不忘初心，扎根基层

小朗（化名），江苏大学管理学院 2015 届毕业生。毕业后参加公务员考试，被录取到西藏山南市扎囊县人民法院民事审判庭担任书记员，2017 年 10 月转岗到西藏山南市扎囊县人民法院任执行局执行员。

留在家乡，扎根基层，是小朗不懈的奋斗目标。

北宋文学家宋祁有名言：“夫民，国之基也。五仞之墙，所以不毁，基厚也，所以毁，基薄也。”小朗在最平凡的土地上，在最平凡的岗位上，为国家稳固基石、推动富强，为实现中华民族伟大复兴的中国梦贡献着自己的力量。虽然自己很平凡，但他始终在基层的沃土上播种希望，在认真完成一件件平凡但不平庸的工作，充实自己的人生，以优异的成绩回报党和政府的培养，以更加坚定的信念扎根基层，全心全意为人民服务。

“给我一个家”使他坚强

小朗出生在西藏拉萨市，从小就失去了双亲的他与妹妹相依为命。小朗曾先后就读于城关区吉崩岗小学、绍兴西藏民族中学、湖南岳阳一中。2011 年 9 月，这位藏族小伙独行千里，来到江苏大学，在辅导员老师的鼓励和帮助下得到了来自学校和国家的资助。在江苏大学针对孤儿学生而举办的“给我一个家”活动中，他拥有了一个“帮扶家庭”。这个新家给他带来了很多温暖，让他获得了简单而又纯粹的家人的爱，体会到了爷爷奶奶的善良宽厚。“给我一个家”让他获得的不仅是经济上的资助，更是给予了他面对困难的勇气与信心！每逢佳节，爷爷奶奶都会邀请小朗去家里做客，了解他的学习、生活等情况，他们还会介绍一些优秀的学生干部让小朗认识，从这些学生干部身上得到一些智慧和帮助。他的生活压力逐渐减轻，每天受到来自这个家的爱的滋润而成长。他不断蓄积生命的力量，只为有朝一日梦想的实现。

大学四年助他蜕变

特殊的家庭情况并没有磨灭这个少年的意志，他虽然基础薄弱，但凭着勤奋好学的品质和对生活的热爱，他对自己的人生做出了长远的规划与打算，这也使得他少了很多迷茫，拥有了更广阔的学习生活圈，生活的层次渐渐丰富。在江苏大学的四年里，小朗的智慧背囊是身边的同学。他以一颗细微而又谦虚的心，不断地从身边的同学汲取智慧，累积力量，丰富自己，从而获得了一份成熟和率真。从同学们对待生活积极乐观的心态中，小朗体会到：对于生活的磨难，人都应该秉持坚强乐观的心态去面对，这是战胜磨难的前提；同学们对梦想的执着与坚持，在小朗心中树立起了一面旗帜，引领着他，使他更加坚定地不断挑战自己，不懈地走向人生的理想；作为一个背井离乡前来求学的学子，小朗看到的是和他一样满怀热情、渴望强大与独立的同学，远离自己的家人到异地求学，寻求真理与知识的提高，这些大大小小的事件不断激发小朗，他要求自己一定要学有所成，回报生他养他的故乡。

扎根基层伴他前行

工作以来，小朗在深刻体会到基层工作不易的同时，也深切感受到了基层工作的快乐。基层工作是和群众打交道，是与群众切身利益相关的民生工作。小朗脚踏实地，一步一个脚印地用自己的行动践行着党的群众路线政策。2016年参加法官学院岗前培训、法院信息化建设培训，2017 年参加法官学院法院系统信息化培训并被授予“扎囊县年度优秀公务员”称号。2018 年他被抽调到山南市交叉巡查组，同年担任编剧并以演员的身份参与拍摄全区法院第一部执行微电影《猎赖》。该影片的灵感源于他平日的工作，是他平时工作的真实展现。扎根基层的三年，与群众的相处更加和谐，为人处世的方式方法更加成熟，他的业务水平有了很大的提高。他时刻明白，要做好基层工作应该有不怕艰难险阻的精神，更加明晰了“基层磨炼人，基层培养人，基层成长人”这简单而又深刻的道理。如今，小朗已经深深地爱上了基层工作。他觉得自己本来就是家乡的一分子，在毕业后回到家乡服务人民，这是他的理想，也是他的归宿。

榜样四：励学励志，开启诗意人生

麦麦提（化名），江苏大学电气信息工程学院 2016 届毕业生。第四届中国诗歌节最小的诗人，获第三届西部文学奖·诗歌奖和《民族文学》2014 年度奖。

他从新疆的农村走来，借助党和国家建设新疆的东风，2008 年 9 月，幸运地成为 5000 多名新疆内地高中班的一员，来到北京市通州区潞河中学学习。从此麦麦提与汉语结下不解之缘，开启了一段诗意人生。

迈出梦想旅途的第一步

高中期间，小荷已露尖尖角。经过两年的汉语学习和多年的文学积淀，麦麦提在高中开始了汉语的诗歌创作。2012 年 2 月，他的第一本汉语诗集《返回》出版发行，这是他在文学创作道路上迈出的第一步。

勇闯逐梦途中的每一步

2012 年 9 月，麦麦提以优异的成绩考入江苏大学。作为一个纯正的理科学生，日常的学习基本与文学脱节，他唯有用自己的刻苦付出来弥补这一缺憾。因此在完成基本的学习任务后，他整天泡在图书馆，一泡就是十几个小时，为自己的文学梦想奋斗。在江苏大学学习的四年里，他始终是一个自强不息的学生，在获得国家助学金的基础上，麦麦提还坚持在大一、大二时参加勤工助学，靠自己解决基本的生活费；努力创作和翻译，用挣来的稿费交学费，没有增加身为农民的父母的负担。读大三时，他找学院领导告诉他们出版诗集的梦想。院领导高度重视并大力支持，想方设法为他解决了 2 万多元的出版资金，2016 年 9 月，他的第二本诗集《终结的玫瑰》由国家一级出版社中国文史出版社出版发行，圆了麦麦提在大学期间出版一部诗集的梦想。

此后，麦麦提以年龄最小的诗人身份应邀参加了由文化部、中国作协、四川省人民政府主办的第四届中国诗歌节；获得第三届西部文学奖·诗歌奖和《民族文学》2014 年度奖。在江大期间，他还自觉担负起了文化使者的责任。为了使全国读者对新疆和新疆文学有更深刻更清晰的理解，在自我创作之余，麦麦提还同时进行着新疆文学的翻译工作。他在《民族文学》《西部》《民族文汇》等刊物和自办的“太阳诗社”微信公众号上发表翻译作品，将一批新疆诗人第一次介绍给全国读者。大学 4 年时间里，麦麦提翻译并出版了《无人：帕思安诗选》（北京燕山出版社）；完成了诗集《燃烧的麦穗》《来自黑夜的人》和长篇小说《潮》的翻译。

跨越失意向前续一步

大四时麦麦提考研落榜，毕业后回乡再战再次落榜。两次考研落榜并没有使他灰心丧气，相反，他拿出了更足的拼劲。他及时进行了目标的调整，先进行工作，安排好生活后再战。于是他与乌鲁木齐相遇，与新疆作协相遇。如今的他就职于新疆作家协会，成了一名文字工作者，再续他的诗意生活。

面对贫寒家境时他不自卑怯懦，自立自强改变自己的命运；为了自己的文学梦想他不怕苦累，加倍努力抓紧一切机会向理想彼岸飞奔；看到了希望的曙光以后他没有洋洋自得，而是心系家乡成为文化使者。麦麦提用自己的亲身经历谱写了一首闪光的诗，字里行间全是不卑不亢战胜困境的果决与不轻易放弃的坚韧。

榜样五：将生活谱成一首歌

蓉蓉（化名），江苏大学土木工程与力学学院2020届毕业生。曾获江苏大学学习优秀奖学金三等奖，获江苏大学优秀团员、江苏大学校优秀学生干部、江苏大学2017年大学生暑期“三下乡”社会实践活动先进个人、土木工程与力学学院优秀部长等荣誉称号。

坚韧理智，不断蜕变

蓉蓉从小就没有母亲，后来父亲又离开了，蓉蓉变成了一个人，她下定决心做能令父亲骄傲的女儿。她兴趣广泛，知识面广，学习成绩突出，年年都被评为“三好学生”，家里的墙上贴满了她的奖状。她懂得感恩，生活节俭，从不舍得浪费一张纸，所有本子都是正反面写满。坚韧不拔的她，顺利地考上了江苏大学，交给了自己一份满意的答卷。

初入大学，尽管有大伯的关爱，但是蓉蓉还是为大学期间的开支感到担忧。幸运的是，学校在了解蓉蓉的情况后，为她办理了学费减免，减轻蓉蓉家庭负担的同时也为她的家庭降低了一定的负担。同时，在学院推荐下，她参与了“给我一个家”项目，与退休教师孙老师结成“一个家”，每个月孙老师都会关心她在学习、生活中是否遇到困难，并且通过自己的经历给予指导和建议。蓉蓉说：“孙老师是位很温暖、很亲切的家长，每次见面都会有所收获，使我坚定前进的方向，充满自信地面对学习和生活。”她时刻谨记孙老师的教诲，努力攻克自己学习上的不足，时刻督促自己要严谨自律，她也一直保留着晚自习的习惯，一有时间就在图书馆或者是自习教室学习，成绩也慢慢得到提升，通过了英语四六级和计算机二级的考试，从专业十几名到第四名。

梦想起航，心在飞扬

蓉蓉在大学期间一直担任班干部，勤勤恳恳地服务于同学，得到了老师和同学们的一致好评。班委工作上的成功更加鼓励了原本不善言谈的蓉蓉，后来她成为一名青志协志愿者，定期看望老人，做社区儿童的家教，热心做着简单的志愿活动；自荐担任院级创新创业协会副会长，协助老师开展部门工作。

在此基础上，蓉蓉在辅导员的鼓励下参与并幸运地通过“伯藜助学金”的面试，成为一名陶学子，她在伯藜学社里学习陶学子的态度、感悟陶爷爷的精神。一次偶然的机会，她得知学社负责人团队需要帮手，毫不犹豫地联系社长争取机会，想为学社做些力所能及地事，贡献自己微薄的力量。她用很短的时间融入负责人团队、熟悉新的部门工作，始终牢记“件件有着落，事事有回应”，协助社团工作稳定开展。此外，在陶学子的共同努力下，从收取书籍、汇总编号、组装书柜，最终完成了学社图书角的设立。经过了一年的社团工作，蓉蓉逐渐适应社团工作，并且爱上了与陶学子相处的时光，于是她决定继续做社团工作，成功竞选成为社长。面对社团新的改革，她敢挑重担，与负责人团队同心协力，将老师的指导意见与陶学子的反馈相结合，用较强的执行力推进工作，分社顺利成立、制度初见模样、活动有声有色开展……学社各项工作都稳中有进。

有很多人问她：“你怎么走得那么快?”她会说：“接下来还有事情，再见。”一个人，习惯了自习教室的安静，习惯了教室前排的严肃，也习惯了工作策划等的反复修改打磨。不为别的，只想成为最好的自己。

成长作曲，生活成歌

作为工程管理专业的学生，蓉蓉深知只有夯实好专业知识，才能更好地衔接实践。她主动联系专业老师参与科研项目和专业竞赛，和项目成员一起刻苦钻研，对项目反复打磨，取得了江苏省大学生工程管理竞赛三等奖的成绩，一项发明专利被受理，江苏省大学生创新创业训练计划项目顺利结题验收。蓉蓉回忆大三的生活，全身心地投入到学习和工作这两件事情中，生活简单却也无比充实，更值得令她开心和满足的是收获满满。

大学里太多的选择，来不得犹豫，学会舍得，才能找到适合自己的方向。穿过人潮，目标坚定，每一步都走得很踏实，知道下一步该做什么，终究会如愿为大学的时光画上一个圆满的句号。面对大学毕业的岔路口，蓉蓉理性分析，顺利进入一家国企单位，面试到了专业对口的岗位，开启了人生的下一个征程。

喜欢摇滚肆意的自我态度，喜欢民谣如诗般的简单温馨，喜欢流行音乐的自由随性。希望生活如歌，因为每一个音符都有它的价值，她，把生活过成了一首歌。

三、 江苏大学资助育人回馈典型

人生之路没有一帆风顺，在漫漫人生路上，总会遇到各种困难，充满各种各样的挑战。有困难挑战就会有解决困难挑战的方法。困难和挑战，像弹簧，你强它就弱，你弱它就强。困难和挑战，让我们更加努力去探求解决它的方法，让我们的头脑变得更加清醒，让我们变得更加坚强，让我们变得更加团结。对于家庭经济困难学生而言，资助政策像一股春风拂去他们脸上的愁痕，温暖着他们的心田；又像一场春雨滋润着他们这块缺水的土壤，安抚着他们这些正在生长的嫩芽。资助育人政策助力家庭经济困难学生顺利地入学并完成学业，完成了他们的大学梦！

在新的时代背景之下，未来的社会发展需要的是人品与相关学识和技能都过关的精英人才，而感恩意识就是良好的人品中非常重要的一点。究其根本来说，感恩不仅仅是一种理念，更是人在不断发展过程中的一种良好品质，是未来社会人才所必备的一个重要素质。大学生是推动社会发展的主力军，是实现中华民族伟大复兴中国梦的重要力量。高校开展感恩教育，培育学生养成感恩情感，激发他们对美好事物的追求，让他们能够主动思考、实践人性中的善良和爱。增强大学生的感恩意识，提升他们的道德修养，全面发展大学生的素质，为国家培养出更多的优秀人才，方能促进国家发展，提升国际竞争力。

在党和政府的资助政策领导下，江苏大学涌现了一批受助学生回馈学校、回报社会的典型榜样。他们有的热心于志愿服务，用自己的爱心和学识去帮助偏远地区的孩子，毕业后入选西部计划，用实际行动践行自己的承诺；有的留校做辅导员，将立德树人根本任务落实到底；有的出国深造也不忘回馈母校，为母校的学子提供了去全球顶尖学府学习交流的机会。相信在优秀学子的不断回馈下，社会和学校必将充满爱的芬芳。

典型一：从“自强之星”到“志愿天使”

她，来自周总理故乡江苏省淮安市的一个小村庄，虽家境贫寒，但立志成为一名“心怀家国情，胸有鸿鹄志”的优秀青年。她，是因爱心而凌寒盛开的一朵梅花，是用爱心播种一片春天的爱心天使。她，就是江苏大学教师教育学院 2017 级硕士研究生——小霞（化名）。

小霞，江苏大学教师教育学院教育技术学（师范）专业 2017 届毕业生，教育学专业 2020 届硕士毕业生。曾担任江苏省教育学研究生学术联盟理事、院研究生会主席等多项职务。先后参加西部支教、国际志愿者项目，毕业时她选择再次投身西部计划，奔赴新疆生产建设兵团继续志愿服务事业。先后获中国大学生自强之星、江苏大学暑期“三下乡”社会实践活动先进个人、门源县优秀支教生、门源县第三初级中学教学竞赛优秀奖、门源县第三初级中学先进教育工作者、江苏大学十佳青年学生提名奖、江苏大学优秀毕业研究生等荣誉称号。

一朵凌寒盛开的梅花

小霞的父祖辈都是普通农民，奶奶年迈多病，母亲又患有眩晕症，一家的生活重担都压在父亲一个人身上。家庭经济来源单一，生活拮据，还要供养她和弟弟两人上学读书。

从艰辛中一路走来，小霞深知生活不易，她从小就自律自强，凭借一贯的热忱和勤奋，终于成为村里第一名女大学生、女硕士研究生。为了减轻家庭负担，读书期间她做过多种兼职：家庭教师、传单员、导购员、促销员等。经历一次次的披星戴月，面对一次次的雨横风狂，她都没有气馁，没有退缩，而是把这些困难当作鼓励自己前进的动力。

她勤奋学习，积极参加各类校园文化活动，着力提升自身综合素质。几年间，从江苏大学暑期“三下乡”社会实践活动先进个人到江苏大学百优青年学生、江苏大学“耶鲁讲堂”优秀学员；从江苏大学三等学业奖学金到一等学业奖学金、国家奖学金、国家励志奖学金获得者；从青年志愿者协会干事到学院学生科协主席、研究生会主席、省教育学研究生学术联盟理事；从院三好学生到校三好学生、校励志之星、2018 年度中国大学生自强之星；从江苏大学优秀研究生干部到江苏大学优秀研究生标兵、江苏大学优秀毕业研究生……这一路，她努力成为更好的自己。

2012年，江苏陶欣伯助学基金会开始在江苏大学设立资助项目，小霞有幸成为学校第一批“陶学子”。也因此，她给自己一个青春约定：受人资助，我是公益的受益者；同时，我更要做公益的传播者。

用爱心播种一片春天

感恩社会，初为公益事业。大学期间，她开始担任社会职务，用自己的行动去服务、影响周围的人：作为江苏大学伯藜学社活动部首任部长，多次组织进社区服务空巢老人、进养老院看望孤寡老人等公益活动；参加学院青年志愿者协会，为西部募捐活动和“地球一小时”环保活动发声；先后担任校、院级研究生助理，为广大同学答疑解惑，解决生活困难，做好同学们的朋辈引路人。

明确志向，参与西部支教。本科毕业，她开启了人生的第一次远征。当看到《中国青年志愿者第十八届研究生支教团招募通知》时，她对自己的青春约定有了更加坚定而具体的答案——到西部去，到基层去，到祖国最需要的地方去。凭借出色的表现，她顺利成为江苏大学研究生支教团的一员，前往青海省门源县浩门镇第三初级中学支教一年。支教时，高原反应让一向身体素质良好的她被一次小小的感冒折磨了几个月，但她依然咬牙坚持，先后担任七年级两个班英语、八年级两个班语文教学工作，并兼任一个班的副班主任。她不仅是新手教师中听课最多的人，也是听课反思记录本用得最快的人。她所教的班级平均成绩排名始终位于年级前列，她指导的两名学生在青海省首届初中生英语阅读大赛（七年级组）中获得了“阅读达人”的称号。她先后被评为“浩门镇第三初级中学先进教育工作者”“门源县优秀支教生”。学生们常对她说：小霞老师，因为你，我们更喜欢英语课；因为你，语文课变得好有趣。教学之余，她还组织参与了多项志愿服务活动：组织开展了“以爱之名，护航青春”系列主题活动，募得各类书籍563册，全部捐献给门源县三所中学，帮助建立班级图书角；担任第十六届“青海农信杯”环青海湖国际公路自行车赛志愿者——虽然在户外经历大暑炙阳近8个小时差点晕倒，但她依然坚持，不曾有丝毫懈怠。

走出国门，讲好中国故事。生活需要不断积淀，长期从事公益服务的经历使得她比同龄人更多了几分笃定和坚持。对待研究生阶段的学习生活，她游刃有余，连续三年专业综合排名第一，独立主持省、校级科研项目，在国家级刊物上发表论文，多次参加国际学术会议并做全英文汇报。期间，受学校资助，她主动报名参加了 2019 年国际志愿者项目，独自一个人第一次远赴美国，来到她志愿服务的加州安大略市的 Victor Valley College。负责 Ram's Bookstore 的行李寄存时，即使每天需要工作近 10 个小时、每天需要整理近 500 份行李，她都始终微笑着为不同肤色、不同国籍的学生提供最耐心且真诚的服务。习总书记曾强调：做志愿工作，要热情参与，真情奉献。对此，她时刻谨记，叮嘱自己要做好每件小事，用自己的实际行动讲好中国故事。志愿服务期满后，Ram's Bookstore 负责人 Deanna 女士不仅赠送了她学校的吉祥物以作纪念，还亲笔赠言"DEAR Xiaoxia，THANK YOU FOR YOUR ASSISTANCE"。同时，学校项目负责人 Robert 先生亲自为她写了推荐信并赠予了她学校的学生卡，上面写着"VOLUNTEER Xiaoxia"。同年，她获得了"中国大学生自强之星"荣誉称号。

将青春约定践行到底

2020 年，面对突如其来的新冠肺炎疫情，身在家乡的她，真心希望能为村里做点什么。她主动来到村委会了解防疫工作情况，当得知村里缺少信息录入的人员时，她服务公益的热情又一次被点燃了。她主动报名成为村委会里唯一的一名研究生志愿者，协助村委会整理录入全村近 2000 人的基本信息数据及出入信息，大大提高了村委会的工作效率和防疫效果。当疫情趋于缓和，学校允许部分学生返校时，她又申请返回学校，主动帮助老师和同学们解决实际生活困难。虽已临近毕业，毕业论文压力很大，但她仍协助辅导员做好全院研究生日常健康打卡统计工作，并多次和辅导员一起前往学生宿舍为无法返校的同学取出并寄送相关物品，全院研究生都知道他们有个特别热心的"小霞"学姐，总是力所能及地服务他人，传递温暖。

当时间的指针渐渐指向毕业季，小霞再次面临人生的重要选择，而这一次，她内心的答案依旧清晰而坚定——参加西部计划，将青春约定践行到底！如今，她已通过各项资格审查，即将奔赴新疆生产建设兵团开启新的志愿服务征程。2020 年是全面建成小康社会的决胜之年，这一年选择参与西部计划无疑具有特别的意义，"家国所系，我之所行"，她准备用一年、两年、三年甚至是一辈子的时间，用实际行动来实现自己的那份初心、那个约定。

典型二：逐梦路上的雄鹰

小勇（化名），江苏大学对外汉语专业 2016 届毕业生。江苏大学"金牌主持”，连续 2 次获得国家励志奖学金，主持完成省级、校级科研课题各 1 项，发表中、英文论文 4 篇。

他经常说，没有国家、社会、学校长期以来给予的关怀和帮助，他可能永远也走不出宁夏那个他出生的小山村，更不可能到遥不可及的哈佛大学去攻读博士。他就是江苏大学有名的“励志哥”——小勇。

出身坎坷，活出精彩

7 个月时，他被大火烧毁了左脸颊，在同龄人“花脸猫”的嘲笑声中慢慢长大；13 岁时，一场变故让他成了孤儿，幸好有国家低保资助他才得以生存；20 岁时，在经历两年复读后，他以全县文科第一的成绩来到了江苏大学；24 岁时，他以优异的成绩本科毕业，同时收到美国哈佛大学、华盛顿大学西雅图分校、波士顿大学等五所国际知名院校的直博录取通知书……大学四年，这位来自宁夏的孤儿活出了一份旁人无法想象的精彩。

给他一个家，结对帮扶

入学后，学校在得知小勇的个人情况后，立刻给予临时困难补助并且给他安排了合适的校内勤工助学岗位；2012 年 11 月，他获得了国家助学金、江苏大学阳光助学金，在国家、学校的资助下，他的生活压力逐渐减轻；同时，学校将他纳入江苏大学“给我一个家”帮扶项目，安排学校富有爱心的离退休老教师赵立强与他结成对子，从经济、心理、学业等各方面对他进行全方位、一对一帮扶，用“家”的力量温暖、感染、教育他。

有了“家”之后，学校每个月还额外给予小勇 300 元的生活费补贴。只要有时间，小勇经常回家和爷爷奶奶吃吃饭、聊聊天；赵老师也经常去宿舍、教室与他进行充分交流，从情绪调节到人际交往，从学业规划到求职择业等都给予全方位的指导。最终，小勇在学校和赵老师的帮助下，克服心理障碍，发挥专业特长，在校园主持界崭露头角，成为江苏大学“金牌主持”；他还积极地担任班级团支书，做好老师和同学的沟通桥梁、服务工作，带领团支部荣获校“五四红旗团支部”称号；他在学业、科研中也取得不错的成绩，连续 2 次获得国家励志奖学金，主持完成省级、校级科研课题各 1 项，发表中、英文论文 4 篇。

传递温暖，感恩前行

过早的困难让他尝到了人生很多的艰辛，但自立自强的信念让他更懂得感恩。为了感谢国家、社会与学校的资助和鼓励，他积极地投入到志愿者的服务工作中，希望通过自己的付出与努力回报社会。

2013 年 3 月，小勇发挥专业所长，担任江苏大学海外教育学院的兼职汉语教师，专门为初级海外留学生教汉语口语。在一年多的教学过程中，他生动、幽默、风趣的教学方法深得留学生的喜爱，他不仅出色地完成了课堂的教学任务，还担当起中外文化交流的快乐使者，在课后带领留学生感受并体验中国的文化魅力。2013 年 11 月至 12 月，小勇每周都会挤出至少 2 天的时间到镇江市京口区特殊教育学校做义工，主要负责批改孩子们的课堂作业、协助做好特殊学生的个性化学习辅导，以及其他力所能及的事情；看到特殊学校里的孩子们的困难现状，他毫不犹豫地将自己辛苦一年挣到的家教费 2500 元捐给了学校，希望尽自己的绵薄之力帮助这群特殊困难的孩子，他的善举获得了镇江市妇联“社会妈妈”的称号。

在校内外各项大型的赛事活动中，总能看到他忙碌而又充满着快乐的笑脸。他说：“只要有需要，我就来帮忙，我会尽自己最大的能力去回报社会、回报国家。”在众多志愿服务项目中，他先后被亚洲协会纽约总部评为“优秀志愿者”、中国江苏大学——奥地利格拉兹大学孔子学院夏令营“优秀志愿者”、江苏大学欧洲团夏令营“优秀志愿者”等，这些荣誉是对他回报社会的最好肯定。

走出国门，青春圆梦

小勇说自己以前的梦想是吃饱饭、能上学，后来希望自己能成为出色的主持人，当这些梦想都实现后，小勇有了新的梦想，他想走出国门，去看看外面的世界。

从 2012 年 11 月开始，他便关注江苏大学留学交流信息。他知道，为了圆出国梦，他必须要有过硬的文化课程成绩，还要有足够的经济基础。于是，他刻苦学习、省吃俭用，国家、学校给予的奖助学金除了维持日常的开销，他都存了下来。他还在一年的时间里做了 9 份校外兼职、4 份校内勤工助学工作，身体的疲惫让他难以坚持，但是精神上的自我鞭策却让他咬着牙奋斗。他知道他的梦想的实现要比别人面临更多的困难，必须提前做好各项准备。

2014 年 3 月，他参加江苏省政府奖学金项目，经过层层选拔与面试，顺利通过了美国哈佛大学短期交流项目，他的结对家长赵立强老师立刻资助 1 万元，帮助他顺利完成在哈佛大学的短期学习。2014 年 7 月，他终于异国圆梦，来到美国哈佛大学学习企业管理与企业财务专业；同年 10 月，小勇申请并获得赴加州大学河滨分校学习语音学专业的交流学习机会。一年的刻苦学习和不间断的努力，他先后获得哈佛大学“优秀表现奖”、加州大学“优秀学习奖”。

回到学校后的小勇同样忙碌而充实。他的个人著作《青春圆梦——一个 90 后的成长经历和感悟》于 2016 年 7 月出版。以他为原型改编拍摄的微电影《青春圆梦》荣获首届全国高校网络宣传思想教育优秀作品“微作品”特等奖、江苏省“他们——我身边的资助”微电影大赛一等奖。由于表现优异，小勇在毕业之际收到了包括哈佛大学在内的五所国际知名院校的博士录取通知书，在更加广阔的天地里，他的梦想将一步步变成现实。

小勇的成长经历集合了很多家庭经济困难学生所能遭遇的种种困难，但他那不畏艰苦、拼搏向上、追逐梦想的精神值得我们所有人学习。大学四年，在学校领导、老师的关心和培养下，在他自己不断的努力下，这位来自宁夏的孤儿完成了从雏鸟到雄鹰的蜕变，开启了仰望星空的新篇章，祝福他在哈佛大学更加自信地过好未来的每一天！

当善良遇到了善良，那是世上最美的邂逅；当善良遇到了真诚，那是世上最美的相遇。世上最贵的礼物，就是彼此成长，彼此把爱传递。感恩是对他人、社会和自然给予我们恩惠和方便，在心灵上产生的一种赤诚的感激。感恩是精神上的宝藏；感恩是灵魂上的健康；感恩是我们共同铸造辉煌明天的法宝！学会感恩，用感恩回赠所获得的支持和帮助；用感恩传递赤诚奉献与感激；用感恩传递人世间爱的情怀！

典型三：山中那朵盛开的花

甜甜（化名），江苏大学材料科学与工程学院 2019 届毕业生，目前江苏大学硕士研究生在读。她来自甘肃白银，以优异的成绩考入了江苏大学，也是第一次走出大山看看外面的世界。当时的她胆小、不自信，一心只想着完成学业的同时减轻家里的负担，进校后主动寻找勤工助学的机会。在班级、学院活动中稍显羞涩，但是透出一股韧劲和很强的责任心。

志愿初心

在担任班级副班长阶段，她组织班级同学参加学院活动，与其他班级进行联谊活动。参与并主持的暑期社会实践“留住江豚的微笑”获得了“三下乡”

十佳团队荣誉，获得了《中国科学报》、中国新闻网、江苏网等多家新闻媒体的报道；暑期加入了材料学院青志协，成为志愿者队伍的一员。从献血活动到社区志愿者服务，到敬老院之行，到进小学去辅导文化课，在她心中埋下了公益志愿服务的种子。大二时，她担任材料学院青志协部长，带领志愿者参加南山“地球日”公益活动，利用节假日去敬老院、社区做志愿服务，联合镇江红十字会举办关爱自闭症儿童“星星的孩子”活动。

遇见伯藜

一进校时，辅导员向她推荐了“伯藜助学金”，鼓励她积极申报，也正是这样的初相遇，改变了她的大学生活。成功加入伯藜学社，为她的学习、工作、生活提供了更广阔的平台。在担任伯藜宣传部部长期间，她利用 QQ 空间、微信公众号、微博等新媒体开展江苏大学伯藜学社的宣传工作。2017 年 3 月，她加入伯藜支教团并成功竞选队长一职，为贵州山区的孩子筹得课外书 1300 余本、善款 10000 余元，以及学习用具若干。联合星火教育、镇江特教中心、广州一公斤盒子公益组织、中华少年儿童慈善救助基金会、上海慈源爱心基金会、中华儿慈会等十余家企业及社会各界爱心人士为他们送去温暖，受到了当地民众的称赞，以及新华网、《江苏工人报》、《织金报》等多家新闻媒体的报道。江苏大学伯藜支教团被评选为暑期“三下乡”十佳团队，10 名队员被评选为优秀个人。她可能只是中国千千万万支教大学生中微不足道的一分子，她坦言，当自己看到那些孩子脸上的眷恋与不舍便相信，我们是与众不同的存在。随后，她担任伯藜学社副社长，负责创业管理方面的活动，培养陶学子创业意识，发掘学社创业优秀人才，带领陶学子做创业项目。与此同时，她牢记自己创业的初心，注重实践锻炼。从大一起就参与学校创业孵化基地组织的各类创业活动，参加 SYB 创业培训、多次参与校级举办的创业实操演练活动、撰写创业计划书，参加伯藜创业者学院的学习，与创业伙伴一起开展项目等。2015 年 9 月份开始兼职做驾校代理、考研机构代理；先后做过校园创业巅峰购项目，做辅导班招生工作；和同学一起做电脑线上销售、线下维修的服务体系项目；2017 年 3 月加入愈见植物概念馆的项目，担任市场部负责人；2018 年暑假申请到由江苏陶欣伯助学基金会与新加坡管理大学联合举办的“伯藜—新加坡乡村创业管理课程”。与此同时，她一直坚持在互联网上做家乡农产品销售，帮家里人减轻负担。

回馈伯藜

大四第一学期，她也和许多学生一样在考研与就业中徘徊不定。家人的支持给了她继续学业的信心，最终成功考取本校研究生。读研期间，除了每天上课、实验，她还在学工处做助理，担任伯藜学社的指导老师，负责学社日常事务，负责与基金会信息交流。她说："作为一名陶学子，在我最需要帮助的时候是陶爷爷给了这个机会，一日入伯藜终身陶学子。"不舍的情感让她选择从一个学生到指导老师，继续用自己的一分力量帮助陶学子。

她是一名敢于追逐梦想的青年，有思想、勤实践，在创新创业活动、社会实践活动中都表现出优异的组织协调能力和极强的责任心；她始终保持谦逊的学习态度，不满足于眼前的成绩，勇于挑战自己，向优秀的伯藜前辈看齐；生活中她尊敬师长、关爱同学，深受大家的喜爱。伯藜给了她展现自我的舞台，希望她今后可以一如既往地将伯藜精神谨记心中，继续勇敢追梦，回报社会！

典型四：不负此心，砥砺前行

涛涛（化名），江苏大学汽车与交通工程学院车辆工程专业 2016 届毕业生，车辆工程专业 2019 届硕士毕业生，现为江苏大学材料科学与工程学院专职辅导员。本科期间获得江苏大学学习优秀奖学金二等奖一次、江苏大学学习优秀奖学金三等奖一次、国家励志奖学金两次、国家助学金四次、茅山老区兴教助学协会助学金四次。读研期间获得江苏大学新生奖学金二等奖、江苏大学研究生学业奖学金二等奖一次、江苏大学研究生学业奖学金三等奖一次、茅山老区兴教助学协会助学金两次。

在江苏大学学习期间，涛涛始终受到学校、学院的关心和帮助，多次获得学校和学院在物质和精神上帮助，这些帮助极大地缓解了他的家庭经济压力和思想负担，让他不仅能够顺利完成学业，还从各方面提升了自己的综合素质，使他深切地感受到了学校对"立德树人"宗旨的贯彻，助困不只是助生活之困，还助志向之困。

细致关怀，重拾信心

2012 年 9 月，初入大学的涛涛，面对陌生的学习生活方式和丰富的大学活动，不知该如何适应。既希望参加喜欢的社团，又担心会产生很大的消费，在生活中的其他方面，也总感觉自己十分自卑，不敢表现自己。在入学初期，整个人陷入了很大的压力之下，无法保持一个良好的学习生活状态。幸而在家庭经济困难学生认定的过程中，涛涛的辅导员仔细了解了他的家庭情况并鼓励他努力学习，争取通过自己的努力获得奖助学金，这样既能减轻家庭的负担也可以做好一名大学生的本职工作——学习。辅导员老师的关心和指导让涛涛逐渐放下了心里的包袱，将更多的精力投入到学习中去并从学习中获得信心！

助困助学，立德树人

被认定为家庭经济困难生之后，学院根据涛涛的家庭情况给他分配了助学金，极大地缓解了他的家庭经济压力。获得了助学金的他，将精力全部放在了学习上。凭借良好的成绩，他又评上了学习优秀奖学金和国家励志奖学金，由此形成了一个良性循环，也渐渐地开始拓展自己其他方面的能力，努力提高自己的综合素质。学校和学院还对家庭经济困难的同学开展了感恩教育等活动，让家庭经济困难学生得到了精神上的洗礼。令他受益最多的是学校实行的受助大学生义务工作管理制度，也正是在学院的学生工作办公室的义工经历，使涛涛开始了解学生工作的意义，也让他开始萌生了从事辅导员工作的念头并为之努力奋斗。

扎根学工，育人育己

研三上学期找工作那段时间，涛涛其实还是有些犹豫：我是否真的要从事辅导员工作？我所学的车辆工程专业就业前景不错，工资待遇相比做辅导员要好一些。在他纠结的时候，父母和老师给了他很多的建议，父母和老师都希望他能找到一份自己有兴趣、有动力去从事的工作。涛涛回想从大一至大三在学工办做义工，以及大四至研二从事学工助理的经历，他发现自己是真的很喜欢做学生工作。通过自己的努力，能够在别人的人生阶段中添上一份助力，对他来说是充满成就感的，也许这份助力本身并不特别起眼，但可能会影响学生的一个人生阶段甚至更加长远。这就是学校贯彻立德树人要求带给学生的影响吧。他希望自己能在辅导员这个岗位上发光发热，影响更多的学生积极面对生活的困难，努力追寻更好的自己！

结　语

贫困问题一直是世界性难题，受到全人类的关注与重视。而教育扶贫是解决贫困问题的根本路径，是阻断贫困代际传递的根本方法，对我国脱贫攻坚工作具有十分重要的意义。中国是世界上最大的发展中国家，在长期反贫困的理论总结和实践探索中形成了习近平教育扶贫观，不断深化教育扶贫研究，积极探索教育扶贫工作，持续加大教育扶贫投入。习近平教育扶贫观明确指出了教育扶贫在脱贫攻坚中的重要定位，准确实现了对教育扶贫的顶层设计和宏观引领。

2017 年 2 月 27 日，中共中央、国务院印发了《关于加强和改进新形势下高校思想政治工作的意见》，要求高校贯彻落实立德树人根本任务，构建“三全育人”工作体系。2020 年 10 月，党的十九届五中全会审议通过《中共中央关于制定国民经济和社会发展第十四个五年规划和二〇三五年远景目标的建议》，《建议》明确提出，“建设高质量教育体系。要全面贯彻党的教育方针，坚持立德树人，培养德智体美劳全面发展的社会主义建设者和接班人。”高校资助育人是“三全育人”工作的重要组成，是高校立德树人工作的重要保障，是高校人才培养工程的重要基石。

本书系统回顾了高校资助政策及资助工作的发展历程，阐释了高校资助育人的基本范畴，在马斯洛需求层次理论、教育公平理论、人的全面发展理论、习近平教育扶贫观等理论基础上，梳理了高校资助育人的特点、目标、原则、方法、要点、内容，回顾了高校资助育人的实施现状，分析了当前高校资助育人的制约因素，构建了高校资助育人的实施路径及保障机制，在总结高校资助育人评价的内涵、特点、意义的基础上，分析了高校资助育人评价的现状，剖析了高校资助育人评价的制约因素，并探讨了高校资助育人科学评价体系及评价反馈方法，提出资助育人未来的发展形势、使命担当、领域拓展，最后以江苏大学资助育人实践探索及育人成效为落脚点，回顾了江苏大学资助政策体系建设情况，资助育人工作的基本概况、总体设计及主要做法，对江苏大学资助育人优秀案例、育人榜样及回馈典型进行了经验总结，以期为高校资助育人工作提供理论借鉴和实践参考。

资助是基础，育人是目标。资助育人就是要以促进家庭经济困难学生发展为核心，在物质资助基础上将精神育人贯穿始终，为家庭经济困难学生成人成才搭建平台、创造条件、优化环境、营造氛围，促进学生全面发展、立志成才。

理论探索永无止境，实践创新永在路上。江苏大学资助育人工作者将以习近平教育扶贫观为指引，深入学习贯彻习近平总书记关于教育扶贫的重要论述和最新指示批示精神，以协同推进精准型资助育人与发展型资助育人螺旋式上升为抓手，持之以恒加强资助政策理论研究，坚持不懈强化资助实践创新，不断挖掘资助育人的新内涵，完善资助育人的新政策，构建资助育人的新体系，打造资助育人的新项目，为江苏资助育人“争当表率、争做示范、走在前列”做出新贡献。

参考文献

[1] 中国学生资助70年［N］. 人民日报，2019-09-23.

[2] 薛浩，陈万明. 我国高校贫困生资助政策的演进与完善［J］. 高等教育研究，2012（2）：87-9.

[3] 张远航. 高校资助育人的价值意蕴与实现路径［J］. 实践研究（思想理论教育版）. 2018（6）：106-109.

[4] 人民网. 五年来学生资助工作成效显著［EB/OL］.［2017-09-29］. http：//edu. people. com. cn/n1/2017/0929/c1006-29566153. html.

[5] 杨晓慧，等. 习近平总书记教育重要论述讲义［M］，北京：高等教育出版社，2020.

[6] 王丽丽. 新时代高职院校资助育人工作探索与实践［M］. 北京：中国财富出版社有限公司，2020.

[7] 杨波. 高校家庭经济困难学生资助与育人结合研究［D］. 南昌：江西师范大学，2011.

[8] 王力. 高校资助工作的育人功能及其实现途径研究［D］. 上海：华东师范大学，2014.

[9] 丁绍家. 从“扶困”到“扶智”“扶志”：高校贫困生发展性资助创新实践研究［D］. 郑州：郑州大学，2018.

[10] 张岩. 强化高校精准资助育人功能研究［D］. 郑州：河南农业大学，2018.

[11] 赵雨. 高校资助育人的质量提升研究［D］. 焦作：河南理工大学，2019.

[12] 刘璇. 高校贫困生发展型资助的管理对策研究［D］. 西安：长安大学，2019.

[13] 焦莹莹. 高校大学生资助工作的育人功能研究［D］. 西安：西安科技大学，2020.

[14] 王林君. 从无偿资助到有偿资助：高校贫困生资助范式转换探析 [J]. 智富时代，2016 (1)：226.

[15] 汪宁漪. 高校有偿资助体系构建的意义 [J]. 教育管理，2017 (11)：108 - 109.

[16] 谢婷玉. 高校资助育人新模式研究——基于马斯洛需求层次理论视角 [J]. 高校后勤研究，2019 (3)：71 - 73.

[17] 冯睿. 高校“全员化、全程化、全方位”资助育人模式探析 [J]. 教育现代化，2020 (7)：165 - 167.

[18] 李海燕，李梦凡. 三全育人理念下高校发展型资助提升路径探究 [J]. 黑龙江教育（理论与实践），2020 (12)：33 - 35.

[19] 黄坤明. 培育和践行社会主义核心价值观 [N]. 人民日报，2017 - 11 - 17.

[20] 大力培养社会主义建设者和接班人 [N]. 人民日报，2018 - 05 - 30.

[21] 赵旻. 培养什么人，是教育的首要问题 [EB/OL]. [2019 - 09 - 17]. http://www.jyb.cn/rmtzcg/xwy/wzxw/201909/t20190917_260959.html.

[22] 中共中国人民大学委员会. 培养什么人 怎样培养人 为谁培养人 [N]. 求是，2020 - 09 - 01.

[23] 中共中央国务院. 关于进一步加强和改进大学生思想政治教育的意见 [EB/OL]. [2004 - 10 - 14]. http://www.moe.gov.cn/s78/A12/szs_lef/moe_1407/moe_1408/tnull_20566.html.

[24] 习近平. 在北京大学师生座谈会上的讲话 [EB/OL]. [2014 - 5 - 5]. http://edu.people.com.cn/n/2014/0505/c1053 - 24973276.html.

[25] 中共教育部党组. 高校思想政治工作质量提升工程实施纲要 [EB/OL]. [2017 - 12 - 4]. http://www.moe.gov.cn/srcsite/A12/s7060/201712/t20171206_320698.htm.

[26] 习近平. 在北京大学师生座谈会上的讲话 [EB/OL]. [2018 - 5 - 2]. http://www.gov.cn/xinwen/2018 - 05/03/content_5287561.htm.

[27] 习近平. 在全国教育大会上的讲话 [EB/OL]. [2018 - 9 - 10]. http://www.gov.cn/xinwen/2018 - 09/10/content_5320835.htm.

[28] 教育部等八部门. 关于加快构建高校思想政治工作体系的意见 [EB/OL]. [2020 - 4 - 22]. http://www.gov.cn/zhengce/zhengceku/2020 - 05/15/

content_ 5511831. htm.

[29] 李思思. 高校家庭经济困难学生资助育人体系研究 [D]. 温州：温州大学，2019.

[30] 陈祺. 需求层次理论视域下的高校资助育人工作反思与探索 [J]. 卫生职业教育，2017 (14)：8 -9.

[31] 韩红柳. 马斯洛需求层次理论视域下高校资助育人工作研究 [J]. 中国成人教育，2015 (22)：81 -93.

[32] 罗丽琳. 大数据视域下高校贫困生精准资助研究 [M]. 北京：知识产权出版社，2018.

[33] 李爱霞. 教育公平理论视野下的我国高校贫困生资助制度研究 [D]. 青岛：青岛大学，2010.

[34] 王志臣，宋颖，刘荣贵. 基于教育公平理论的高校资助体系构建 [J]. 石家庄铁道大学学报（社会科学版），2012 (6)：97 -100.

[35] 沈丽超，郁慧莹. 马克思人的自由全面发展理论视角下大学生发展型资助体系研究 [J]. 淮北职业技术学院学报，2016 (12)：137 -138.

[36] 邓军. 高校思想政治工作质量提升理论与实践（资助育人卷）[M]. 桂林：广西师范大学出版社，2019.

[37] 姚颖，李艳，陆华山. 人的全面发展视域下高校资助育人途径探析 [J]. 江苏第二师范学院学报，2020 (3)：118 -120.

[38] 唐任伍. 习近平精准扶贫思想阐释 [N]. 贵州民族报，2015 -12 -09 (A03).

[39] 王丛虎. 续写脱贫攻坚、有效扶贫新篇章 [N]. 中国网. 2017 -10 -29.

[40] 赵付芹. 解读习近平的“教育扶贫观” [N]. 荆楚网. 2015 -04 -03.

[41] 习近平. 脱贫攻坚战冲锋号已经吹响　全党全国咬定目标苦干实干[N]. 人民日报. 2015 -11 -29 (01).

[42] 习近平主持召开中央全面深化改革领导小组第十一次会议 [N]. 人民日报，2015 -04 -02 (01).

[43] 中共中央国务院关于打赢脱贫攻坚战的决定 [M]. 北京：人民出版社，2015：11.

[44] 习近平. 坚决克服新冠肺炎疫情影响，坚决夺取脱贫攻坚战全面胜利

[N]. 人民日报，2020-03-07（01）.
[45] 刘建平，王昕伟. 习近平总书记关于教育扶贫的重要论述研究 [J]. 湖南省社会主义学院学报，2020，21（04）：10-13.
[46] 穆惠涛. 习近平教育扶贫思想研究 [D]. 东北师范大学，2019.
[47] 梁艳华. 论习近平精准扶贫思想对高校学生资助工作的指导 [J]. 宁德师范学院学报（哲学社会科学版），2019（04）：119-122.
[48] 习近平. 在全国脱贫攻坚总结表彰大会上的讲话 [EB/OL]. [2021-02-25]. http://www.xinhuanet.com/world/2021-03/03/c_1211049315.htm.
[49] 陈宝生. 进一步加强学生资助工作 [N]. 人民日报. 2018-03-01.
[50] 中共教育部党组. 高校思想政治工作质量提升工程实施纲要 [EB/OL]. [2017-12-04]. http://www.moe.gov.cn/srcsite/A12/s7060/201712/t20171206_320698.html.
[51] 梁秋坪. 富脑袋鼓口袋 习近平指导教育扶贫托起贫困山乡未来 [EB/OL]. [2020-08-12]. http://politics.people.com.cn/n1/2020/0812/c1001-31820229.html.
[52] 周彩云. "后扶贫时代"高校学生资助高质量发展路径探索 [J]. 教育经济评论，2020（05）：108-115.
[53] 宁吉喆、刘昆、易纲谈热点：实现经济平稳健康可持续发展 [EB/OL]. [2019-09-25]. http://www.ce.cn/xwzx/gnsz/gdxw/201909/25/t20190925_33219932.shtml.
[54] 国家统计局. 2020 年四季度和全年国内生产总值（GDP）初步核算结果 [EB/OL]. [2021-01-19]. http://www.stats.gov.cn/tjsj/zxfb/202101/t20210119_1812514.html.
[55] 教育部. 2019 年全国教育经费执行情况统计快报 [EB/OL]. [2020-06-12]. http://www.moe.gov.cn/jyb_xwfb/gzdt_gzdt/s5987/202006/t20200612_465295.html.
[56] 教育部等六部门关于印发《教育脱贫攻坚"十三五"规划》的通知 [EB/OL]. [2016-12-19]. http://www.gov.cn/xinwen/2016-12/29/content_5154106.htm#1.
[57] 教育部关于深化本科教育教学改革全面提高人才培养质量的意见 [EB/

OL］．［2019－10－08］．http：//www. moe. gov. cn/srcsite/A08/s7056/201910/t20191011_ 402759. html.

［58］教育部关于加快建设高水平本科教育全面提高人才培养能力的意见［EB/OL］．［2020－10－08］．http：//www. moe. gov. cn/srcsite/A08/s7056/201810/t20181017_ 351887. html.

［59］中共中央，国务院．关于加强和改进新形势下高校思想政治工作的意见［EB/OL］．［2017－02－07］．http：//www. gov. cn/xinwen/2017－02/27/content_ 5182502. htm.

［60］习近平．决胜全面建成小康社会 夺取新时代中国特色社会主义伟大胜利——在中国共产党第十九次全国代表大会上的报告［EB/OL］．［2017－10－18］．http：//www. 12371. cn/2017/10/27/ARTI1509103656574313. shtml.

［61］习近平．在中国科学院第十九次院士大会、中国工程院第十四次院士大会上的讲话［EB/OL］．［2018－05－28］．http：//www. xinhuanet. com/politics/2018－05/28/c_ 1122901308. htm.

［62］教育部全国学生资助管理中心．2017年中国学生资助发展报告［N］．人民日报，2018－03－02（014）．

［63］习近平．把思想政治工作贯穿教育教学全过程　开创我国高等教育事业发展新局面［N］．人民日报，2019－12－09（1）．

［64］教育部全国学生资助管理中心．2018年中国学生资助发展报告［N］．人民政协报，2019－03－07（018）．

［65］习近平．摆脱贫困［M］．福州：福建人民出版社，1992.

［66］中共中央马克思恩格斯列宁斯大林著作编译局，马克思恩格斯选集（第1卷）［M］．北京：人民出版社，2012.

［67］陈利娟．“三全育人”视域下民办高校资助育人工作模式探究［J］．就业与保障，2020（7）：134－136.

［68］徐灿琪．“美好生活需要”导向下高校资助育人工作平台构建［J］．长江丛刊，2020（4）：129－129，145.

［69］陈晓．“互联网＋”背景下高职院校资助育人路径探索［J］．黄冈职业技术学院学报，2020（5）：28－30.

［70］李晓敏．“三全育人”理念下高校资助育人模式的构建［J］．科教导刊，

2020（20）：173－174.

［71］兰华，王强龙．“三全育人”视角下师范类院校资助育人体系的构建——以内江师范学院为例［J］．内江师范学院学报，2020（9）：87－92.

［72］孔飞．新时期高校资助育人工作机制探析［J］．法制与社会，2020（19）：147－149.

［73］赵贵臣．我国大学生资助体系的德育功能研究［D］．长春：东北师范大学，2011.

［74］王慧，徐新华．高校资助育人思想研究［J］．教育评论，2020（4）：99－103.

［75］陈伟伯．“三全育人”视域下高校资助育人工作路径研究——以西安科技大学为例［J］．青年与社会，2020（27）：145－146.

［76］高雪梅．高校资助育人的路径和机制探讨［J］．教育现代化，2020（49）：149－151.

［77］贺剑．“精准脱贫”思想指导下的高校资助育人工作研究［J］．青年与社会，2020（18）：163－164.

［78］何旭娟，吴晓君，周艳玲．高校资助育人“双助”模式的建构与实践——以南华大学为例［J］．思想教育研究，2020（9）：139－143.

［79］俞森．高校资助育人“济困、立志、强能”发展性辅导三维模式探析［J］．智库时代，2020（2）：127－128.

［80］赵云芳，姜秉权．“三全育人”资助模式的构建与实践探索［J］．亚太教育，2020（4）：188－189.

［81］陈远宏．基于三全育人理念高校助困育人创新路径研究［J］．湖南邮电职业技术学院学报，2020（1）：42－44，52.

［82］郭洪涛．“后脱贫时代”高校资助育人工作策略研究——以山东理工大学“时间银行”资助育人平台为例［J］．黑龙江教师发展学院学报，2020（4）：145－147.

［83］杨志增，林雪迎．大学生精准资助下育人体系构建研究［J］．科教文汇，2020（4）：15－17.

［84］郑睿颖．基于精准扶贫政策的高校家庭经济困难学生资助育人工作方法研究［J］．教育现代化，2020（12）：110－112.

［85］赵晓萌．高校精准资助育人工作优化探析［J］．就业与保障，2020（6）：

159 - 160.

[86] 唐丽军. 精准扶贫视角下高校资助育人工作的实践与探析 [J]. 科学咨询(科技·管理), 2020 (8): 132.

[87] 吴海燕. 高校学生精准资助的路径探索 [J]. 学校党建与思想教育, 2018 (23): 71 - 72, 75.

[88] 中央广播电视总台央广网. 每日一习话 扶贫必扶智 [EB/OL]. [2020 - 08 - 05]. http://news.youth.cn/sz/202008/t20200805_12438099.htm.

[89] 全国学生资助管理中心. 东南大学构建"四措四准"精准资助工作机制, 实现资助全过程精准 [EB/OL]. [2019 - 07 - 08]. http://www.csa.cee.edu.cn/index.php/shows/62/3665.html.

[90] 全国学生资助管理中心. 华南理工大学"互联网 +"五步曲助力学校精准资助 [EB/OL]. [2016 - 05 - 09]. http://www.csa.cee.edu.cn/index.php/shows/62/2529.html.

[91] 中国教育报. "四维驱动"资助育人——东北师范大学探索高校发展型资助育人体系 [EB/OL]. [2020 - 08 - 04]. http://paper.jyb.cn/zgjyb/html/2020 - 08/04/content_582963.htm? div = -1.

[92] 全国学生资助管理中心. 吉林大学搭建"三个平台", 促进家庭经济困难学生全面发展 [EB/OL]. [2016 - 12 - 19]. http://www.csa.cee.edu.cn/index.php/shows/62/2767.html.

[93] 薛丽华, 李雨健. 高校家庭经济困难学生资助体系的精准化路径探析 [J]. 改革与开放, 2020 (10): 49 - 51.

[94] 冯雨佳. 高校家庭经济困难学生资助困境与精准应对——基于数据库管理的视角 [J]. 市场周刊, 2020 (10): 119 - 120.

[95] 中华人民共和国教育部.《国家中长期教育改革和发展规划纲要(2010 - 2020 年)》[EB/OL]. [2010 - 07 - 29]. http://www.moe.gov.cn/srcsite/A01/s7048/201007/t20100729_171904.html.

[96] 郝娜娜. 高校"资助育人"工作的瓶颈及提升探析 [J]. 科教文汇(中旬刊), 2020 (5): 15 - 16.

[97] 高世杰, 刘俊杰. "精准资助"理念下高校资助育人工作的实践研究 [J]. 劳动保障世界, 2020 (21): 52 - 53.

[98] 刘泽．高校资助工作在乡村人才振兴中的角色定位与实践路径［J］．教育评论，2020（9）：40－45.
[99] 孙博．基于需求层次理论的高校资助育人问题及对策［J］．中外企业家，2020（9）：154－155.
[100] 林瀛．高校发展性资助育人存在的问题与对策［J］．黎明职业大学学报，2020（1）：64－67.
[101] 陈荣桂．高校学生发展型资助内涵特征、动因及构建路径［J］．山东农业工程学院学报，2020（10）：160－165.
[102] 周明晶．发展型资助理念下高校贫困生心理扶贫探析［D］．杭州：浙江大学，2019.
[103] 中华人民共和国教育部．财政部：高校需提取4%～6%事业收入用于助学［EB/OL］．［2007－07－02］http：//www. moe. gov. cn/jyb_ xwfb/xw_ fbh/moe_ 2069/moe_ 2095/moe_ 2118/moe_ 1543/tnull_ 24055. html.
[104] 张春玲．提升资助育人工作效果探索［J］．理论观察，2013（4）：123－124.
[105] 全国学生资助管理中心．"精准资助"原则指导下的高校学生资助模式创新［EB/OL］．［2019－07－06］．http：//www. csa. cee. edu. cn/index. php/shows/22/2600. html.
[106] 中华人民共和国中央人民政府．国务院关于建立健全普通本科高校高等职业学校和中等职业学校家庭经济困难学生资助政策体系的意见［EB/OL］．［2008－03－28］．http：//www. gov. cn/zhuanti/2015－06/13/content_ 2878971. htm.
[107] 王岩．广东高校资助育人工作研究［M］．广东：广东高等教育出版社，2019.
[108] 胡思斯，张自昱．"三全育人"视阈下高校资助育人精准化提升路径研究［J］．今日财富，2021（1）：191－192.
[109] 陈思萌．教育脱贫攻坚视域下高校学生资助工作现状及对策研究——以Z大学为例［J］．时代报告，2020（8）：96－97.
[110] 中华人民共和国中央人民政府．关于进一步完善国家助学贷款工作若干意见的通知［EB/OL］．［2004－06－12］．http：//www. moe. gov. cn/jyb_ xxgk/gk_ gbgg/moe_ 0/moe_ 1/moe_ 155/tnull_ 4080. html.

[111] 广东省学生资助十年发展研究报告（2007－2016年）［M］．广州：中山大学出版社，2017.

[112] 李秀林，王于，李淮春．辩证唯物主义和历史唯物主义原理（第5版）［M］．北京：中国人民大学出版社，2004.

[113] 敬坤．大学生日常生活管理育人研究［D］．武汉：武汉大学，2015.

[114] 教育部思想政治工作司．思想政治教育原理与方法［M］．北京：高等教育出版社，2010.

[115] 陈万柏，张耀灿．思想政治教育学原理［M］．北京：高等教育出版社，2015.

[116] 中华人民共和国教育部．财政部 教育部 人民银行 银监会关于进一步落实高等教育学生资助政策的通知［EB/OL］．［2017－03－28］．http：//www.moe.gov.cn/jyb_xxgk/moe_1777/moe_1779/201704/t20170413_302466.html.

[117] 刘同舫，胡蓉．马克思主义基本原理教程［M］．桂林：广西师范大学出版社，2010.

[118] 刘少军，王瑜瑜．模糊综合评价法在高校学生资助绩效评价中的设计与实现［J］．国外电子测量技术，2018（8）：29－33.

[119] 骆小琴．基于“立德树人”根本任务的资助育人质量提升体系构建与探索［J］．作家天地，2020（3）：164－165.

[120] 张宝强，齐新艳．高校学生资助绩效的综合评价与分析［J］．河南教育（高教），2020（9）：2－5.

[121] 顾小丽．新时代高校资助育人工作实践路径探析［J］．教书育人（高教论坛），2020（6）：54－55.

[122] 焦中宁．资助育人视阈下高校资助评价体系的优化［J］．巢湖学院学报，2018（5）：148－152.

[123] 唐业喜，杨蔓红，马艳．基于CIPP模型的高校资助育人成效评价体系研究［J］．教育财会研究，2020（3）：71－75.

[124] 司武兴，陆华山．基于CIPP模型的高校资助育人工作研究与展望［J］．现代职业教育，2020（26）：66－67.

[125] 吴飞．基于SMART原则的高职院校精准资助认定与评价体系构建［J］．

智库时代，2019（47）：88－89.

［126］马小霞，武士浩．基于模糊综合评价法的高校贫困生资助绩效评价模型设计［J］．宜春学院学报，2018（12）：33－37.

［127］郑晓杰．地方省属高校资助绩效评价体系的设计［J］．管理观察，2019（26）：136－137.

［128］陶功胜，程玉梅．资助育人实效性多方评价机制构建探究［J］．凯里学院学报，2019（2）：101－104.

［129］龚敏．教育公平视域下的独立学院学生资助政策研究［D］．南京：东南大学．2016.

［130］万慧．精准扶贫背景下高校精准资助工作的若干思考［J］．家庭科技，2020（8）：44－47.

［131］江苏省教育厅．省教育厅办公室 省财政厅办公室关于做好2019年全省学生资助绩效评价工作的通知［EB/OL］．［2020－03－31］．http：//jyt. jiangsu. gov. cn/art/2020/3/31/art_ 60305_ 9028950. html.

［132］江苏省教育厅．省教育厅办公室关于开展学生资助绩效评价第三方核查工作的通知［EB/OL］．［2020－08－07］．http：//jyt. jiangsu. gov. cn/art/2020/8/7/art_ 60305_ 9453542. html.

［133］新华社．中共中央 国务院印发《深化新时代教育评价改革总体方案》［EB/OL］．［2020－10－13］．http：//www. xinhuanet. com/politics/zywj/2020－10/13/c_ 1126601551. htm.

［134］武秋月．资助育人视角下高校资助反馈机制建设的困境与出路［J］．河南工学院学报，2020，28（6）：54－57.

［135］中国共产党第十九届中央委员会第五次全体会议公报［EB/OL］．［2020－10－29］．http：//www. 12371. cn/2020/10/29/ARTI1603964233795881. shtml.

［136］教育部．乘势而上 狠抓落实　加快建设高质量教育体系——2021年全国教育工作会议召开［EB/OL］．［2020－01－17］．http：//www. moe. gov. cn/jyb_ xwfb/gzdt_ gzdt/moe_ 1485/202101/t20210108_ 509194. html.

［137］国家统计局住户调查办公室：全国居民收入比2010年增加一倍 居民消费支出稳步恢复［EB/OL］．［2021－01－19］．http：//www. ce. cn/xwzx/gnsz/gdxw/202101/19/t20210119_ 36237245. shtml.